THEORIE UND PRAXIS

Eine Schriftenreihe
aus dem Fachbereich Erziehungswissenschaften I
der Universität Hannover,
herausgegeben von
Manfred Bönsch

Band 34

Godehard Ruppert

Zugang zur Kirchengeschichte
Entwurf einer elementaren Propädeutik für Religionspädagogen

Hannover 1991

Gedruckt mit Unterstützung
der Hannoverschen Hochschulgemeinschaft
und des Bistums Hildesheim

Bezug: Verwaltung des Fachbereichs
Erziehungswissenschaften I
der Universität Hannover
Frau Schacht
Bismarckstraße 2
3000 Hannover 1.

Satz/Gestaltung: Wolfgang Christmann
Druck: TIHO-DRUCK Hannover

ISBN 3-922874-53-3

Inhaltsverzeichnis

Teil II

Vorwort

„Da jede Wissenschaft und Kunst von der anderen verschieden ist, ihr eigenes Princip und Object und ihre besonderen Gesetze und Zwecke hat, so gibt es für jede eine besondere Propädeutik... Die *Geschichte* nun ist eine Wissenschaft und zwar eine der schwierigsten. Sie erfordert daher eine besondere Einleitung... Und was von der Geschichte überhaupt, das gilt von der Kirchengeschichte insbesondere."

So schrieb der Würzburger Kirchenhistoriker Joseph Nirschl auf der ersten Seite seiner 1888 in Mainz veröffentlichten „Propädeutik der Kirchengeschichte für kirchenhistorische Seminare und zum Selbstunterrichte". Daraus ließe sich der Schluß ziehen, Publikationen zur Propädeutik der Kirchengeschichte seien so selbstverständlich wie zahlreich. Aber: Beides ist nicht der Fall.

Seit Jahren gilt die Kirchengeschichte als Stiefkind des Religionsunterrichts und die Didaktik der Kirchengeschichte als kaum beachtetes Arbeitsfeld der Religionspädagogik. Daran hat sich in jüngster Zeit zwar etwas geändert – der evangelische Religionspädagoge Folkert Rickers zog 1986 in diesem lange vernachlässigten Bereich sogar eine bessere Bilanz als für die Bibeldidaktik[1] –, dennoch bleibt hier ein großer Nachholbedarf.

Das gilt sicher noch viel mehr für das Feld der Hochschuldidaktik der Kirchengeschichte. Konzeptionelle Entwürfe sind äußerst selten, obwohl die grundsätzliche Wichtigkeit propädeutischer Lehrveranstaltungen und Publikationen allenthalben erkannt zu sein scheint.[2]

Da mir der Versuch, mögliche Perspektiven aufzuzeigen, sinnvoller erscheint als ein Lamento oder eine Analyse des Mißstandes, lege ich hiermit Überlegungen zur Konzeption (Teil I) und den Entwurf einer Einführung in die Kirchengeschichte (Teil II) vor. Mit dieser Einführung möchte ich vornehmlich *Studierende* ansprechen, die sich im Rahmen ihres Studiums *für das Lehramt* an Grund-, Haupt-, Sonder- und Realschulen *(Primarstufe und Sekundarstufe I)* zum ersten Mal mit Kirchengeschichte beschäftigen, aber auch Lehrer, in deren Studium diese theologische Disziplin zu kurz gekommen ist. Ich möchte daher nicht nur informieren *über*, sondern einarbeiten lassen *in* Kirchengeschichte. Ich will versuchen, Denkprozesse eines Kirchenhistorikers nachzuzeichnen, um sie nachvollziehen zu lassen, wie man den Geschmack am Essen auch beim Verzehr erhält und nicht beim Studieren von Kochbüchern.

Im ersten Teil werden zunächst Aspekte der Ausgangslage, der sich ein Konzeptionsentwurf stellen muß, benannt; dazu gehören die Stellung der Kirchengeschichte an den Hochschulen sowie ihr Anteil innerhalb des Studiums, ferner die Voreinstellungen von Studierenden und die gesellschaftlichen Hintergründe eines Umgangs mit der Geschichte.

Die Perspektiven, die eine Konzeption aufweisen muß, ergeben sich in Auseinandersetzung mit fachwissenschaftlichen, fachdidaktischen und hochschuldidaktischen Fragestellungen. Schließlich werden bereits vorliegende Einführungen vorgestellt und in Abgrenzung von ihnen die Konzeption des zweiten Teils beleuchtet.

Der dritte Abschnitt erläutert Struktur und Intention der hier vorgelegten Konzeption (Teil II) einer Einführung in das Studium der Kirchengeschichte.

Anmerkungen:

(1) Vgl. Folkert Rickers, Religionspädagogik zwischen 1975 und 1985, 360.

(2) Vgl. z.B. Joseph Höffner, Die Bedeutung des Einführungskurses für die Theologiestudenten in der gegenwärtigen Krise der Kirche.

Teil I

1 Aspekte der Ausgangslage

1.1 Kirchengeschichte an den Hochschulen

In seinem Beitrag zu einer Artikelserie „Standortbestimmung der deutschen katholischen Theologie" in einer deutschen Wochenzeitung schrieb der Tübinger Kirchenhistoriker Rudolf Reinhardt 1986 über die Disziplin 'Kirchengeschichte': „Das Fach wird meist an den Theologischen Fakultäten der Universitäten doziert; es ist ein Teil der Ausbildung, eingezwängt in den straffen Rahmen eines Lehrplans. In begrenzter Zeit gilt es, einen großen Stoff zu bewältigen. Viele Facetten der kirchlichen Entwicklung können nur angedeutet werden, andere entfallen ganz. Oft bleibt dem Hochschullehrer nichts anderes übrig, als in einem knappen Überblick vor allem die Entwicklung der eigenen Konfessionskirche zu beschreiben... Doch: Auch eine solche eingeengte 'Kirchengeschichte' hat eine wichtige Funktion. Den jungen Studierenden wird ja vor allem die eigene Kirche, in der sie groß geworden sind und in deren Dienst sie treten wollen, zum 'Problem'. Das Studium der Geschichte gibt aber die Möglichkeit, die kirchliche Gegenwart in ihrer historischen Bedingtheit zu sehen und zu deuten. Bleibendes und Vergängliches, Unverzichtbares und Aufgebbares, Anspruch und Wirklichkeit lassen sich so unterscheiden – unabhängig von der wechselnden Tagesmeinung."[1]

Die Schwierigkeiten und Begrenzungen, die hier angedeutet sind, zeigen sich im Rahmen eines Lehramtsstudiums noch erheblich deutlicher. Im Gegensatz zum Studium der Theologie mit dem angestrebten Abschluß einer kirchlichen oder einer Diplom–Prüfung, in dem die Kirchengeschichte eine Teildisziplin darstellt, ist im Rahmen eines Lehramtsstudiums die Theologie und ihre Didaktik insgesamt nur ein Teil des Studiums; in diesem Teilstudium ist die Kirchengeschichte kaum noch als eine eigenständige Disziplin auszumachen. Dies gilt in ganz besonderem Maße dann, wenn das Teilstudium der Theologie und ihrer Didaktik nicht an einer theologischen Fakultät, sondern an einem erziehungswissenschaftlichen Fachbereich studiert wird. Der Rahmen einer theologischen Fakultät gibt den konzeptionellen Entwurf vor: Die Veranstaltungszyklen in den einzelnen theologischen Disziplinen sind ausgerichtet an einem – dann zumeist auch so benannten – 'Vollstudium'; demgegenüber studieren Lehramtskandidaten die einzelnen Disziplinen nur in einer reduzierten Stundenzahl. Die Auswahl der Veranstaltungen innerhalb des jeweiligen Zyklus, d.h. letztlich die studierten Inhalte, werden von den Studierenden selbst bestimmt; bei einer Vielzahl von Pflichtstunden in einer Reihe von Fächern regelt diese Auswahl mehr oder minder der Zufall. Selbst sogenannte Einführungsveranstaltungen sind konzeptionell zumeist auf das 'Vollstudium' ausgerichtet.

Die Gymnasiallehrerausbildung ist traditionell stärker als die anderen Lehramtsstudiengänge am 'Vollstudium' orientiert; die Prüfungs- und Studienordnungen unterstreichen das in vielen Fällen deutlich. In der Regel erfolgt der Berufsbezug erst nach dem Ersten Staatsexamen. Gerade beim Gymnasiallehramt gibt es eine klare inhaltliche und institutionelle Trennung der Ausbildung in Theorie und Praxis. Die Universität sichert die theoretische Ausbildung; in den meisten Fällen an den Ausbildungsstätten für das 'Vollstudium'.

Die Ausbildung von Lehrern an berufsbildenden Schulen ist in den einzelnen Bundesländern sehr unterschiedlich; in einigen Bundesländern ist sie in die übrige Lehrerausbildung integriert, in anderen deutlich davon getrennt; durch die Stufenlehrerausbildung ist sie in Nordrhein-Westfalen parallel zum Gymnasiallehramt organisiert.

Wenn im folgenden von Lehrämtern und Lehramtsstudiengängen gesprochen wird, sind die Lehrämter an Gymnasien und berufsbildenden Schulen nicht oder zumindest nur begrenzt eingeschlossen. Es kann nicht Aufgabe dieser Arbeit sein, Fragen einer generellen Reform – wie etwa möglicher Integrationsmodelle – der Lehrerausbildung zu diskutieren; allein aus diesen Gründen ist das Gymnasiallehramt daher ausgeklammert. Gleiches gilt für das Lehramt an berufsbildenden Schulen; als Studiengang für die Sekundarstufe II wäre zum Vergleich der Studienleistungen nur das Gymnasiallehramt heranzuziehen. Daher unterbleibt im folgenden auch eine ausdrückliche Berücksichtigung dieses Lehramtsstudienganges.

1.1.1 Kirchengeschichte in Lehramtsstudiengängen

In einem erziehungswissenschaftlichen Fachbereich ist die Übernahme der aufgezeigten rein pragmatischen Konzeption in der Regel allein schon deshalb nicht möglich, weil die einzelnen theologischen Disziplinen nicht unbedingt mit einem Fachvertreter besetzt sind. Anders als in einer theologischen Fakultät, in der ohnehin ein Lehrangebot in der jeweiligen Disziplin gemacht wird, aus dem die Studierenden ihre Veranstaltungen nach eigenen Gesichtspunkten zusammenstellen, zwingt das umfangmäßig beschränktere Angebot die Lehrenden, stärker auf Studienmöglichkeiten und –notwendigkeiten zu achten. Dadurch bekommen die Themenangebote und Veranstaltungsstrukturen auch andere Konturen, wenngleich auch diese häufig pragmatisch festgelegt werden. Wolfgang Dietrich fängt das ein in dem fast trotzigen Selbstverständnis: „Anders als in regelrechten theologischen Fakultäten mit reiner Theologie, an denen die Studierenden nur Theologie studieren, betreiben wir hier... sozusagen unreine Theologie. Das heißt mindestens: Die Studierenden studieren außer und neben Theologie ein oder sogar mehrere weltliche Fächer und müssen – mindestens biographisch – sehen, wie sie mit der dadurch gegebenen Spannung klar kommen."[2]

Und für die Lehrenden bedeutet das, neben dieser biographischen Spannung auch die inhaltliche Spannung zu sehen, die sich ergibt, sobald die Relevanzfragen an die Inhalte gestellt werden. Mit Blick auf ein Lehramtsstudium lassen diese sich nicht vorschnell wegwischen.

Ein einfacher Zahlenvergleich macht die Problematik für die Kirchengeschichte deutlich: Die Studienordnung, nach der ich selber die Diplom–Prüfung in katholischer Theologie abgelegt habe, sah mindestens 16 Semesterwochenstunden in Kirchengeschichte vor;[3] die Studienordnung, nach der ich derzeit Studierende für das Lehramt an Realschulen ausbilde, sieht dagegen 2 Semesterwochenstunden vor. Andererseits verlangt die derzeit geltende Prüfungsverordnung als inhaltliche Prüfungsanforderungen an diese Studierenden „Epochen der Kirchengeschichte" oder „Zentrale Themen der Kirchengeschichte im Längsschnitt".[4] Im konkreten Fall dieser Prüfungsverordnung wird man diese Anforderungen als vor allem gegenüber anderen theologischen Bereichen überzogen kritisieren können, sie verdeutlichen aber in besonders krasser Weise die Notwendigkeit, anstelle einer von Rudolf Reinhardt bereits für das 'Vollstudium' beklagten, für Lehramtsstudiengänge noch weitergehenden Reduzierung eine andere Konzeption zu entwickeln. Für das Lehramtsstudium der Theologie und ihrer Didaktik entsteht daher eine ähnliche Situation wie die in der erziehungswissenschaftlichen und dann in der religionspädagogischen Debatte über Elementarisierung und exemplarisches Lernen reflektierte.

Allerdings pflegen sich gerade Kirchenhistoriker an wissenschaftstheoretischen und didaktischen Reflexionen nur selten zu beteiligen; die Gründe sind vielfältig – so darf Rudolf Reinhardts halb resignierte, aber auch halb schmunzelnde Beschreibung der Situation nicht verwundern: „Wer nach dem Ort der Kirchengeschichte im Reigen der Wissenschaften fragt, erhält aufs Erste selten eine präzise Antwort. Bei den Vertretern des Fachs stößt er meist auf ein 'Defizit an Theoriebewußtsein und Theoriereflexion'. Doch nehmen die Kirchenhistoriker dies gelassen hin. Im Gegenteil: Der erfahrene Historiker meldet sich erst dann zu Wort, wenn er einige Jahrzehnte im 'Steinbruch', d.h. in Bibliotheken und Archiven gearbeitet hat. Und mancher schafft es dann nicht mehr, über sein Fach zu reflektieren und zu berichten."[5]

Die Beschreibung illustriert gleichzeitig das Bild, das sich sehr viele von der Kirchengeschichte machen: Sie beschäftigt sich mit dem Staub der Jahrhunderte – damit kann dann auch das Image einer verstaubten Tätigkeit genährt werden. Bernhard Jendorff, der mehrfach Untersuchungen zum Kirchengeschichtsunterricht[6] durchgeführt und über seine Erfahrungen mit kirchengeschichtlichen Unterrichtsinhalten in Lehrerfortbildungen berichtet hat, zitiert in einem Bericht einleitend das kurze, konstatierende Diktum eines Religionslehrers: „Kirchengeschichte ist uninteressant und langweilig."[7] Diese Aussage signalisiere eine unter Lehrern verbreitete Einstellung zum Kirchengeschichtsunterricht.

Nach Jendorffs Erfahrungen – besonders in der Lehrerfortbildung – sind die eigenen Schwierigkeiten der Lehrer mit der Kirchengeschichte nicht selten der Grund dafür, daß ein gelegentlich versuchter kirchengeschichtlicher Unterricht mißlinge. Die tieferliegenden Ursachen seien zumeist darin zu sehen, daß sowohl die im Studium erfahrene, wie die selber vorgenommene Reduzierung nicht gelungen sei, weil sie letztlich doch immer an einem problematischen Vollständigkeitsprinzip und an linear–chronologischen Durchgängen orientiert wäre. Die Gründe für das Mißlingen würden aber in der Regel den Schülern angelastet; diese wiederum könnten unter den gegebenen Umständen auch keine Freude daran bekommen. Die Voreinstellungen von Studierenden zur Kirchengeschichte sähen entsprechend aus. Nach Bernhard Jendorff lautet die Diagnose daher folgerichtig: „Circulus vitiosus".[8]

Der von ihm[9] – zumindest für Hessen – geäußerte Verdacht, die Probleme mit der Kirchengeschichte seien in einem mangelnden Angebot von kirchengeschichtlichen Lehrveranstaltungen für Lehramtskandidaten an den Hochschulen begründet, kann nicht ganz überzeugen.

Das faktische Studienangebot im Fach Kirchengeschichte zu erheben ist schwer, aber selbst eine vollständige Erhebung wäre nur begrenzt aussagekräftig, weil sie keinerlei Aufschluß über das Studierverhalten gäbe. Stattdessen habe ich das 'Soll' an kirchengeschichtlichen Lehrveranstaltungen erfragt, um damit die Mindeststundenzahl zu eruieren.

Lehramt an Sonderschulen

Hochschule	SWS
Frankfurt U	0
Gießen U	6
Hannover U	0
Kiel PH	3
München U	5
Würzburg U	0

In den Tabellen vermerkt ist die *Mindest*stundenzahl; d.h. die Angabe 0 bedeutet, daß keine *verpflichtende* Stundenzahl in Kirchengeschichte/Historischer Theologie vorgesehen ist bzw. eine Veranstaltung im Wahlbereich etwa in Kirchengeschichte *oder* einer anderen Disziplin gemacht werden kann. Die Standorte, an denen (derzeit) keine Richtlinie besteht (Kassel und Landau), sind aus statistischen Gründen ebenfalls mit 0 SWS erfaßt. In Freiburg (PH) sind Veranstaltungen in Kirchengeschichte vorgeschrieben, aber keine Stundenanzahl; statistisch ist daher von dem Minimun zweier SWS auszugehen.

Nicht berücksichtigt sind hier Studienvorgaben für 'Nebenfach–Studien', theologische 'Minimal–Studien' wie etwa in Niedersachsen in einem dritten Unterrichtsfach mit 12 SWS oder in Bayern im Rahmen einer Dreier–Fächergruppe für Grund– (7 SWS) und Hauptschulen (16 SWS). In Nordrhein–Westfalen sind bei der Primarstufe jeweils die SWS für Katholische Religionslehre als Schwerpunktfach, nicht als weiteres Fach (24 SWS), berücksichtigt.

In den Tabellen sind daher die Hochschulorte nicht genannt, an denen nur im Rahmen solcher Vorgaben studiert werden kann: Bayreuth (U) und Nürnberg (U).

Ebenfalls nicht aufgenommen sind die Hochschulorte, an denen *ausschließlich* für das Lehramt Sekundarstufe II (bzw. Gymnasium und/oder berufsbildende Schulen) studiert werden kann: Aachen (TH); Darmstadt (TH); Freiburg (U); Mainz (U); Tübingen (U); einen Sonderfall bilden Bochum (U) und Bonn (U), da dort zwar für die Sekundarstufe I studiert werden kann, aber ausschließlich von Bewerbern, die die Studienleistungen und Prüfungen für die Sekundarstufe II ablegen; die entsprechenden Vorgaben würden hier also das Bild verfälschen.

Ergebnis

Zwar sind in den Tabellen *alle* Hochschulen erfaßt, aber aufgrund der sehr verschiedenen Formen der Lehrerausbildung in den einzelnen Bundesländern und der entsprechenden Vorschriften in den Prüfungs– (Ver–) Ordnungen sowie aufgrund der durchweg in der Autonomie der jeweiligen Hochschulen erlassenen Studienordnungen, die auch Abweichungen innerhalb einzelner Bundesländer erklären, können hier dennoch nur generelle Trends als Ergebnisse angedeutet werden.

Für das Studium der einzelnen Lehrämter läßt sich feststellen (Stand: Sommersemester 1989/Wintersemester 1989/90):

Lehramt an Grund– und Hauptschulen:

Die Gesamt–Semester–Wochen–Stundenzahl differiert sehr; sie liegt durchschnittlich bei 40 SWS.

Der Anteil kirchengeschichtlicher Lehrveranstaltungen liegt im statistischen Durchschnitt bei 2,85 SWS, damit deutlich unter 10%.

Lehramt für die Primarstufe

Die Gesamt–Stundenzahl liegt bei etwa 45 SWS.

Der Anteil kirchengeschichtlicher Lehrveranstaltungen liegt zwischen 5% und 20%, im Durchschnitt mit 4,25 SWS, knapp unter 10%.

Lehramt an Realschulen

Die Gesamt–Semester–Wochen–Stundenzahlen liegen etwa bei 40–50 SWS.

Der Anteil kirchengeschichtlicher Lehrveranstaltungen liegt im Durchschnitt bei 3,43 SWS, damit ebenfalls unter 10%; bei nicht einmal der Hälfte der Hochschulen liegt der Anteil bei etwa 10% und bei gut einem Drittel unter 10%.

Deutlich wichtiger erschienen den Befragten Kenntnisse in Kirchengeschichte für einen Religionslehrer, also formal für die Ausübung des Berufes, für den sie sich selber qualifizieren:

0% überflüssig

0% entbehrlich

39% nützlich

61% unverzichtbar.

In der unterschiedlichen Bewertung kommt auch das gegenwärtige Studienverhalten zum Ausdruck; nur ein Teil der Studierenden rechnet damit, später tatsächlich den Beruf des Lehrers ausüben zu können.

Gänzlich anders fällt dagegen das Ergebnis auf Fragen nach den Schwierigkeiten mit der Kirchengeschichte aus: Insgesamt äußern 98% der Befragten ihre 'Probleme' mit der Kirchengeschichte; nur für 2% (und das entspricht absolut lediglich *einem* Antwortenden) trifft das nicht zu. Nach verschiedenen Gründen differenziert ergeben sich Probleme mit der Kirchengeschichte für 13% weil sie langweilig/trocken ist,

11% weil sie keine Kenntnisse haben,

52% weil ihnen trotz einiger Kenntnisse Hintergründe fehlen,

9% weil sie einige Ereignisse und Entwicklungen nicht verstehen,

13% weil sie einige Ereignisse und Entwicklungen schlimm finden.

Ein Befragter hat nach eigenen Angaben deshalb keine Probleme mit der Kirchengeschichte, weil er Kenntnisse besitzt. In diesem Fall scheint mindestens ein Grund in der Schule zu liegen; nach den entsprechenden Angaben kam Kirchengeschichte im Religionsunterricht vor, und hat Geschichte immer schon wegen des Schulunterrichts Spaß gemacht.

In der Gesamtsicht sehen die Erfahrungen allerdings anders aus:

Nur 35% der Befragten geben an, Kirchengeschichte sei im Religionsunterricht behandelt worden, 65% verneinen das.

Nur bedingt aussagekräftig ist der Versuch, die Einschätzung des Schulunterrichts als ursächlich für die vorhandene oder nicht vorhandene Freude an Geschichte zu eruieren:

Immerhin 56% aller Antwortenden und 72% der diese Frage Beantwortenden geben dem Schulunterricht für den historischen Bereich schlechte Noten. Bei aller Vorsicht in der Bewertung wird man also nicht erwarten dürfen, daß Studierende von der Schule eine nennenswerte Motivation zur Beschäftigung mit Geschichte und Kirchengeschichte mitbringen.

Ergebnis

Zwar sind in den Tabellen *alle* Hochschulen erfaßt, aber aufgrund der sehr verschiedenen Formen der Lehrerausbildung in den einzelnen Bundesländern und der entsprechenden Vorschriften in den Prüfungs- (Ver-) Ordnungen sowie aufgrund der durchweg in der Autonomie der jeweiligen Hochschulen erlassenen Studienordnungen, die auch Abweichungen innerhalb einzelner Bundesländer erklären, können hier dennoch nur generelle Trends als Ergebnisse angedeutet werden.

Für das Studium der einzelnen Lehrämter läßt sich feststellen (Stand: Sommersemester 1989/Wintersemester 1989/90):

Lehramt an Grund- und Hauptschulen:

Die Gesamt-Semester-Wochen-Stundenzahl differiert sehr; sie liegt durchschnittlich bei 40 SWS.

Der Anteil kirchengeschichtlicher Lehrveranstaltungen liegt im statistischen Durchschnitt bei 2,85 SWS, damit deutlich unter 10%.

Lehramt für die Primarstufe

Die Gesamt-Stundenzahl liegt bei etwa 45 SWS.

Der Anteil kirchengeschichtlicher Lehrveranstaltungen liegt zwischen 5% und 20%, im Durchschnitt mit 4,25 SWS, knapp unter 10%.

Lehramt an Realschulen

Die Gesamt-Semester-Wochen-Stundenzahlen liegen etwa bei 40-50 SWS.

Der Anteil kirchengeschichtlicher Lehrveranstaltungen liegt im Durchschnitt bei 3,43 SWS, damit ebenfalls unter 10%; bei nicht einmal der Hälfte der Hochschulen liegt der Anteil bei etwa 10% und bei gut einem Drittel unter 10%.

Lehramt für die Sekundarstufe I

Die Gesamt–Stundenzahl liegt bei etwa 45 SWS.

Der Anteil kirchengeschichtlicher Lehrveranstaltungen liegt zwischen 5% und 20%, im Durchschnitt bei 4 SWS, unter 10%.

Lehramt an Sonderschulen

Die Gesamt–Semester–Wochen–Stundenzahl differiert sehr stark; sie liegt durchschnittlich bei 30 SWS.

Der Anteil kirchengeschichtlicher Lehrveranstaltungen liegt im Durchschnitt bei 2,33 SWS, damit unter 10%.

Zusammenfassend läßt sich für das Lehramt an Grund– und Hauptschulen sowie für Realschulen[10] unter Einbeziehung der Hochschulen in Nordrhein–Westfalen[11] feststellen:

0	2	3	4	5	6	8	Zahl der SWS
7	8	1	10	1	6	1	Zahl der Hochschulen (LaGH)
5	6	0	12	1	7	1	Zahl der Hochschulen (LaR)

Lehramt an Grund– und Hauptschulen

An sieben Hochschulen können Studierende eine Lehramtsprüfung machen, ohne eine einzige Veranstaltung in Kirchengeschichte belegt zu haben, an acht sind mindestens 2 SWS, an einer mindestens 3, an zehn sind mindestens 4 SWS, an einer sind mindestens 5 SWS, an sechs mindestens 6 und an einer Hochschule sind sogar 8 SWS zu belegen.

Lehramt an Realschulen

An fünf Hochschulen können Studierende eine Lehramtsprüfung machen, ohne eine einzige Veranstaltung in Kirchengeschichte belegt zu haben, an sechs sind mindestens 2 SWS, an zwölf mindestens 4, an einer mindestens 5, an sieben mindestens 6 und an einer Hochschule sind sogar 8 SWS zu belegen.

Die Zahlen belegen signifikant die großen Unterschiede in den Anforderungen an den Hochschulen. Der Anteil kirchengeschichtlicher Lehrveranstaltungen in den Studiengängen für die Lehrämter an Grund–, Haupt– und Sonderschulen ist sehr gering. Der Stundenanteil im Studium für das Lehramt an Realschulen ist zwar insgesamt leicht höher als in den anderen Studiengängen, aber ebenfalls gering.

Das Zahlenmaterial spiegelt die realen Studienbedingungen; die recht geringen Semesterwochenstundenzahlen verdeutlichen die Dringlichkeit, Studierenden eine eigene elementare Zugangsweise zum Fach Kirchengeschichte zu eröffnen.

Datenmaterial über die Lernausgangslage von Studierenden der Theologie gibt es nur in sehr unzureichendem Maß. Das veröffentlichte Datenmaterial ist entweder älter und kaum repräsentativ oder wegen stark differierender Voraussetzungen häufig nicht kommensurabel. Daher habe ich unter den Teilnehmern an zwei kirchengeschichtlichen Veranstaltungen im Wintersemester 1987/88 und im Sommersemester 1988 stichprobenartig die Situation zu erheben versucht.

1.2 Eine Stichproben–Erhebung

Der Fragebogen, der lediglich aktuell die Lernausgangslage erheben sollte, wurde von 46 Studierenden ausgefüllt. Obwohl die Umfrage und die Ergebnisse nach den Standards der empirischen Sozialforschung nicht als repräsentativ gelten können, spiegeln sie doch einen interessanten aktuellen Trend für diesen konkreten Personenkreis. Daher – und aus Gründen der größeren Anschaulichkeit – erfolgen die Angaben im folgenden in Prozentanteilen und nicht in absoluten Zahlen.

Die wichtigsten und interessantesten Ergebnisse im einzelnen:[12]

Kenntnisse in Kirchengeschichte fanden von den Befragten

0% überflüssig

22% entbehrlich

61% nützlich

17% unverzichtbar.

Deutlich wichtiger erschienen den Befragten Kenntnisse in Kirchengeschichte für einen Religionslehrer, also formal für die Ausübung des Berufes, für den sie sich selber qualifizieren:

0% überflüssig

0% entbehrlich

39% nützlich

61% unverzichtbar.

In der unterschiedlichen Bewertung kommt auch das gegenwärtige Studienverhalten zum Ausdruck; nur ein Teil der Studierenden rechnet damit, später tatsächlich den Beruf des Lehrers ausüben zu können.

Gänzlich anders fällt dagegen das Ergebnis auf Fragen nach den Schwierigkeiten mit der Kirchengeschichte aus: Insgesamt äußern 98% der Befragten ihre 'Probleme' mit der Kirchengeschichte; nur für 2% (und das entspricht absolut lediglich *einem* Antwortenden) trifft das nicht zu. Nach verschiedenen Gründen differenziert ergeben sich Probleme mit der Kirchengeschichte für 13% weil sie langweilig/trocken ist,

11% weil sie keine Kenntnisse haben,

52% weil ihnen trotz einiger Kenntnisse Hintergründe fehlen,

9% weil sie einige Ereignisse und Entwicklungen nicht verstehen,

13% weil sie einige Ereignisse und Entwicklungen schlimm finden.

Ein Befragter hat nach eigenen Angaben deshalb keine Probleme mit der Kirchengeschichte, weil er Kenntnisse besitzt. In diesem Fall scheint mindestens ein Grund in der Schule zu liegen; nach den entsprechenden Angaben kam Kirchengeschichte im Religionsunterricht vor, und hat Geschichte immer schon wegen des Schulunterrichts Spaß gemacht.

In der Gesamtsicht sehen die Erfahrungen allerdings anders aus:

Nur 35% der Befragten geben an, Kirchengeschichte sei im Religionsunterricht behandelt worden, 65% verneinen das.

Nur bedingt aussagekräftig ist der Versuch, die Einschätzung des Schulunterrichts als ursächlich für die vorhandene oder nicht vorhandene Freude an Geschichte zu eruieren:

Immerhin 56% aller Antwortenden und 72% der diese Frage Beantwortenden geben dem Schulunterricht für den historischen Bereich schlechte Noten. Bei aller Vorsicht in der Bewertung wird man also nicht erwarten dürfen, daß Studierende von der Schule eine nennenswerte Motivation zur Beschäftigung mit Geschichte und Kirchengeschichte mitbringen.

Diese Voraussetzungen sind zu berücksichtigen bei den erstaunlichen Ergebnissen auf die Bitte, sich für eine von vier vorgegebenen Überschriften für die Kirchengeschichte zu entscheiden, die jeweils ein bestimmtes Verständnis implizieren:

Kirchengeschichte ist

nach Auffassung von 39% der Befragten:

Evangelium auf dem Weg durch die Zeit;

nach Auffassung von 39% der Befragten:

Zeugnis eines an sich richtigen Weges mit einigen Umwegen;

nach Auffassung von 22% der Befragten:

Zeugnis eines langsamen Verfalls seit der Urgemeinde;

nach Auffassung von 0% der Befragten:

Zeugnis eines unaufhaltsamen Aufstiegs bis zur Vollendung.

Damit entschieden sich immerhin gleich viele für den von ihrem Kenntnisstand und von ihrem Verhältnis zur Kirche am ehesten als zustimmungsfähig erwarteten 'Weg mit Umwegen' wie für die Überschrift 'Evangelium auf dem Weg durch die Zeit'[13]. Ferner entschieden sich sogar 22% für ein Verständnis von Kirchengeschichte, das in Zeiten konfessioneller Auseinandersetzungen von evangelischer Seite vertreten wurde, während das parallel katholisch vertretene Verständnis keine Zustimmung fand.

Auf Fragen nach konkreten Teilthemen einer Einführung in die Kirchengeschichte erhielten folgende Themenbereiche in der angegebenen Reihenfolge die deutlich höchste Zustimmung; sie gehören damit nach Ansicht der Befragten unbedingt zu einer Einführung in die Kirchengeschichte:

(1) Ausführungen zu Quellen als 'Träger' des geschichtlichen Stoffes;

(2) Ausführungen zur Interpretation geschichtlicher Ereignisse und Vorgänge;

(3) Ausführungen zum methodischen geschichtswissenschaftlichen Vorgehen.

Auf Fragen nach einigen sie speziell interessierenden Aspekten der Kirchengeschichte schnitt neben der Geschichte des Papsttums auch die Geschichte der Konzilien schlecht ab.

Besonders hohe Einschätzungen erhielten die Geschichte der Orden und die Geschichte der Ketzer/Irrlehren.

Die Gründe für diese Einschätzungen und Interessen sind sicher vielfältig; ein Grund ist auch darin zu sehen, daß die Erhebung nicht von einer fremden Institution, sondern von mir als Lehrendem mit mehr oder weniger bekannten eigenen Interessenschwerpunkten vorgenommen wurde.[14]

Ein weiterer Grund scheinen mir die biographischen Anknüpfungen zu sein: Mag das geringe Interesse am Papsttum aus der augenblicklichen kirchlichen und kirchenpolitischen Situation schnell erklärbar sein, so wundert zunächst doch die Einschätzung der Konziliengeschichte. Zu berücksichtigen ist allerdings, daß nahezu alle Befragten erst am Ende oder sogar nach Abschluß des Zweiten Vatikanischen Konzils geboren wurden und somit keinerlei Erinnerungen an die dadurch ausgelöste Bewegung in der Kirche haben. Ihr biographisches Erinnerungsvermögen setzt erst in der nachkonziliaren Zeit ein. Die Bedeutung und die Wirkung des konziliaren Geistes für die Kirche können sie allein aufgrund fehlender eigener Erfahrungen nicht einschätzen. Das Konzil zählt für sie nicht zum Bestand ihrer Lebensgeschichte.

In der relativ hohen Einschätzung der Ordensgeschichte kommt dagegen indirekt auch eigene Erfahrung zum Ausdruck: Die Sehnsucht nach einer Gemeinschaft, die besser ist als die allenthalben erlebten, lassen ebenso wie die Suche nach Alternativen wie auch nach einer eigenen Spiritualität die Orden als einen interessanten, wissenswerten Versuch erscheinen; ähnliches gilt für Irrlehren und Ketzer, denn auch die Überzeugung von der Notwendigkeit, herrschenden Trends zu widersprechen und bestimmten gesellschaftlichen Tendenzen zu widerstehen, scheinen in jugendsoziologischen Analysen deutlich auf. Sie leiten auch das historische Interesse.

Unerwartet hoch ist auch das Interesse an einer Darstellung der Problematik kirchengeschichtlicher Periodisierungen; die Gründe für dieses Interesse können in der Spannung liegen, Periodisierungs–Begriffe – Altertum, Mittelalter, Neuzeit – einerseits selbstverständlich zu benutzen, ohne sie andererseits aber zeitlich voneinander abgrenzen zu können.

In der ohne Vorgaben erbetenen eigenen zeitlichen Abgrenzung von Altertum und Mittelalter sowie Mittelalter und Neuzeit zeigte sich, daß nur zwei Befragte annähernd richtige Daten nannten.

Viele Angaben waren völlig falsch, einige gaben keine Antwort. Wissen lag – in diesem Punkt zumindest – so gut wie überhaupt nicht vor. Geschichtsdaten sind aber überhaupt nicht sehr gefragt: 9% fanden sie wichtig, 91% fanden ein paar schon wichtig; gänzlich unwichtig fand sie niemand. Ob aus dem Zugeständnis 'ein paar schon' mehr als eine gewisse Bildungsbeflissenheit spricht, muß offen bleiben.

Bei der Wiedergabe der Umfrageergebnisse sind einige Hintergründe bereits angedeutet worden. Weitere sind noch zu benennen.

1.3 Aktuelle Tendenzen im Umgang mit Geschichte

Einerseits gibt es gerade unter den jüngeren Generationen eine große Skepsis gegenüber der Geschichte, weil für sie die Objektivität nicht eingelöst wird; Auseinandersetzungen wie die 'Fischer–Kontroverse'[15] und der 'Historiker–Streit'[16] nähren diese Skepsis zusätzlich. Weil nicht festzustellen sei, wie ein historischer Vorgang sich tatsächlich abgespielt hat, entsteht Zweifel am Sinn von Geschichtsschreibung überhaupt. Vielen erscheint es als nicht ausreichend und überzeugend, wenn die Frage nach dem 'Wie–es–tatsächlich–war' nur damit beantwortet werden kann, wie ein historischer Vorgang aufgrund unserer heutigen Deutung erscheint. Das vorherrschende einseitig technisch zweckrationale Denken stellt sich der Alternative 'richtig – falsch' und läßt nur wenig Sinn entwickeln für eine ganz anders gelagerte Wahrheitsfrage und damit auch für historisches Denken. Angesichts dieser Tendenzen ist es für viele nur schwer nachvollziehbar, daß es keine Wahrheit ohne Deutungen gibt.

Andererseits – und darin kommt eine weitere Art des Umgangs mit Geschichte zum Ausdruck – besteht die Tendenz innerhalb unserer Gesellschaft, Traditionen häufig nicht auf ihren Wert hin zu befragen; sie werden fraglos übernommen oder aber ebenso fraglos abgelehnt.

1.3.1 Soziologische Aspekte

Jugendsoziologische Analysen der gesellschaftlichen Situation zeigen neben einer Gruppe stark Angepaßter eine große Gruppe, die durch ihre Selbstbezogenheit auffällt;[17] ihnen erscheinen Traditionen als einer Selbstfindung hinderlich. Die veränderten Sozialisationsbedingungen[18] verhindern partiell einen früher selbstverständlichen Anschluß der Generationen aneinander, und der Funktionsverlust der Familie zerstört weitgehend die Existenz der historischen Dimension in Alltagszusammenhängen. Gründe liegen in dem Irritationspotential, das aus den heute herrschenden Kommunikationsstrukturen der Familie entsteht, wie auch in den Instabilitäten elterlichen Verhaltens. Ferner zeigt sich bei einer abnehmenden Bedeutung der ödipalen Problematik die Zuspitzung der Adoleszenzproblematik; die Krise der Identitätsbildung hat sich für das Subjekt auf die Adoleszenz verschoben.[19] Die Bedeutung einer Entkoppelung von System und Lebenswelt wird in beiden genannten Phänomenen heutiger Sozialisation deutlich. Die in der modernen Gesellschaft institutionell kaum abgesicherte Jugendentwicklung birgt latent die Gefahr des Traditionsabbruchs in sich.

Aufs Ganze gesehen können wir in der gegenwärtigen Situation unserer Gesellschaft eine frappierende Disparität im Verhalten zu Geschichte und Historischem beobachten. Einerseits läßt sich ein hohes Maß an Unwissenheit und Unverständnis in Sachen Geschichte feststellen, andererseits feiern Museen und historische Ausstellungen ständig neue Besucherrekorde,[20] die Zahl der begangenen Jubiläen wächst fast grotesk.

1.3.2 Geschichtsphilosophische Aspekte

Der Grund für die Vergangenheitsbezogenheit in unserer gegenwärtigen gesellschaftlichen Situation ist nach Hermann Lübbe zu sehen in dem „Versuch kultureller Kompensation eines Vertrautheitsschwundes, dem wir in unserer zivilisatorischen Lebenswelt fortschreitend ausgesetzt sind."[21] Dieser Vertrautheitsschwund kommt zum Ausdruck in stark verkürzten Zeitphasen; die schnelle technologische Entwicklung fördert gerade diese Verkürzung, denn die schnellen und massiven Veränderungen führen zu immer kürzeren Zeiteinheiten, die sich von vorhergehenden unterscheiden. Die zivilisatorische Evolution und der rasche gesellschaftliche Wandel bewirken, daß wir die Gegenwart in der Vergangenheit strukturell kaum wiedererkennen können; nur in Zeiten eines langsamen Wandels wäre das möglich. Rascher Wandel benötigt historisches Bewußtsein. „Das historische Bewußtsein beugt der Gefahr temporaler Identitätsdiffusion vor; es hält kulturell Möglichkeiten gegenwärtig, im raschen Wandel der Dinge über unsere jeweilige Herkunftsgeschichte zu sagen, wer wir denn überhaupt durch diesen Wandel hindurch bleibend sind."[22]

Einzelne Phänomene des historischen Bewußtseins, das in unserer gegenwärtigen Situation weithin das Verhältnis zur Geschichte bestimmt, zeigen ein Verhältnis zur Vergangenheit, das auf einer verminderten Selbstdarstellungsfähigkeit der Gegenwart beruht. Auch Nostalgie, Vergangenheitssucht und Gegenwartsflucht sind begründet in der Tendenz, nichts Eigenes zu sein und zu haben oder es nicht als zustimmungsfähig zu erachten.

Das in Deutschland weitgehend gebrochene Verhältnis zur Geschichte, das gerade auch bei Umfragen unter Studierenden schnell zum Vorschein kommt, hängt häufig mit der Einschätzung zusammen, hier etwas zu entdecken, das als falsch oder nicht zustimmungsfähig erachtet und klassifiziert wird; man tabuisiert lieber, freilich ohne sich dieses Vorgangs bewußt zu werden. Andererseits finden einzelne dieser als besonders problematisch empfundenen Momente der Geschichte ein ausdrückliches Interesse; mit einer Art 'intellektueller Nekrophilie' stürzen sich einige auf bestimmte Themen – deutliches Beispiel: Hexen[23]. Eine nur fragmentarische Ausbildung des historischen Bewußtseins und eine Halbierung der Geschichte sind die Folgen; dabei entspricht die Fragmentarisierung des historischen Bewußtseins der generellen Fragmentarisierung des Alltagsbewußtseins, die unsere Gesellschaft zunehmend aufweist.[24] Die Vergangenheit darf nicht in ein Wunsch- und in ein Schreckensbild dividiert werden. „Für die Stärke des Selbstgefühls von Individuen wie von Gruppen, auch von Institutionen, gibt es ein Maß, nämlich das Ausmaß der jeweils eigenen Vergangenheit, zu der man sich zustimmend verhalten kann."[25]

1.3.3 Umgang mit Geschichte in der Kirche

Für die Kirche lassen sich ganz ähnliche Phänomene des Umgangs mit der Geschichte benennen. „Es gibt etliche Anzeichen dafür, daß in der Kirche zunehmend ein Umgang mit der Geschichte Platz greift, dem es vor allem auf den Aufweis von Identität und Kontinuität ankommt, der im Interesse rückwärtsgewandter Selbstlegitimation und eindrucksvoller Zukunftsbilder bewußt oder unbewußt problematische Einseitigkeiten in Kauf nimmt und differenzierungsbedürftige Befunde vereinfacht, damit aber Geschichte letztlich nicht mehr wirklich ernst nimmt."[26] Zwar muß das Interesse an Identität und Kontinuität der Kirche nicht unbedingt rückwärtsgewandte Selbstlegitimation bedeuten, weil etwa gerade im Erzählen der Schuldgeschichte die Identität von einzelnen wie auch von Gemeinschaften gestiftet werden kann, gegenwärtig lassen sich aber in der Kirche, ebenso wie in der Gesellschaft, Tendenzen zur selektiven Wahrnehmung geschichtlicher Wirklichkeit und ihre Funktionalisierung für aktuelle innerkirchliche oder gesellschaftliche Zielsetzungen feststellen.

In dieser Situation ist es besonders wichtig, auf die Gefahr einer selektiven Wahrnehmung aufmerksam zu machen; Funktionalisierungen sind als einseitige Interpretationen von Geschichte aufzudecken.

Eine reine Geschichtsdarstellung würde eher ein museal geprägtes Geschichtsinteresse, weniger ein Geschichtsbewußtsein fördern. Der Versuch, einen Verstehenszugang zu eröffnen, kann sich nicht beschränken auf eine Darstellung, die den gesamten Geschehensablauf der Kirchengeschichte für den künftigen Religionslehrer auf die wichtigsten Ereignisse reduziert; vielmehr gilt es, Vorgang und Wert historischer Erkenntnis in exemplarischen Schritten aufzuzeigen. Die in diesem Abschnitt angedeuteten aktuellen Tendenzen kennzeichnen ebenso wie die erhobene Stichprobenuntersuchung und die derzeitige Stellung der Kirchengeschichte an den Hochschulen die Situation. Sie bilden somit Aspekte der Ausgangslage für einen Verstehenszugang zur Kirchengeschichte und implizieren auch bereits Grundzüge einer Konzeption.

Ferner ergibt sich aus den genannten Aspekten der Ausgangslage bereits ein erster Anhalt dafür, daß ein eigener Verstehenszugang zur Kirchengeschichte für die religionspädagogische Ausbildung gesucht werden sollte.

Auf der Suche nach Kriterien für die Konzeption einer Einführung sind im folgenden Perspektiven der Bezugswissenschaften zu benennen.

Anmerkungen:

(1) Rudolf Reinhardt, Die Heilsgemeinde kann sich der Welt nicht entziehen, 22.

(2) Wolfgang Dietrich, Widerstand und Ergebung heute neu gelesen, 62.

(3) Diese 16 Semesterwochenstunden waren reine Vorlesungsstunden; nach dieser Prüfungsordnung der Fakultät für Katholische Theologie an der Ruhr–Universität Bochum (1974–1979) bestimmte der Student die Zahl der (zusätzlichen) Seminare selbst.

(4) Verordnung über die Ersten Staatsprüfungen für Lehrämter im Lan-

de Niedersachsen vom 27. Juni 1986, in: Nds. GVBl. Nr. 24/1986, 218.

(5) R. Reinhardt, aaO., 22.

(6) Vgl. etwa: Bernhard Jendorff, Kirchengeschichtlich orientierter Religionsunterricht im Spiegel der Schülermeinungen.

(7) B. Jendorff, Didaktik und Methodik des Kirchengeschichtsunterrichts, 21.

(8) B. Jendorff, Von Inter–esse: Kirchengeschichtsunterricht, 42.

(9) Vgl. B. Jendorff, Kirchengeschichte – ein religionspädagogisches Hobby?, 398.

(10) Das Lehramt an Sonderschulen ist hier wegen mangelnder Vergleichbarkeit der Ausbildungsgänge nicht herangezogen; wie aus der Tabelle ersichtlich ist, wird nur an sechs Hochschulen für dieses Lehramt ausgebildet. Die SWS schwanken zwischen 16 und 56!

(11) Bis auf die Hochschulen in Nordrhein–Westfalen ist die Ausbildung schulformbezogen. Die nordrhein–westfälischen Hochschulen sind im folgenden jeweils in beiden Gruppen berücksichtigt; statistisch ist das Ergebnis korrekt, da die SWS für die Primarstufe (Schwerpunktfach) mit denen für die Sekundarstufe I übereinstimmen.

(12) Die Wiedergabe erfolgt nicht in der Reihenfolge der Fragen, da die ursprüngliche Reihenfolge auch Kontrollcharakteristika berücksichtigt hat.

(13) Die Überschrift habe ich bewußt gewählt in Anlehnung an das Kirchengeschichtsverständnis des evangelischen Theologen Gerhard Ebeling; danach ist Kirchengeschichte die Geschichte des Versuchs, Gottes Wort in den Verflechtungen des Lebens auszulegen. Sie „ist zugleich das, was zwischen uns und der Offenbarung Gottes in Jesus Christus steht, und zwar trennend und verbindend, verdunkelnd und erhellend, belastend und bereichernd." G. Ebeling, Kirchengeschichte als Geschichte der Auslegung der Heiligen Schrift, 21.

(14) Andererseits ist der hohe Anteil an Erstsemestern unter den Befragten zu berücksichtigen.

(15) Vgl. u.a. Imanuel Geiss, Die Fischer–Kontroverse.

(16) Vgl. Wolfgang Marienfeld, Der Historikerstreit; ferner: „Historikerstreit".

(17) Vgl. u.a. die Arbeiten von Thomas Ziehe zur Narzißmusproblematik und zum sogenannten Neuen Sozialisationstyp.

(18) Vgl. Jürgen Habermas, Theorie des kommunikativen Handelns. Bd.

2, 569f.

(19) Vgl. Rainer Döbert/ Gertrud Nunner–Winkler, Adoleszenzkrise und Identitätsbildung.

(20) So haben auch 1987 beispielsweise die staatlichen Museen Niedersachsens wieder 'Besucherrekorde' gemeldet: 74 000 mehr als im Vorjahr; Quelle: Hannoversche Allgemeine Zeitung (28.7.1988) 7; 1988 sind nach den Angaben des Deutschen Museumsbundes erstmals nach bislang stetig steigenden Besucherzahlen Museen wieder weniger gut besucht worden. Der Grund ist allerdings bezeichnend, denn die größten Rückgänge verzeichneten die Kunstmuseen, die weniger Wechselausstellungen anboten; Quelle: Hannoversche Allgemeine Zeitung (24.11.1989) 11.

(21) Hermann Lübbe, Zwischen Trend und Tradition, 9f.; vgl. ferner: Der Fortschritt und das Museum, in: Ders, Die Aufdringlichkeit der Geschichte, 13–29.

(22) Ebd., 10.

(23) Vgl. dazu auch: Ulrich von Hehl, Hexenprozesse und Geschichtswissenschaft, insbesondere: I. Ein neues Modethema?.

(24) Vgl. J. Habermas, aaO., 447–593.

(25) H. Lübbe, aaO., 15; vgl. zu diesem Abschnitt (1.3) auch: Godehard Ruppert, Geschichte ist Gegenwart, 17–49.

(26) Ulrich Ruh, Wider die Geschichtsflucht, 53.

2 Perspektiven der Konzeption

2.1 Zur Notwendigkeit einer Elementarisierung

Das Problem, welche Inhalte so grundlegend sind, daß sie am Anfang eines Bildungsprozesses stehen sollten, stellt sich für alle Bereiche des Lehrens und Lernens. Bemühungen um das mit Elementarisierung in der Sache Gemeinte zählen daher zu fundamentalen Bildungsüberlegungen: Was ist als elementar anzusehen, und wie ist es didaktisch zur Geltung zu bringen? In das erziehungswissenschaftliche Gespräch ging der Begriff aber besonders durch die bildungstheoretische Diskussion nach 1945 ein. An dieser Stelle ist daher kurz auf die erziehungswissenschaftliche Seite und die religionspädagogische Rezeption einzugehen.

2.1.1 Elementarisierung in erziehungswissenschaftlicher Sicht[1]

Die Entwicklung der Einzelwissenschaften seit dem 17. Jahrhundert und besonders die rapide Beschleunigung dieses Prozesses im 19. und 20. Jahrhundert förderte eine zunehmende Spezialisierung der Forschungsdisziplinen, die nicht ohne Rückwirkungen auf die Situation der Schule und der Schulfächer blieb. Eine Überladung der Lehrpläne war eine der Folgen, die sich aus den Versuchen ergaben, den ständigen Zuwachs an Forschungsergebnissen an die Schüler zu vermitteln. Gleichzeitig wurde deutlich, wie sehr die Inhalte der Schulbildung und die reale Lebenswelt der Schüler auseinanderfielen; die sich immer komplexer und komplizierter gestaltenden Lebensverhältnisse bedurften einer überzeugenden und einsichtigen Transformation in den Raum der Bildung.

In Aufnahme erster Ansätze bei Comenius und Rousseau sowie der Überlegungen Pestalozzis zu einer Elementarbildung haben bereits Vertreter der geisteswissenschaftlichen Pädagogik (Spranger, Nohl, Weniger, Flitner) den Begriff des Elementaren in die pädagogische Diskussion der schwierigen Bildungssituation eingebracht. Im Gespräch nach 1945 stand zunächst der Terminus vom 'exemplarischen Lehren und Lernen' im Vordergrund.

Das entscheidende Anliegen dieser Elementarisierungsdiskussion war das eigentliche didaktische Problem, die Frage der Auswahl – im Bemühen um eine sach- und zeitgemässe Bildung auf dem Hintergrund von Stoffmassen und Lehrplannöten.

Wichtige Anstöße zu dieser Diskussion gingen von einem Historiker – Hermann Heimpel,[2] Professor für mittlere und neuere Geschichte in Göttingen – und von einem Naturwissenschaftler – Martin Wagenschein,[3] Physiklehrer und Fachleiter an einem Studienseminar in Darmstadt – aus. In diesem Faktum wird bereits deutlich, daß die Fragen eines exemplarischen Lernens allgemeine Probleme berührten, die sowohl Fachgrenzen-, als auch Lernaltersstufen-übergreifend von Bedeutung sind.

Die begriffliche Unterscheidung der an Johann Heinrich Pestalozzi anknüpfenden Leitbegriffe 'elementar', 'fundamental' und 'exemplarisch' verdeutlicht die Teilbereiche des Gesamtproblems der Bildungsgehalte. *Fundamental* sind Grunderfahrungen und Kategorien, die einen geistigen Grundbereich – auf die Schule bezogen: ein Unterrichtsfach – konstituieren. *Elementar* sind innerhalb solcher fundamentalen Bereiche die Inhalte und Komplexe, die als wesentlich für die Bildung anzusehen sind. *Exemplarisch* sind die Beispiele, die solch' fundamentale Grundbereiche und elementare Inhalte besonders eindrücklich vermitteln.

Elementarisierung umschreibt damit den Bildungsvorgang der Erschließung: In dem jeweiligen Aneignen des Elementaren gelingt ein Zugang zu diesem ganz spezifischen Ausschnitt der geistigen Wirklichkeit. Der Prozeß ist aber insofern auch dialektisch, als sich die Lernenden ebenfalls für diese Wirklichkeit erschließen. Eine solche doppelseitige Erschließung kann nur gelingen, wenn die Bestimmung des Elementaren der geschichtlichen Wirklichkeit, die vermittelt werden soll, *und* der individuellen Wirklichkeit dessen, dem sie vermittelt werden soll, gerecht wird.

Die Überlegungen zum Elementaren und Aufschließenden waren auch eine didaktische Konsequenz der bildungstheoretischen Bemühungen um einen kategorialen Bildungsbegriff; ohne Aufnahme und Integration dieser Arbeiten, besonders der von Wolfgang Klafki, ist die Diskussion über das Elementare in der Religionspädagogik nicht zu denken.

2.1.2 Elementarisierung in religionsdidaktischer Sicht

Bereits sehr früh wurde der Ansatz der kategorialen Bildung in der Religionsdidaktik aufgegriffen. In einem der ersten Diskussionsbeiträge verwies Gert Otto auf die exemplarischen Lernmöglichkeiten, die sich aus der Beschäftigung mit dem Inhaltsbereich der Kirchengeschichte ergeben können.[4] In den sechziger Jahren wurden die bildungstheoretischen Überlegungen Wolfgang Klafkis unter der Kritik an den anthropologischen Defiziten der dialektischen Theologie und der von ihr begründeten Didaktik zur Grundlage programmatischer Entwürfe; sie arbeiteten besonders das Problem des Fundamentalen und Elementaren in der Evangelischen Unterweisung heraus. In der Folgezeit geriet damit immer mehr der Inhaltsbereich 'Bibel' ins Blickfeld. Die kirchengeschichtsdidaktische Diskussion wurde nicht weitergeführt, bibeldidaktische Diskussionen traten in den Vordergrund.[5]

Das Comenius-Institut hat in einem Forschungsvorhaben 1973–1977 die Elementarisierung theologischer Inhalte und Methoden untersucht.[6] An diese Überlegungen anknüpfend hat Jürgen Werbick aus systematisch-theologischer Sicht das Elementare von der Mitte des Glaubens in seiner entscheidenden, existenzbestimmenden Wirkung überdacht; es ging ihm um die Fragestellung, ob der christliche Glaube als identitätsbezogenes Wissen ausgelegt und verifiziert werden kann. Er hat Prolegomena und Skizzen zu einer Elementartheologie aus wissenschaftstheoretischen Reflexionen deduziert und vorgelegt.[7] Im Gegensatz dazu schlägt Rainer Lachmann einen induktiven Weg vor; er will das Fundamentale und Elementare als didaktische Kategorien gewinnen über die methodische Frage nach der Vermittlung von theologischen Elementen und Inhalten.[8] In gewisser Weise nimmt Karl Ernst Nipkow eine Mittelposition zwischen diesen beiden Wegen ein, wenn er in seinem Elementarisierungskonzept den Bezug zur strittigen theologischen Wahrheitsfrage durch die Frage nach der elementaren Wahrheit offenhält. Elementarisierung ist danach eher ein offener Prozeß unter der Voraussetzung, „daß die Wahrheit der Sache der Theologie als Wahrheit für den Menschen nicht einfach auf *Vermittlung feststehender Wahrheit* hinausläuft, sondern auf *'Ermittlung uns betreffender Wahrheit* im Überlieferten'."[9]

Hans Stock gibt als didaktische Folgerungen der Überlegungen zu einer Elementartheologie zwei unterscheidbare Arbeitsgänge an: Zum einen nennt er biblische Information und Interpretation, die sich vor allem auf das Thema Jesus Christus zu konzentrieren habe und hermeneutische Regeln erkennen sowie methodisch durchschaubaren Umgang mit den Texten entstehen lassen müsse. Zum anderen nennt er „die vom gegenwärtigen Interesse bestimmte Hinwendung auf *exemplarische Konkretionen aus Geschichte und Gegenwart,* in der Regel nach Themen gegliedert und aktueller Beteiligung zugänglich."[10] Religionsdidaktisch ist damit der *Kirchengeschichte ein Ort exemplarischer Konkretion innerhalb einer Elementartheologie* zugewiesen. Gerade beim zweiten Arbeitsgang werden – im didaktischen Weg vom einzelnen Beispiel in die geschichtliche Dimension – die Fragen nach Kontinuität und Dauer gestellt.

Nach Peter Biehl sind drei Anforderungen an eine elementare Theologie zu stellen; danach untersucht eine elementare Theologie die gelebte Religiosität auf elementare Phänomene hin und arbeitet ihren anthropologischen Sinn heraus, sie befragt biblische Texte auf ihren Erfahrungsgrund und ihre Wirkung hin und sie bezieht sich auf die psychischen und sozialen Vorgänge, die durch religiöse Symbole und Rituale ausgelöst werden.[11] Gerade eine so verstandene Elementartheologie ist eine *„Theologie aus Erfahrung"*[12], die nach elementaren Erfahrungen fragt und menschliche Entscheidungssituationen sowie Kontexte menschlicher Lebenspraxis im Blick hat.

2.1.3 Elementarisierung in geschichtsdidaktischer Sicht

In der geschichtsdidaktischen Diskussion wurde lange über die Frage nach der Möglichkeit exemplarischer Vertretung des Ganzen durch ein Einzelnes gestritten; andererseits war unstrittig, daß ein einzelner Sachverhalt wie ein bestimmter Friedensabschluß, eine bestimmte Revolution nicht ausreichen, notwendig und erschöpfend auf einen anderen Friedensabschluß, eine andere Revolution schließen zu lassen. Damit stellt sich aber das Problem einer enormen Stoffülle. Die Diskussion stellte daher besonders die Chance des Faches heraus, die zumeist unstrukturierte Stofforientierung durch die Artikulation gewichtigerer Funktionen auszugleichen. Ferner betonte vor allem Joachim Rohlfes, die Intentionen und Funktionen des Lernens von Geschichte habe Vorrang vor seinen Stoffen; er sah die Möglichkeiten eines exemplarischen Geschichtsunterrichts auf der funktionalen Ebene. Insgesamt läßt die Diskussion in der Geschichtsdidaktik einen Grundkonsens erkennen; danach gilt ein exemplarisches Lernen in Geschichte als wenig aussichtsreich bei der Vermittlung realer Geschehenszusammenhänge. Sinnvoll dagegen erscheint es zur Vermittlung von Erkenntnisprinzipien und kategorialer Grundstrukturen, d.h. beim Erlernen der historischen Methode, der Quellenarbeit, der Begriffsbildung, ferner beim Verstehen vom Charakteristischen, Repräsentativen und bei der Erfahrung von Betroffenheit, die den Gegenwartsbezug der Vergangenheit herstellt.[13]

2.1.4 Elementarisierung in hochschuldidaktischer Sicht

Die Diskussionen der Geschichtsdidaktik waren nicht auf den Bereich der Schuldidaktik beschränkt. Bereits als einer der ersten Anreger dieser Diskussion gab Hermann Heimpel Beispiele für ein exemplarisches Lernen in der Geschichte: Er hat für das Mittelalter demonstriert,[14] wie das Prinzip „des paradigmatischen Lernens und Lehrens" zu realisieren sei, ohne allerdings schon diesen Terminus zu benutzen. Diesen Grundbegriff verwandte er dann zwei Jahre später in seinen Vorschlägen zur Hochschulreform ausdrücklich[15]. In diesem Zusammenhang vertrat er die Auffassung: „Es kommt... nicht darauf an, alle Epochen und Gebiete gleichzeitig zu studieren, sondern, im Rahmen eines allgemeinen Überblicks, an einzelnen Stellen eine echte Begegnung mit der geschichtlichen Welt zu haben und diese Begegnung als Erfahrung auf andere Gebiete anzuwenden. Das historische Studium auf der Universität muß dem Studenten nicht unendlich viele Einzelkenntnisse, sondern muß seiner Bildung historische Tiefe geben. Der anwachsende Stoff ist in Wahrheit das Anwachsen neuer Ansprüche auf geistige Bewältigung."[16] Ihm erschien eine Revision der Geschichtswissenschaft notwendig, die als Neuorganisation des Geschichtsstudiums ein erneutes Durchdenken des geschichtlichen Gesamtzusammenhanges zur Grundlage haben müsse. „Diese Neuorganisation darf aber auf der Universität auch keineswegs eine auf die Schule schon zugeschnittene, handbuchmäßige Minimalhistorie sein. Es ist, selbstverständlich immer bei Bewahrung des Gesamtzusammenhanges, gleichgültig, ob die Begegnung mit der geschichtlichen Welt bei Augustus, Heinrich IV., Adolf von Nassau, Friedrich dem Großen oder in einer Dorfgeschichte gelingt."[17] Der paradigmatische Charakter sichert, daß das *Allgemeine* im Einzelnen enthalten und auffindbar ist. „Das jeweilige Paradigma repräsentiert hier keinen konkreten historischen Inhalt mehr, sondern eine Kategorie von Inhalten überhaupt. Es repräsentiert eine Fragehaltung als solche. Das einzelne Historikum wird zum formalbildenden Übungsstück für das 'historische Denken' schlechthin und seine Methode."[18]

Für die Hochschule gilt noch sehr viel deutlicher als für die Schule, daß das exemplarische Prinzip nicht alleiniges Bildungsprinzip sein kann, wohl aber das partiell vorherrschende Lehr- oder Lernprinzip.[19] Die Möglichkeit, Richtigkeit oder gar Notwendigkeit des exemplarischen Lernens in der Schule ist nicht einfach auf die Hochschule und die Ausbildung von Lehrern zu übertragen; andererseits sind Einführungen und Einführungsveranstaltungen aber nicht anders zu strukturieren: „Propädeutik und Orientierung über den Gesamtbestand der Wissenschaft bleiben auch weiterhin Aufgaben jedes akademischen Lehrers. Beides kann gar nicht anders als 'exemplarisch' geschehen."[20]

Auch unter dem Anspruch einer fachwissenschaftlich korrekten Wissensvermittlung, also einer wissenschaftlichen Ausbildung von Lehrern gilt die Notwendigkeit eines exemplarischen Lernens nicht nur für die Propädeutik. Über das Studium der Geschichte äußert die Historikerin Heide Wunder: Es kann, „gleich welcher Abschluß angestrebt wird, immer nur ein exemplarisches sein, sowohl im Hinblick auf 'Geschichte' und die von der Geschichtsforschung behandelten Themen als auch im Hinblick auf die Inhalte des späteren Geschichtsunterrichts."[21] Nicht ein enzyklopädischer Anspruch auf Vollständigkeit begründe die Wissenschaftlichkeit, sondern „ein durch Rationalität und Kritik (als methodischem Zweifel) bestimmtes Verhalten zum Untersuchungs- und späteren Unterrichtsgegenstand sowie zum subjektiven Interesse... an Geschichte... Exemplarisch studieren heißt mehr als die notwendige Beschränkung auf wenige, ausgewählte Themen, es bezeichnet eine Lernform, mit der zugleich Sach-, Vermittlungs- und Verfahrensweisen erworben werden, das (!) in der späteren eigenverantwortlichen Arbeit weiterentwickelt werden kann."[22]

Die Prinzipien der Rationalität und Kritik bezieht sie auf die Inhalte des Studiums, die Arbeitsweisen und auf den eigenen Lernprozeß. Sie gelten damit für die Bereiche:

- Auswahl der Studieninhalte;
- Beherrschen der historischen Methode;
- Aneignen von Basiswissen;
- Rezeption des Forschungsstandes;
- Teilnahme am wissenschaftlichen Gespräch;
- Erarbeitung eigener Darstellungen.

Die beiden letzten Punkte gelten innerhalb des Studiums in erster Linie für die aktive Mitarbeit in Seminaren und das Erstellen von Referaten bzw. Hausarbeiten. Die ersten vier Punkte gelten aber bereits als Zielsetzungen einführender Veranstaltungen oder eines entsprechenden schriftlichen Pendants, sind also für unseren Zusammenhang besonders relevant.

Die Grenzen des exemplarischen Prinzips liegen in den Schwierigkeiten, die Exempel treffend zu wählen, damit nicht der Blick auf das Allgemeine, der Überblick verstellt wird. Eine Anwendung des Prinzips bedeutet für den Lehrenden, sich selber um einen entsprechenden Überblick zu bemühen und sich in die Position wie Situation des Lernenden zu versetzen. Die Auswahl der Exempel, anhand derer die Lernziele erreicht werden sollen, muß studentenorientiert sein.

Letztlich ist exemplarisches Lernen immer *orientierendes* Lernen; angesichts der realen Lage des Faches Kirchengeschichte in Lehramtsstudiengängen scheint eine exemplarische orientierende Grundlegung dringend notwendig. Studierende wählen bei den geringen Anteilen der Kirchengeschichte im Studium die geforderten Lehrveranstaltungen faktisch nach den Prinzipien des Zufalls oder des Eklektizismus aus; dabei besteht die Gefahr, Vorgänge und Ergebnisse nicht einordnen zu können. Mit einer einführenden Orientierungshilfe ist diesem Problem noch am ehesten zu begegnen.

Auf dem Hintergrund dieser Überlegungen steht somit fest: Elementarisierung ist als Grundperspektive für die Konzeption einer Einführung in die Kirchengeschichte sowohl erziehungswissenschaftlich als auch fachdidaktisch begründ- und vertretbar. Nicht vertretbar dagegen erscheint ein Verständnis von Elementarisierung als Reduzierung einer fachwissenschaftlich orientierten Gesamtdarstellung.

Konkret bedeutet das für eine Einführung in die Kirchengeschichte: Eine elementare Konzeption

- dient der Vermittlung von geschichtswissenschaftlichen Erkenntnisprinzipien und kategorialen Grundstrukturen;
- bietet eine Einführung in die historische Methode und Quellenarbeit;
- erleichtert das Verstehen von Charakteristischem und Repräsentativem in der Geschichte der Kirche;
- stellt die Erfahrung von Betroffenheit her, durch die der Gegenwartsbezug der Kirchengeschichte unterstrichen wird;
- verschafft Grundlagenwissen, das zu einer weiteren Beschäftigung mit der Kirchengeschichte motiviert;

- erleichtert die Auswahl von Studieninhalten und schafft Orientierungen, um die Fragestellungen kirchengeschichtlicher Forschung rezipieren zu können.

Fachdidaktische Grundpositionen lassen sich in den seltensten Fällen zureichend aufstellen oder beschreiben, ohne Grundpositionen der entsprechenden Fachwissenschaft zu berücksichtigen. Im folgenden sind daher kirchengeschichtsdidaktischen Aussagen einige Ausführungen zum Gegenstands- und Aufgabenbereich der Kirchengeschichtswissenschaft vorauszuschicken.

2.2 Fachwissenschaftliche Aspekte

Zunächst ist darauf aufmerksam zu machen, daß im alltäglichen wie im wissenschaftlichen Sprachgebrauch 'Kirchengeschichte' mehrere Sachverhalte bezeichnet, die allerdings formal und inhaltlich verwandte Bedeutungen haben. In erster Linie ist zu unterscheiden zwischen Kirchengeschichte als realem oder materialem und als theoretischem oder formalem Begriff; im ersten Fall ist also der vergangene Geschehensablauf, im zweiten Fall die Beschäftigung damit bezeichnet. Die in der geschichtswissenschaftlichen Diskussion mitunter vorgeschlagene terminologische Differenzierung in 'Geschichte' und 'Historie' hat für die Geschichtswissenschaft weder Konventions-Charakter noch ist sie als definitiv anzusehen.[23] Für die Kirchengeschichte hat diese Unterscheidung ebenfalls kaum sprach-regulative Bedeutung.

2.2.1 Das Objekt der Kirchengeschichte

In dem 1962 erschienenen ersten Band des Handbuchs der Kirchengeschichte definiert Hubert Jedin:

„Der *Gegenstand* der Kirchengeschichte ist das Wachstum der von Christus gestifteten Kirche in Zeit und Raum."[24]

Dagegen formuliert Victor Conzemius in einem neueren Nachschlagewerk:

„Die Kirchengeschichte befaßt sich mit der Erforschung und Darstellung der Menschen und kirchlichen Gemeinschaften, die sich auf Jesus von Nazaret und die von ihm verkündete Botschaft berufen."[25]

Zwischen diesen beiden Äußerungen liegen nicht nur gut 20 Jahre,[26] sondern vor allem die Diskussionen über wissenschaftstheoretische Positionen in der Kirchengeschichte. Noch deutlicher werden die Unterschiede, wenn wir die folgenden zwei Sätze bei Hubert Jedin mitheranziehen: „Indem sie diesen ihren Gegenstand von der Glaubenswissenschaft empfängt und im Glauben festhält, ist sie theologische Disziplin und unterscheidet sich von einer Geschichte des Christentums. Ihr theologischer Ausgangspunkt, der Begriff der Kirche, darf allerdings nicht so verstanden werden, als ob die von der Dogmatik aufgezeigte Struktur der Kirche als vorgegebenes Schema der geschichtlichen Darstellung zugrunde gelegt und in ihr nachgewiesen werden müßte, mithin die geschichtsempirische, auf den historischen Quellen basierende Feststellung ihrer Lebensäußerungen einschränkte oder behinderte, sondern beinhaltet lediglich ihren göttlichen Ursprung durch Jesus Christus, die von ihm grundgelegte (hierarchische und sakramentale) Ordnung und den ihr verheißenen Beistand des Heiligen Geistes sowie ihre Hinordnung auf die eschatologische Vollendung, also die Elemente, auf denen ihre wesentliche Identität in den wechselnden Erscheinungsformen, d.h. ihre Kontinuität, beruht."[27]

Während Hubert Jedin noch unmittelbar die Beschreibung des Gegenstandes der Kirchengeschichte mit ihrem Status als theologischer Disziplin verknüpfte, finden wir bei Victor Conzemius nur noch eine reine Deskription des Gegenstandes. Ferner ist hier der Rückbezug auf Jesus und seine Botschaft nicht mehr exklusiv an die Kirche gebunden, denn trotz entsprechender theologischer Setzungen hat die Kirchengeschichte schon immer über den für wissenschaftliche Erklärungs- und Forschungsansätze zu engen innerkirchlichen Rahmen hinausgreifen müssen.

Aus der Gegenüberstellung dieser beiden Positionen ergeben sich bereits erste Ansätze einer Bestimmung des wissenschaftstheoretischen Status der Kirchengeschichte. Aspekte ihres Verhältnisses zur Geschichtswissenschaft und zur Theologie sind im folgenden kurz zu beleuchten.

2.2.2 Kirchengeschichte und Geschichte

Kirchengeschichte ist eine geschichtswissenschaftliche Disziplin; diese Verhältnisbestimmung gegenüber der Geschichtswissenschaft ist unter Kirchenhistorikern unstrittig.[28]

Für unseren Zusammenhang erscheinen besonders zwei Problemkreise im Verhältnis der beiden Wissenschaftsdisziplinen erwägenswert: die methodischen Fragen und die Frage nach dem Geschichtsbild, das den Rekonstruktionen der Vergangenheit zugrunde liegt.

2.2.2.1 Zur Historischen Methode

Als wissenschaftliche Disziplin bedarf die Kirchengeschichte eines Methoden-Instrumentariums. Sie bedient sich der Historischen Methode. Für die Kirchengeschichte gelten somit die Methoden der Geschichtswissenschaft, einem engeren Methodenbegriff entsprechend also „das Regelsystem der historischen Forschung, das den spezifisch wissenschaftlichen Umgang mit der menschlichen Vergangenheit ausmacht."[29] Diese allgemein anerkannten und verbindlichen Regeln des historischen Denkens bestimmen die Verfahrensweisen, wie Vergangenheit zu vergegenwärtigen ist. Das Material, in dem uns Geschichte als Vergangenheit vorliegt, ist grundsätzlich weit zu fassen. Alles, aus dem wir Kenntnis über die Vergangenheit erlangen können, ist geschichtswissenschaftlich als Quelle zu betrachten; funktional bestimmt sind Quellen Produkte menschlicher Praxis. Sie enthalten Informationen über die Produzenten und deren Absichten sowie über die Bedingungen und den Vorgang ihrer Produktion. Ihr Aussagewert bezieht sich daher auch auf den Menschen als handelnde Person oder auf den Kontext des Handelns.[30]

„Die historische Methode garantiert die *Objektivität* historischer Aussagen."[31] Das schließt aber nicht die grundlegende Abhängigkeit einer Geschichtsrekonstruktion vom Standpunkt des Historikers und seiner Rezipienten im gesellschaftlichen Lebenszusammenhang der jeweiligen Gegenwart aus, denn historische Erkenntnis ist nicht die Wiedergabe einer subjektunabhängigen Realität. „Weder ist historisches Wissen Wiederholung und Zusammenstellung von subjektfreien Dokumenten und Quellen, wenngleich durch Quellen seine Beziehung auf Realität sichergestellt ist, noch handelt es sich bei ihm um eine Subjektivität, die mit reiner Willkür, Phantasie, Fiktion gleichzusetzen wäre. Vielmehr ist historische Gegenständlichkeit, sofern sie im vollen Sinne sowohl den formalen Kriterien der Objektivität wie den materialen möglicher Wahrheit Genüge leistet, durch eine eigentümliche Verschränkung von sowohl transzendentaler wie empirischer Subjektivität und Realitätsgegebenheit gekennzeichnet."[32]

Deutlich wird die Subjektivität bei der Auswahl der Quellen, der Quellenkritik und bei der Interpretation historischen Geschehens. In dieser Subjektivität kann sich auch der Kirchenhistoriker nicht frei machen vom jeweils in der Gesellschaft vorherrschenden Verständnis von Geschichte, dem Geschichtsbild, das seinen Ausdruck findet in Geschichtstheorien und Geschichtsphilosophien.

2.2.2.2 Zum Geschichtsbild

Formal lassen sich mit dem linearen und dem zyklischen Geschichtsverständnis zwei Grundformen unterscheiden, zwischen denen es aber eine Reihe von anderen Verständnissen gibt, die mehr zum einen oder anderen tendieren.

Dem *linearen* Geschichtsverständnis liegt eine Sicht der Geschichte als einer fortschreitenden Entwicklung zugrunde, gleichgültig, ob diese positiv oder negativ gewertet wird. Der erste Fall ist gegeben in der aufklärerischen Sicht der Geschichte als einem Prozeß fortschreitender Emanzipation des Menschen zu seiner eigentlichen Humanität. Von dort her erhält dann auch die Historie einen emanzipatorischen Grundzug, denn durch die historische Aufklärung über den Prozeß der Befreiung der Vernunft, stiftet sie den Rezipienten dieser Geschichtssicht zu seiner eigenen Emanzipation an. Dieses zunächst auf den einzelnen konzentrierte und damit individualisierende und moralisierende Geschichtsbild wurde dann auf eine kollektive Sicht erweitert. Konsequent begreift Hegel die gesamte Weltgeschichte als einen dialektischen Prozeß, in dem sich der absolute Geist an die Zeit entäußert; er läßt sich in der Vielfalt historischer Ereignisse erfassen und auslegen.[33]

Der geschichtliche Prozeß als eine Verdinglichung des Geistes folgt nach Hegel der inneren Logik der Vernunft. Marx und Engels sehen dagegen die hermeneutische Grundlage zum Verständnis der Geschichte in den Produktionsbedingungen; demnach bedingt die materielle Situation den Prozeß des sozialen, politischen und geistigen Lebens. Die Produktionsbedingungen bestimmen die Gesellschaftsform. Gegen diese herrschende Gesellschaftsform zu revoltieren, bedeutet den Fortschritt der Produktivkräfte, die wiederum mit innerer Notwendigkeit auf die Überwindung der Klassenunterschiede drängen und so den Fortschritt der Geschichte sicherstellen.[34]

Der zweite Fall eines linearen Geschichtsverständnisses, also die negative Sicht des Geschichtsprozesses, liegt etwa in den Auffassungen der Frankfurter Schule vor. So kritisieren Horkheimer und Adorno, hier abweichend von der marxistischen Sicht, den Fortschritt der Produktivkräfte, weil er mit der steigenden Herrschaft über die Natur auch die Herrschaft über Menschen steigert und festschreibt. Unter diesen Bedingungen kann die fortschreitende Dehumanisierung nur dadurch aufgehalten werden, daß der Mensch sich dieser Bedingungen bewußt wird und sich orientiert an einer Utopie herrschaftsfreier Solidarität. Von dieser Utopie gehen Hoffnung und Motivation für die Praxis unter den Bedingungen der gegenwärtigen Gesellschaft aus.[35]

Dem *zyklischen* Geschichtsverständnis liegt im Gegensatz zum linearen keine Vorstellung von einer Zielgerichtetheit der Gesamtgeschichte zugrunde. Die extremste Form dieses Verständnisses sieht Geschichte als kreisförmige Entwicklung, die sich in stets neuer Wiederholung vollzieht; im indischen Denken ist diese Sicht anzutreffen. Mircea Eliade[36] hat die Auffassung vertreten, daß es auch Ähnlichkeiten zwischen dem in archaischen Kulturen anzutreffenden zyklischen Geschichtsverständnis und dem platonisch-hellenistischen Geschichtsverständnis gebe; diese Auffassung ist allerdings keineswegs unumstritten.[37]

Die Vorstellung eines zyklischen Geschichtsverlaufs ist nicht auf die Sichtweise der geschlossenen kreisförmigen Entwicklung beschränkt; es gibt auch Vorstellungen vom zyklischen Vollzug der Geschichte in dialektischen Schritten.[38]

Die Romantik hat sich in besonderer Weise vergangenen Völkern und ihren Kulturen zugewandt; man sah in ihnen eine unvergleichbare Wirklichkeit. Vergangene Ereignisse sind um ihrer selbst willen interessant. Nach romantischer Auffassung ist das Weltgeschehen kein Zyklus nach der Art eine logischen Prozesses, sondern nach der Art eines Organismus. So entfalten sich nach Leopold von Ranke die menschlichen Möglichkeiten sukzessiv, aber: „jede Epoche ist unmittelbar zu Gott, und ihr Werth beruht gar nicht auf dem, was aus ihr hervorgeht, sondern in ihrer Existenz selbst, in ihrem eigenen Selbst."[39] Daher sind für ihn auch alle Generationen gleichberechtigt. Sein zentrales Anliegen war, Relationen aufzuzeigen zwischen dem jeweiligen Besonderen, das dem Historiker in Ereignissen, Personen oder Gedanken begegnet, und dem Allgemeinen, das das Einzelne prägt und in Bedingungen, Zusammenhängen und Entwicklungen besteht.[40]

Nach der Geschichtssicht Leopold von Rankes ist der einzelne Abschnitt, die einzelne Epoche der Geschichte jeweils völlig geschlossen, zugleich sieht er Geschichte aber als ausgerichtet auf ein Endziel; der Weg dahin ist allerdings nicht linear. Sein Geschichtsverständnis zeugt von einem religiös begründeten Vertrauen in die Geschichte; die optimistische Sicht bewahrte ihn vor einem historischen Relativismus.

Gegen Ende des 19. Jahrhunderts erhält das zyklische Denken dann eher pessimistische Züge, so zeigt die Geschichte etwa nach Schopenhauer oder Nietzsche eine Wiederkehr des ewig Gleichen, ohne darin einen Sinn zu präsentieren. Jacob Burckhardt entwickelte ein besonderes Interesse an den kulturellen Ausprägungen, die aus dem ständigen Wandel der politischen und sozialen Verhältnisse entstehen. Oswald Spengler untersuchte typische Gesetzmäßigkeiten im Entstehen und Untergang von Kulturen.[41]

Ein Sonderfall des zyklischen Geschichtsverständnisses ist das strukturalistische, das ein besonderes Interesse an den Strukturen einer Epoche, Kultur oder Gesellschaftsform entwickelt. Damit kommen die Zusammenhänge des jeweils Gleichzeitigen in den Blick, allerdings erscheinen die Strukturen eindimensional parallel oder sukzessiv. Geschichte hat es dann eher mit statischen Gebilden, als mit Wandlungen und zielgerichteten Prozessen zu tun.

Für die Kirchengeschichte ist nun die Frage zu stellen, ob sie in den Wandlungsprozeß der gesellschaftlich herrschenden Geschichtsverständnisse eingebunden ist, oder von der Theologie her ein eigenes Verständnis einbringt.

2.2.3 Kirchengeschichte und Theologie

Wie sich mit einem Blick auf die Geschichte der Kirchengeschichte belegen läßt, ist sie nie frei von den Strömungen der jeweiligen Zeit gewesen, damit auch nicht von denen des herrschenden Geschichtsverständnisses. So wirkte sich die Aufklärung auch auf die Kirchengeschichte aus; sie zeigte ebenso eine moralisierende Tendenz. In den theologischen Konzeptionen der katholischen 'Tübinger Schule' ist der Einfluß des Idealismus nicht zu verkennen. Bezeichnenderweise suchte einer ihrer Vertreter, Johann Sebastian Drey, in seiner „Kurzen Einleitung in das Studium der Theologie"[42] die Theologie und ihre Disziplinen von der Idee des Organismus ausgehend, zu erfassen; er schrieb der Kirchengeschichte die Aufgabe zu, die Idee des Christentums dialektisch zu entfalten. Daher ist für ihn auch der Abfall und die daraus folgende divergente Ausbildung eine notwendige Erscheinung der aufzuzeigenden Geschichte der religiösen Idee.

Die Kirchengeschichte des 20. Jahrhunderts zeigt ebenso die Einflüsse des allgemeinen Geschichtsverständnisses: In der ersten Hälfte des Jahrhunderts stellten die Kirchenhistoriker besonders die Einflüsse der Kirche auf die Kultur heraus, während in jüngerer Zeit eine sozial- und gesellschaftshistorische Orientierung auszumachen ist, d.h. die Kirchengeschichte kann bei dem derzeit herrschenden Geschichtsverständnis kaum die soziale und ökonomische Bedeutung kirchlicher Geschichte außer Acht lassen.[43] Eine solche Orientierung ist wegen des gesellschaftlichen Einflusses nach Ländern unterschiedlich stark zu verzeichnen.[44]

Wir können demnach einen Einfluß des allgemeinen Geschichtsverständnisses auf die Kirchengeschichte konstatieren.

Nach den allgemeinen Überlegungen zum Geschichtsbild ist im folgenden das Geschichtsbild der Kirchengeschichte zu behandeln.

2.2.3.1 Zum Geschichtsbild der Kirchengeschichte

Zumindest auf den ersten Blick erscheint kirchengeschichtlich nur das lineare Geschichtsbild akzeptabel, da der christliche Glaube mit der eschatologischen Hoffnung eindeutig eine Zielgerichtetheit beinhaltet; das zyklische dagegen scheint eher den hellenistischen Vorstellungen eines Kosmosdenkens zu entsprechen.

Die heilsgeschichtliche Dimension des zyklischen Denkens wird in der Theologie zumeist nicht sehr deutlich gesehen, obwohl etwa Max Seckler bereits in den 60er Jahren nachdrücklich darauf hingewiesen hat.[45]

Es gibt in der Tat eine Reihe von Kirchengeschichtsdarstellungen, denen ein lineares Geschichtsbild zugrunde liegt. So zeigt bereits der erste Entwurf einer Geschichte der Kirche, die „Ekklesisatikae Historia" des Eusebius von Caesarea (um 265–339), ein entsprechendes Geschichtsverständnis: Eusebius sieht die Zeit in ihrem Gesamtverlauf linear: „die Zeit nach dem Sündenfall (Abwärtsbewegung), die Zeit vor dem ersten Sichzeigen des Logos bis zur Geburt Christi (langsame Aufwärtsbewegung) und die Zeit der Kirche im römischen Reich (raschere Aufwärtsbewegung), die noch von der Zeit seit der 'Konstantinischen Wende' übertroffen wird."[46]

Das optimistische Schema wird punktuell besonders deutlich in der Sicht Konstantins, seines Sieges und seiner Bekehrung als einer heilsgeschichtlichen Sinnerfüllung der Geschichte.

Die von der reformatorischen Abfallstheorie gekennzeichnete „Historia ecclesiastica"des Lutheraners Matthias Flacius (1520–1575) ist ein Beispiel für ein negativ–lineares Geschichtsverständnis: Ihm geht es insbesondere darum, die biblischen Wurzeln freizulegen, menschliche Hinzufügungen zur Institutionsform Kirche aufzudecken und die Übereinstimmung mit der frühen Kirche zu belegen.

Grundsätzlich läßt sich feststellen, daß apologetisch ausgerichteten Darstellungen der Kirchengeschichte dieses lineare Geschichtsbild zugrunde liegt. Andererseits lassen sich auch in weniger oder gar nicht apologetisch ausgerichteten Äußerungen Spuren eines linearen Geschichtsverständnisses nachweisen. Dazu zählen etwa auch Texte des Zweiten Vatikanischen Konzils, die lineare Züge eines Fortschrittsdenkens tragen.[47]

Inzwischen ist nicht nur aufgrund ökologischer und ökonomischer Krisen ein Fortschrittsoptimismus gründlich gebrochen, sondern sind auch die Grenzen des Wachstums erkannt;[48] Alternativen zur Wachstums– und Fortschrittsgesellschaft bestimmen immer mehr die politische Auseinandersetzung.[49]

Ein lineares Denken allein scheint demnach nicht ausreichend zu sein, um geschichtliche Wirklichkeit zu erfassen. Für die Kirchengeschichte stellt sich zusätzlich die Frage, ob die geschichtsmächtige Prägung einer Epoche durch das Christentum und Epochen seiner Macht– und Kraftlosigkeit nicht ebenfalls eine zyklische Sicht nahelegen könnten, denn ohne Frage hat der christliche Glaube in bestimmten Zeiten Wirklichkeit gestaltet und geprägt und in anderen Zeiten kaum Einfluß gehabt. Ferner hatten diese Phasen positive, aber auch negative Folgen, hat die Kirche demnach Phasen des Fortschritts und des Rückschritts und solche Phasen nicht nur einmal erlebt. Diese je unterschiedlich vorhandenen Möglichkeiten der Realisierung von Christentum aufzudecken, gehört zu den Aufgaben des Kirchenhistorikers.

Ein zyklisches Geschichtsverständnis hat in der Kirchengeschichte sehr wohl eine berechtigte Perspektive.[50] Das Geschichtsbild der Kirchengeschichte enthält daher Elemente des linearen und zyklischen Geschichtsverständnisses.[51]

2.2.3.2 Zum Selbstverständnis der Kirchengeschichte

Es war und ist auch Ausdruck des Einflusses, den das allgemeine Geschichtsverständnis auf die Kirchengeschichte ausübt, wie die Fragen nach der Wissenschaftstheorie und Theologie jeweils beantwortet wurden und werden.

So löste beispielsweise 1901 ein Brief des Historikers Theodor Mommsen eine heftige Diskussion unter Historikern und Kirchenhistorikern aus; konkret ging es um die Besetzung einer zweiten Geschichtsprofessur in Straßburg mit einem katholischen Historiker: „Es geht durch die deutschen Universitätskreise das Gefühl der Degradirung. Unser Lebensnerv ist die voraussetzungslose Forschung, diejenige Forschung, die nicht das findet, was sie nach Zweckerwägungen und Rücksichtnahmen finden soll und finden möchte, was anderen außerhalb der Wissenschaft liegenden praktischen Zielen dient, sondern was logisch und historisch dem gewissenhaften Forscher als das Richtige erscheint, in ein Wort zusammengefaßt: die Wahrhaftigkeit. – Auf der Wahrhaftigkeit beruht unsere Selbstachtung, unsere Standesehre, unser Einfluß auf die Jugend. Auf ihr ruht die deutsche Wissenschaft..."[52] Anstoß nahmen Betroffene an Mommsens Formulierung der voraussetzungslosen Forschung. Schon einige Jahre vorher hatte der Kirchenhistoriker Albert Ehrhard zu dieser Frage deutlich Stellung genommen. Er weist die Forderung der Voraussetzungslosigkeit, „die man manchmal gegen die Kirchengeschichte geltend gemacht hat,"[53] mit Entschiedenheit zurück. Der Grund dafür liege „in der *Eigenart des historischen Urteils* selbst. Jede Aussage über das Thatsächliche ist in letzter Linie bestimmt durch die geistige Erfassung seiner Elemente; die Erfassung eines jeden dieser Elemente geschieht aber durch einen Denkakt, der wenigstens ein Element enthält, das nicht mehr historischer Natur sein kann, weil das Thatsächliche in Geistiges umgeprägt werden muss, um geistig erfasst werden zu können. Diese Umprägung erfolgt aber nach Grundsätzen, die des Geistes eigenstes Eigentum sind. Also ist ein historisches Urteil ohne Voraussetzungen philosophischer Natur undenkbar, und die Forderung der Voraussetzungslosigkeit desselben widersinnig."[54] Viele der direkten und indirekten Antworten auf den Mommsen–Brief knüpfen hier an.[55] Aus einigen Äußerungen liest man die Auseinandersetzungen um politische oder konfessionelle Positionen überdeutlich heraus; es geht hier um die Frage der parteilichen Voreingenommenheit.[56] Im Grunde stellt die Auseinandersetzung um die Voraussetzungslosigkeit die Frage nach einer historischen Hermeneutik. Daher spiegeln diese Stellungnahmen gleichzeitig die Probleme, die sich aus den Fragen nach dem Selbstverständnis der Kirchengeschichte ergeben.[57]

Die wichtigsten Antworten auf diese Fragen sind ebenfalls geprägt durch theologische wie geschichtswissenschaftliche Zeitströmungen ihrer Entstehungszeit. Das gilt für das 'heilsgeschichtliche' Selbstverständnis[58] ebenso wie für das 'nicht–theologische'[59] und auch für das 'hermeneutische'[60]. Im Gegensatz zu der Diskussion, in der diese Positionen geäußert wurden,[61] steht heute wohl nicht mehr die Frage im Vordergrund, ob Kirchengeschichte eine *theologische* Disziplin sei; diese Fragestellung bedingte Antwortversuche, die letztlich nicht überzeugten, weil sie in wissenschaftstheoretische Aporien führten.[62]

Einige Vertreter einer theologischen Konzeption der Kirchengeschichte wollen eine Integration der Geschichtswissenschaft in ein umfassenderes Konzept der historischen Theologie; daraus ergibt sich aber ein wissenschaftstheoretisches Problem, das nach Walter Kasper nicht dadurch zu lösen ist, „daß man verschiedene Ebenen der Betrachtung unterscheidet und – zugespitzt formuliert – die zuerst exakt–historisch eruierten Fakten nachträglich theologisch wertet. Das wäre eine lediglich äußerliche, rein subjektive Verknüpfung, aber keine innere hermeneutische Vermittlung. Dieses Konzept wirft außerdem die grundsätzliche philosophische Frage nach dem hier maßgebenden Kirchenbegriff auf. Ergeben sich solche Wertungen aus der historischen Arbeit selbst, oder aber entspringen sie einer heute auch theologisch fragwürdig gewordenen geschichtstranszendenten Dogmatik und heilsgeschichtlichen Schematik?"[63]

Die Vertreter einer nicht–theologischen Konzeption der Kirchengeschichte suchen dieses Problem zu lösen durch die Ausgrenzung aus der Theologie, eröffnen damit nach Walter Kasper aber noch größere Schwierigkeiten: „ein säkularisiertes Verständnis der Kirchengeschichte ist nicht weniger ein Vorurteil als ein theologisches Verständnis; es ist sogar ein viel gefährlicheres Vorurteil, weil es heute so plausibel erscheint und deshalb weithin unbewußt ist und weniger zur kritischen Nachfrage veranlaßt."[64]

Einen Großteil der Probleme der beiden genannten Konzeptionen umgeht die Position, die theologische Komponente der Kirchengeschichte liege in der Haltung des Kirchenhistorikers, in seiner Option für einen Sinn des historischen Geschehens, wie sie von Norbert Brox vorgetragen wurde.[65] Klaus Schatz, der nach eigener Aussage dem Ansatz von Brox folgt und dessen Antwort auf die Selbstverständnisfrage sich im wesentlichen berührt mit der von Brox,[66] sieht keinen anderen Ansatz als den der „*Wertung* als innerem Moment der Geschichtswissenschaft. Kirchengeschichte ist insofern Theologie des geschichtlichen Selbstvollzuges der Kirche, als sie die Erscheinungen zu werten, d.h. nach ihrer christlichen Legitimität zu befragen sucht."[67] Aber auch mit dieser Differenzierung gegenüber Brox ist das Grundproblem der Position nicht hinreichend beseitigt: Die so vorgenommene Trennung von Theologie und Geschichtswissenschaft kann zu einer Isolation der Theologie beitragen und benennt vor allem nicht hinreichend scharf den Unterschied zwischen einem gläubigen Historiker als Geschichtswissenschaftler einerseits sowie einem Kirchenhistoriker als Theologen andererseits.

Um derartige Aporien und daraus resultierende Engführungen zu vermeiden, plädiert Hans Reinhard Seeliger bezeichnenderweise dafür, „statt Voraussetzungen und Topiken zu bedenken, verstärkt die Seite der Pragmatik zu beachten..."[68]

Unter Verweis auf das berühmte und viel zitierte Wort Leopold von Rankes, das Amt des Historikers sei es nicht, zu richten, sondern: „er will bloß zeigen, wie es eigentlich gewesen."[69], wurde häufig ein Geschichtsverständnis nahegelegt, das man fast als den Versuch einer „Abbildungsobjektivität"[70] bezeichnen kann. Diese Form historischer Rekonstruktion kann aber nicht gelingen. Die Kirchengeschichte „ist ein nicht abschließbarer und zur Eindeutigkeit zu bringender Prozeß, stets sind neue Beschreibungen möglich, stets liegen weitere Bedeutungen eines Ereignisses vor ihm, bleibt es in Differenz zu uns, bleibt die Vergangenheit ein Raum des Möglichen."[71] Da letztlich die jeweilige Gegenwart den Zugriff auf die Vergangenheit bestimmt, bestimmt sie auch die Fragestellung an die Vergangenheit wie die Möglichkeit der Darstellung. Die zwei Sprachhandlungs–Modelle der Geschichtswissenschaft, nämlich *das rationale Modell der Erklärung und das ästhetische Modell der Vermittlung von Geschichte gehören zusammen;* auch in der Geschichtswissenschaft muß der Schritt von der theoretischen zur praktischen Vernunft erfolgen. *Für beide Sprachhandlungen kann der Kirchenhistoriker seinen Kommunikationspartner deutlicher ausmachen als jeder andere Historiker.* Indem pragmatisch die Kommunikationssituation des Sprachgeschehens Kirchengeschichte überdacht wird, kann statt durch eine Theorie der Prämissen mit Hilfe der Kommunikations- und Handlungstheorie eine wissenschaftstheoretisch begründete Position der Kirchengeschichte angegeben werden. Seeliger definiert daher: *„Kirchengeschichte heißt also Kirchengeschichte nicht, weil Kirche als ihr (Material-) Objekt definiert würde* – stets greift sie über den Rahmen des innerkirchlichen Geschehens hinaus –, *sondern weil sie im Kommunikationszusammenhang Kirche betrieben wird."*[72] Seeliger argumentiert auf dem Hintergrund einer ekklesiologischen Gesamtsystematik, die die Kirche als Sprachgemeinschaft sieht; in ihr wird Gottes Handeln erzählend als 'gefährliche Erinnerungen' tradiert und wachgehalten.[73] Andere Gesamtentwürfe, wie der von Peter Hünermann, Jesus und in seiner Nachfolge die Kirche als Wortereignis zu sehen,[74] sind als Hintergrund der angeführten wissenschaftstheoretischen Begründung ebenfalls denkbar. Sogar ohne einem solchen Gesamtentwurf zuzustimmen, kann man die Definition Seeligers aufgreifen, denn unstrittig ist, daß die Kirche „Verständigungsgemeinschaft"[75] ist. Zu den Aufgaben der Theologie gehört sicher ebenso fraglos die kommunikative Verständigung über die Fragen des christlichen Glaubens. Kirchengeschichte ist in dieser Sicht also Sprachhandlung, die teilhat an der Sprachhandlung der Theologie; beide bringen sich ein in die Verständigungsgemeinschaft der Kirche, beide tragen bei zur Verständigung in dieser Gemeinschaft. Auch wenn man die Handlungs- und Kommunikationstheorie im einzelnen nicht rezipiert oder akzeptiert, ist diese pragmatische Definition geeignet, den Unterschied von Geschichte und Kirchengeschichte wissenschaftstheoretisch anzugeben und den spezifischen Ort der Kirchengeschichte innerhalb der Theologie zu beschreiben.

In dieser Konzeption werden wissenschaftstheoretische Probleme vermieden, die sich ergeben, wenn man aus theologischen Positionen die Begründung des Selbstverständnisses der Kirchengeschichte ableiten will. Die Konzeption steht deshalb aber keineswegs im Gegensatz zu theologischen Positionen. So läßt sich auch der theologischen Grundlegung zustimmen, die Walter Kasper angibt: „Die Theologie geht aus von dem Bekenntnis, daß in Jesus Christus der Sinn der Geschichte eschatologisch-endgültig erschienen ist. Sie versteht die Kirche als das sakramentale Zeichen dieses Heils, auf das alle Geschichte hofft, ohne es aus sich selbst realisieren zu können. Die Kirchengeschichte ist entsprechend die Auszeitigung dessen, was die Kirche ein für allemal ist in den sich wandelnden Konstellationen der Geschichte."[76] Aus der Sicht der Kirche als sakramentales Zeichen folgt, daß Kirche sich nur heilsgeschichtlich verstehen kann. Eine heilsgeschichtliche Deutung der Kirchengeschichte „ist richtig, bezogen auf Anfang und Ende und damit auf das Ganze der Kirchengeschichte; sie läßt sich jedoch nicht ausmünzen für die Deutung einzelner kirchengeschichtlicher Ereignisse."[77] Aus der sakramentalen Sicht der Kirche folgt auch, daß ihr theologisches Wesen in der Geschichte liegt.

Im Kommunikationsrahmen der Theologie hat Kirchengeschichte Teil an dem Versuch, den Sinn der Geschichte überhaupt aufzuzeigen, der nach Karl Rahner dialektischen Charakter hat und zugleich über der Geschichte und in ihr liegt. „Er liegt über ihr, insofern Gott nicht nur Herr der Geschichte ist, der sie mit seiner eigenen Freiheit leitet, sondern auch selber ihr Ziel ist, indem er sich selbst dieser Welt in deren geistiger Spitze mitteilt und dennoch in der absoluten, weltunabhängigen Wirklichkeit verbleibt. Er liegt jedoch auch in ihr, bzw. in ihrem endgültigen Ergebnis, insofern er durch Schöpfung, Gnade und unmittelbare Anschauung trotz seiner unendlichen Erhabenheit über die Welt dennoch ihre innerste Mitte ist, ohne die die Welt nicht zu ihrer Vollendung käme."[78] Auf diesem Hintergrund wird auch geschichtstheologisch deutlich, warum Elemente sowohl eines linearen als auch eines zyklischen Geschichtsverständnisses theologisch ein Recht haben; gerade die in der fundamentaltheolgischen Spannung des 'Noch-nicht' und 'Doch-schon' verstandene Geschichte präsentiert 'das Ganze im Fragment'.[79]

Die hier aufgezeigten Tendenzen in der Kirchengeschichte lassen sich ganz ähnlich auch für die Kirchengeschichtsdidaktik aufzeigen.

2.3 Fachdidaktische Aspekte

In den letzten zwanzig Jahren sind auf katholischer Seite vier Entwürfe zu einer Didaktik der Kirchengeschichte vorgelegt worden. Um den Stand der fachdidaktischen Diskussion[80] aufzuzeigen, skizziere ich diese Entwürfe.

2.3.1 „Kirche Gottes – Kirche der Menschen"

Der deutliche Impuls, der vom Zweiten Vatikanischen Konzil ausging, wird auch in der Kirchengeschichtsdidaktik offenbar. Winfried Blasig, der 1969 seine Arbeit „Kirche Gottes – Kirche der Menschen" vorlegte,[81] stellte den ekklesiologischen Ansatz schon im Titel heraus. Er betont, die Kirchengeschichte sei unbedingt mit der Lehre von der Kirche zu verbinden und in sie einzuordnen; Kirchengeschichte könne letztlich „wieder Grundlage einer erweiternden und vertiefenden ekklesiologischen Unterweisung sein."[82] Insgesamt herrscht ein weitgehend heilsgeschichtlich ausgerichtetes Grundverständnis der Kirchengeschichte vor, wenngleich Blasig auch darauf aufmerksam macht, mit der Anerkennung eines heilsgeschichtlichen Charakters in der Kirchengeschichte sei noch nicht alles erreicht.[83] Das geheimnisvolle Ineinander von göttlichem und menschlichem Wirken in der Kirchengeschichte, das bedingt sei durch den heilsgeschichtlichen Bezug und das Wesen der Kirche, ist für Blasig der Grund, Kirche genauer in den Blick zu nehmen. Sie dürfe sich keinesfalls als Ersatz für das Ausbleiben der Parusie anbieten; Kirchengeschichte bekommt dann einen Zug der Vorläufigkeit und Unvollkommenheit. Letztlich bleibt auch eine „gewisse Unerfüllbarkeit"[84], die bedingt, daß Kirchengeschichte nur annäherungsweise möglich ist.

Gegenüber der allgemeinen Geschichte kann die Kirchengeschichte im wertenden Urteil über Geschehnisse und Taten nach Blasig mit dem Bezug auf Christus auf ein Wertungsprinzip zurückgreifen, dem alle Christen zustimmen; im Gegensatz zu anderen Wertungsprinzipien ist dieses unter den Adressaten der Kirchengeschichte unstrittig. Deutlich lehnt Blasig ab, aus der Wertung eine richterliche Funktion über Kirche oder Vergangenheit zu folgern und lehnt auch ein permanentes Formulieren von Schulderklärungen ab, aber er sieht deutlich das Problem des Dunklen bzw. die Macht des Bösen in der Kirchengeschichte.[85] Er nimmt diese Problematik sehr ernst, zumal er darin ein entscheidendes Problem für den heutigen Menschen sieht. Daher sucht er auch nach Möglichkeiten eines positiven Verständnisses: Das Verständnis der Kirche als Volk Gottes bedingt für ihn das Doppelantlitz der Kirche, ihre Kreuzesgestalt, die im Leiden der Kirche aber auch in dem Leid, das sie Christen zufügt, zum Ausdruck kommt. Blasig versucht nicht, Kirche apologetisch zu rechtfertigen, sondern sucht sie als „Kirche in Krisis" und „'tragische' Existenz" zu verstehen. Die „paradoxe Einheit" von Heiligkeit und Scheitern gehöre zur Kirche und damit auch zu ihrer Geschichte.[86] Blasig folgert, Kirchengeschichte sei als Gegenstand der Katechese in vollem Sinne geeignet. Sie habe die Aufgabe, zu zeigen, was aus der Stiftung Jesu geworden sei. An dieser Stelle nimmt er aber eine didaktische Engführung vor, denn seines Erachtens ist der hagiographische Ansatz dazu besonders geeignet. Zwar betont er, es sei auch einzugehen auf „'negative' Vorbildgestalten, Kompromißgestalten und Typen des Abfalls bei Einzelchrist und Gemeinschaft",[87] aber das hagiographische als grundlegendes didaktisches Prinzip läßt sich auch mit einem solchen erweiterten Begriff des Heiligen kaum rechtfertigen. Die Gefahren eines solchen Ansatzes, die vor allem in der einseitigen Überbetonung des Prinzips, der Ausbildung eines personalisierenden Geschichtsbildes[88] und einer Moralisierung von Heiligkeit[89] liegen, werden noch nicht bedacht. Zu einseitig wird von der anstiftenden Wirkung einer Vorbild-Pädagogik ausgegangen.

Dieser Ansatz der Kirchengeschichtsdidaktik erscheint heute sowohl theologisch wie pädagogisch nicht unproblematisch.

2.3.2 „Fach: Kirchengeschichte"

Ansgar Philipps hat nach einer umfangreichen Arbeit über die Entwicklung des kirchengeschichtlichen Unterrichts[90] auch Anregungen für eine Neuorientierung der Kirchengeschichte im Rahmen eines schulischen Religionsunterrichts als Sachkunde Religion vorgelegt.[91] Er verweist auf die Mängel und Einseitigkeiten früherer, besonders kerygmatischer Kirchengeschichtskonzeptionen und propagiert eine Sicht der Kirchengeschichte als Geschichte des Volkes Gottes in der Welt. Zur theologischen Grundlegung bezieht er sich wie Blasig auf die Ekklesiologie des Zweiten Vatikanums; eine statisch-hierarchische Fixierung der Kirche würde ebenso wie eine Überbetonung der Konfessionalität für diese Konzeption der Kirchengeschichtsdidaktik eine nicht vertretbare Einschränkung bedeuten. Das Spezifikum dieses gottesvolkgeschichtlichen Unterrichts sieht Philipps in der Betrachtungsweise des Glaubens: „Er betrachtet den Glauben in der Geschichte, und er betrachtet ihn aus dem Glauben."[92] Er lehnt damit eine Unterscheidung in 'historia sacra' und 'historia profana' ab und sieht den Unterschied ähnlich wie die Vertreter einer hermeneutischen Selbstverständnisposition in einer Art von persönlicher Option: „Die Geschichte des Gottesvolkes unterscheidet sich von der Weltgeschichte durch das unterschiedliche Maß der Evidenz ihrer Beziehung zum Glauben an Gott bzw. Jesus Christus und seine Botschaft."[93] Für Philipps ist damit die Geschichte des Gottesvolkes letztlich nur im Glauben zu begreifen. Die großen christlichen Persönlichkeiten und die kirchlichen Traditionen sind dabei die wichtigsten Gegenstandsbereiche dieser historisch orientierten Glaubensunterweisung. Aus der ekklesiologischen Struktur dieser Kirchengeschichtskonzeption wird auch ihre didaktische Struktur abgeleitet; die Geschichte des Volkes Gottes sei nicht identisch mit der Geschichte der Kirche, sondern als Geschichte der Religionen bzw. des Glaubens zu verstehen; dabei liege ein besonderer Akzent auf der Geschichte der christlichen Religion und des christlichen Glaubens.[94] Ein historisch wahres Kirchenbild ist der Prüfstein dieser Konzeption einer Geschichte des Gottesvolkes. Als deren Gesamtziel formuliert Philipps: „Sie erstrebt das Verstehen der geschichtlich gewordenen Ausdrucksformen von Religion und Glauben in der erfahrenen und erfahrbaren Umwelt des Schülers, das ihn fähig machen soll, seinen eigenen religiösen und kirchlichen Standort zu finden, ihn stets kritisch zu überprüfen und sich in freier Entscheidung der Religions- und Glaubensgemeinschaft anzuschließen, oder fester einzugliedern – also auch der Kirche, in die er hineingeboren wurde, – von der er glaubt, daß sie ihm Leben in Verantwortung vor Gott und den Menschen gestalten hilft."[95]

Beiden kurz skizzierten Entwürfen ist der Ablösungsversuch von den traditionellen Kirchengeschichtskonzeptionen deutlich anzumerken, besonders Philipps bemüht sich, theologische Vorgaben zugunsten einer Schüler- und Problemorientierung zurückzudrängen, bleibt aber in seiner Konzeption letztlich ähnlich wie die älteren Positionen eines kirchengeschichtlichen Selbstverständnisses in einem Dilemma von theoretischer Vorgabe und methodischer Orientierung.

2.3.3 „Kirchengeschichte – wieder gefragt!"

Bernhard Jendorff stimmt Philipps in einigen Grundpositionen zu; er unterstreicht den ekklesiologischen Ausgangspunkt und die didaktischen Folgerungen.[96] Die notwendige Deutung kirchengeschichtlicher Fakten erfolgt nach Jendorff heilsgeschichtlich mit den Augen eines glaubenden Christen.[97] Das schließt eine Sicht der Kirchengeschichte als Beitrag zu einer Kreuzestheologie sowie eine multiperspektivische Sicht ein – neben die Perspektive 'von oben' hat auch die 'von unten', die der Verlierer, zu treten – ferner eine eschatologische Sicht, die die Vorläufigkeit von Kirche betont. Die Inhalte und Ziele eines Kirchengeschichtsunterrichts sind für ihn als orts– und schülerspezifisch zu bestimmen. Bei der Frage nach dem geeigneten Thema steht der Schüler an erster, die Systematik der kirchengeschichtlichen Fachwissenschaft an zweiter Stelle. In der besonderen Situation der Bundesrepublik mit dem Nebeneinander von christlichen Konfessionen und nichtchristlichen Religionsgemeinschaften dürfe der Kirchengeschichtsunterricht darüber hinaus nicht eindimensional konfessionell geprägt sein. Für Jendorff ist ein Thema des Kirchengeschichtsunterrichts daher in der „Schnittmenge"[98] dieser drei Spezifika zu finden.

In einer Strukturskizze hat Jendorff selbst seinen Konzeptionsansatz zusammengefaßt:[99]

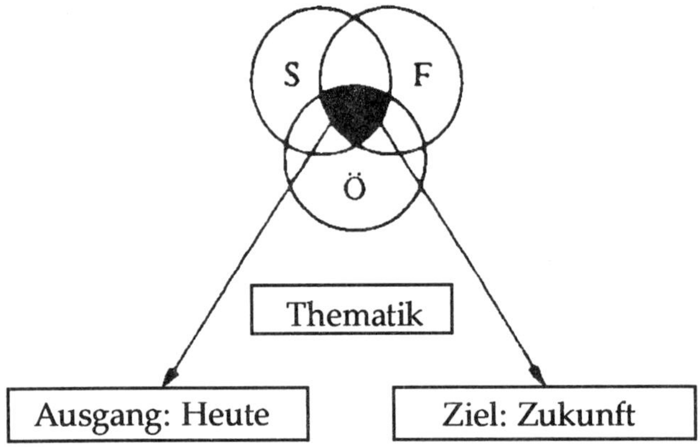

des Kirchengeschichtsunterrichts
als Geschichte des Volkes Gottes
(S = Schüler, F = Fachwissenschaft, Ö = Ökumene)

Ausgangspunkt ist demnach eine die Schüler heute interessierende Problemstellung, die Rückfragen an die Vergangenheit auslöst; die Vergangenheit hat sich vor dem Anspruch Jesu, der uns im Evangelium vorliegt, zu verantworten. Ziel dieser didaktischen Bemühung ist es, Folgerungen zu ziehen für die Gegenwart und die absehbare Zukunft der Schüler.

2.3.4 „Geschichte ist Gegenwart“

Die drei bisher genannten Konzeptionen zeichnen sich gegenüber früheren dadurch aus, daß sie neuere theologische Positionen, etwa die Ekklesiologie des Zweiten Vatikanums, aufgenommen haben und damit eben nicht von einem institutionell oder konfessionell eingeschränkten Kirchenbegriff her das Material-Objekt der Kirchengeschichtsdidaktik festlegen; Jendorff leistet zusätzlich mit der Schülerorientierung eine Aufnahme pädagogischer Anstöße. Noch kaum bedacht werden in diesen Entwürfen aber Erörterungen zur Wissenschaftstheorie und Theologie der Kirchengeschichte; auch die Konzeptionsentwürfe der Geschichtsdidaktik blieben weitgehend unberücksichtigt.[100] Die Konzeption einer Kirchengeschichtsdidaktik sollte dies meines Erachtens aber leisten. An anderer Stelle habe ich einen entsprechenden Konzeptions-Entwurf vorgelegt;[101] das didaktische Konzept knüpft an die schülerorientierte Konzeption der Geschichtsdidaktik, das kommunikative Selbstverständnis der Kirchengeschichte und die korrelative Religionsdidaktik an. Es läßt sich zusammenfassend kurz skizzieren:[102]

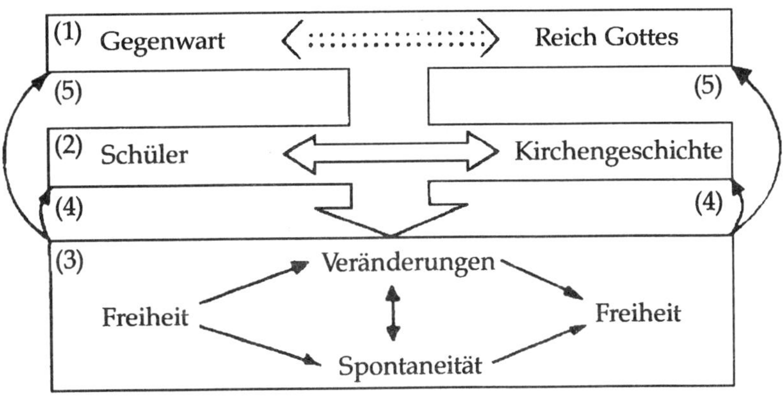

(1) Das Modell geht aus von einem Vergleich zwischen einer Analyse der gegenwärtigen Situation der Kirche und dem endzeitlich-endgültig verheißenen Reich Gottes; dabei werden eine Vielzahl von Defiziten deutlich.

(2) Der eigentliche Gegenstand der Didaktik sind in dieser Konzeption die vielfältigen Beziehungen zwischen den Schülern und der geltenden Überlieferung. Die existentielle Betroffenheit der Schüler ist entschei-

dend. Die Inhaltsfindung ist auf die Kirchengeschichte eingeschränkt, genauer auf die Überwindung der Zustände und Denkmuster konzentriert, die den Schülern unevangelisch erscheinen, d.h. für sie mit der Botschaft des Evangeliums nur schwer oder gar nicht zu vereinbaren sind.

(3) Das Erziehungsziel ist die Einsicht in die durch Erlösung geschenkte Freiheit, die sich nicht erschöpft im Konservieren einer gegebenen Ordnung, sondern zu befreienden Veränderungen ermutigt; Spontaneität ist der Impuls, aus dem heraus der Mensch die Kraft für sein Anstoßen, Bewegen, Erfinden und Verändern bezieht. Spontaneität stiftet an zu neuer Freiheit, die in diesem Kreislauf als Erziehungsziel ermöglicht wird.

(4) Diese Beschäftigung hat direkte Rückwirkungen auf die Schüler und ihr Gegenwarts- wie Geschichtsverständnis. Sie läßt weder die Schüler noch die geltende Überlieferung das bleiben, als was sie bis dahin erschienen.

(5) Generell wirkt diese für die Gestaltung der Zukunft qualifizierende Auseinandersetzung aber über den einzelnen hinaus auch zurück auf die Gemeinschaft, auf die Kirche als 'Communio' und gegenwärtige Situation, indem die Zukunft wenigstens partiell bereits verwirklicht wird, sie wirkt sich also auch auf den Aufbau des Reiches Gottes aus.

Der Ausgangspunkt der didaktischen Bemühung liegt in dieser Konzeption in der Gegenwart; Zielpunkt der Bemühung ist die Zukunftsfähigkeit. Dieser Ansatz verdeutlicht, daß die geronnene Vergangenheit, also die Anteile der Geschichte in der Gegenwart, zu vergegenwärtigen sind, um die Gegenwart und die Zukunft – als je neue Gegenwart – bestehen zu können. Denn Geschichte ist nicht einfach vergangen und damit vorbei, sie wirkt weiter, ist im Heute präsent. Religionsdidaktik muß das unterrichtlich realisieren. Daher können wir programmatisch formulieren: Geschichte ist Gegenwart.[103]

Eine Einführung in die Kirchengeschichte, die sich insbesondere an Studierende des Lehramtes richtet, muß zwar nicht didaktische Positionen im einzelnen referieren, sollte andererseits aber auch nicht in einem offenen Widerspruch zu den aufgezeigten fachdidaktischen Tendenzen stehen. Der Grundzug einer Rezipientenorientierung in der Darstellung und in der Auswahl von Beispielen erscheint in jedem Fall unverzichtbar.

Allerdings ist es nicht unbedingt erforderlich, daß die entsprechenden Wünsche und Interessen immer ausdrücklich artikuliert werden. Interessierende Aspekte können auch erst während der Beschäftigung mit einem Thema entdeckt werden. In diesem Fall hängt sehr viel ab von der Erfahrung und dem Einfühlungsvermögen des Lehrenden.

2.4 Vorliegende Einführungen – eine Problemanzeige

Der erste Aspekt einer Problemanzeige dieser Art ist die Tatsache, daß es kaum Einführungen und damit auch kaum Analysematerial gibt.

2.4.1 Katholische Publikationen

Die wohl erste deutschsprachige Einführung in die Kirchengeschichte eines katholischen Kirchenhistorikers erschien vor 100 Jahren.[104] Seither gibt es nur zwei weitere Veröffentlichungen, die heute zugänglich sind.

Zum einen handelt es sich um die „Einleitung in die Kirchengeschichte"von Hubert Jedin, die keine eigene Publikation ist, sondern dem ersten Band des Handbuchs der Kirchengeschichte vorangestellt ist.[105] Diese Veröffentlichung kann hier höchstens deshalb herangezogen werden, weil es nur wenig einführende Literatur gibt und die Studierenden daher in den einführenden kirchengeschichtlichen Lehrveranstaltungen an den Hochschulen häufig auf diese Einleitung hingewiesen werden.

In sehr gedrängter Form gibt der Herausgeber des Handbuches Hinweise zu Gegenstand und Methode, Einteilung und Aktualität,[106] zu den Hilfswissenschaften[107] sowie zu Kirchengeschichtsschreibung und Kirchengeschichtswissenschaft.[108]

Die Darstellung des ersten Kapitels kann selbstverständlich nicht die Diskussionen referieren, die nach dem erstmaligen Erscheinen des ersten Bandes dieses Handbuches 1962 geführt wurden. Die wichtigen Fragen nach Gegenstand und Methode der Kirchengeschichte, ohnehin nur knapp angerissen, bedürfen für eine Einführung der Ergänzung, die Ausführungen zur Einteilung bzw. Periodisierung sind noch immer zutreffend; der von Jedin vorgelegte Einteilungsvorschlag diskutiert allerdings weniger die Alternativen, als daß er ein neues Raster für das Handbuch vorlegt.

Wie sehr diese Einleitung ihrem Publikationsort entspricht und eben nicht für die Hand von Studierenden zu deren Erstinformation konzipiert ist, wird deutlich, wenn man das zweite Kapitel auf einen allgemeinen Textbestand reduziert, also alle Literaturhinweise einschließlich der die Literatur vorstellenden Texte abzieht: Es bleiben fünf Zeilen.

Das umfangreichste dritte Kapitel bestätigt diesen Befund: Ein Überblick über die Geschichte der Kirchengeschichtsschreibung und der Kirchengeschichtswissenschaft ist in der Einleitung eines Handbuches der Kirchengeschichte sicher richtig plaziert, in einer Einführung für Studierende dagegen nicht unbedingt erforderlich.

Es kann wohl keinen Zweifel geben, daß die Einleitung von Hubert Jedin Studienanfängern kaum weiterhilft; die eigentlichen Intentionen dieser Darstellung ergeben sich aus dem Publikationsort, nämlich als Einleitung innerhalb des Handbuch–Werkes.

Speziell religionspädagogische oder religionspädagogisch relevante Orientierungen kann und darf man von einer solchen Publikation nicht erwarten.

Neben dieser – selbstverständlich auch nicht mit dem Anspruch einer klassischen Propädeutik – geschriebenen liegt eine ausdrückliche „Einführung in das Studium der mittleren und neueren Kirchengeschichte" vor.[109] Diese Veröffentlichung von Joseph Overath ist aus den kirchengeschichtlichen Seminarübungen an der Universität Bonn entstanden.[110]

Die Einleitung ist in drei Abschnitte gegliedert:

Im ersten Abschnitt behandelt der Autor nach der Überschrift den Gegenstand der Kirchengeschichte. Er geht dazu aus von päpstlichen Verlautbarungen zum Studium der Kirchengeschichte, nennt dann Sinn und Wert eines solchen Studiums, erläutert danach das Kirchengeschichtsverständnis der „Ratio fundamentalis"der Kongregation für das katholische Bildungswesen von 1970, legt in den folgenden Paragraphen einen deutlichen Schwerpunkt auf die theologische Grundlegung der Kirchengeschichte nach der Kirchenkonstitution des Zweiten Vatikanischen Konzils, nennt Einteilungsmöglichkeiten der Kirchengeschichte und erläutert ferner die Kirchengeschichtsschreibung anderer christlicher Konfessionen und vom außerkirchlichen Standpunkt.

Neben einer Reihe einzelner Aussagen[111] scheint mir besonders der Aufbau problematisch. Die Reihenfolge der Aspekte macht bereits Kritikpunkte deutlich: Einen Ausgangspunkt 'Päpstliche Verlautbarungen' einem Abschnitt über Sinn und Wert des Studiums, also dem Abschnitt, der zur Beschäftigung mit der Sache der Einleitung motivieren soll, vorauszuschicken, erscheint mir mit Blick auf die Adressaten ungünstig, da diese Reihenfolge eine induktive Argumentation ausschließt; es kann so der Eindruck entstehen, die Motivation könne (oder noch krasser: müsse) sich aus päpstlichen Verlautbarungen deduzieren lassen. Zumindest auf den ersten Blick und für den Studienanfänger kaum verständlich scheint mir die Abfolge 'Päpstliche Verlautbarungen' – 'Ratio fundamentalis' – 'theologische Begründungen anhand von Lumen Gentium' zu sein, zumal diese Abfolge auch noch durch das Motivationskapitel unterbrochen wird.

Das folgende Kapitel über Einteilungsversuche referiert nicht nur die Problematik der Periodisierung, sondern sehr viel ausführlicher „Verschiedene Aspekte der Kirchengeschichte“[112]; als solche versteht Overath zum einen Längsschnitthemen (Papstgeschichte, Konziliengeschichte, Bistumsgeschichte, Pfarrgeschichte, Ordensgeschichte, Missionsgeschichte, Geschichte der theologischen Wissenschaft und ihrer Lehranstalten), zum anderen regionale Aspekte (Kirchengeschichte des christlichen Orients und osteuropäische Kirchengeschichte), aber auch Strukturgesichtspunkte (Kirchliche Sozial- und Wirtschaftsgeschichte) sowie die aus der Periodisierung herausgelöste Frage einer kirchlichen Zeitgeschichte. Diese Mischung untereinander nur begrenzt vergleichbarer Einteilungsaspekte wird unter der Überschrift 'Gegenstand der Kirchengeschichte' abgehandelt.

Der zweite Abschnitt behandelt die Methoden der Kirchengeschichte.[113] Overath erläutert die Bindung der Kirchengeschichte an Quellen, verschiedene Arten der Quellen, die Verpflichtung der Kirchengeschichte zur historischen Methode und stellt dann kurz die historische Methode vor. Gegen den Abschnitt läßt sich sachlich wenig einwenden, aber trotz der Wichtigkeit des Inhalts ist er unverständlicherweise der kürzeste. Diese „für Studenten konzipierte knappe Hinführung“[114] ist damit gerade dort besonders knapp, wo die eigentlichen Einleitungsfragen behandelt werden, zudem bietet die Darstellung kein konkretes Beispiel. Kritisch anzumerken ist ferner, daß der Quellenbegriff nahezu inflationär gebraucht wird. Die Darstellung der historischen Methode ist nicht sehr fachwissenschaftlich orientiert; es erscheint mir auch unzureichend, den Unterschied von allgemeiner Geschichte und Kirchengeschichte nicht explizit anzusprechen, sondern fast ausschließlich zu benennen mit dem von Konrad Repgen übernommenen Hinweis, der Kirchenhistoriker dürfe eine 'meta-historische Erklärung' anbringen im Gegensatz zu dem Historiker, dem dies im Prinzip verwehrt sei.[115]

Der dritte Abschnitt bietet Hinweise zur Anfertigung einer wissenschaftlichen Arbeit in Kirchengeschichte.[116] Overath nennt geistige Voraussetzungen, verschiedene Typen und wichtige Phasen bei der Anfertigung. Dieser offensichtlich ganz einer Erstsemester-Veranstaltung entwachsene Teil mit Hinweisen auf die notwendige „Fähigkeit zum Konzentrieren“[117] oder die Unterschiede zwischen Seminararbeit, Examensarbeit und Dissertation speziell in der Kirchengeschichte wirken auf Studierende vermutlich leicht bizarr. Die hier angeführten Quellenbeispiele[118] hätten besser in den zweiten Abschnitt integriert werden können. Insgesamt sind die Schwachpunkte dieser Einführung kaum zu übersehen. Speziell für religionspädagogisch orientierte Leser, also Lehramtskandidaten oder Lehrer, in deren Studium die Kirchengeschichte (zu) kurz gekommen ist, bietet diese Einführung nur wenig relevanten Erkenntnisgewinn.

2.4.2 Evangelische Publikationen

Evangelische Theologen haben sich häufiger mit propädeutischen Fragen beschäftigt, zumindest liegen uns mehr entsprechende Einleitungen vor. Auch religionspädagogische Gesichtspunkte sind nicht grundsätzlich ausgeklammert. Bereits in seiner Einleitung von 1801 macht Christian Wilhelm Flügge darauf aufmerksam, der Nutzen eines Studiums der Kirchengeschichte beziehe sich für einen Theologen „sowohl auf ihn selbst, als Religionslehrer betrachtet, als auf die einzelnen Zweige der Wissenschaft, die für seinen Stand gehoert.“[119]

An neueren Einführungen in das Studium der Kirchengeschichte liegen uns derzeit zwei vor: Die jüngere dieser beiden Einführungen hat der Kirchenhistoriker an der Kirchlichen Hochschule Berlin, Kurt-Victor Selge,[120] die ältere der Kirchenhistoriker an der Kirchlichen Hochschule Bethel, Gerhard Ruhbach,[121] vorgelegt.

Selge hat seine Darstellung in drei Abschnitte unterteilt: Im ersten Abschnitt behandelt er den Gegenstand der Kirchengeschichte;[122] dazu referiert er zunächst Positionen von Schleiermacher, Troeltsch, Barth, Ebeling und Pannenberg. Er nimmt auch die bereits angeführte ältere Theoriediskussion der katholischen Theologie auf, besonders die Position von Norbert Brox.[123] Im zweiten Schritt erläutert er verschiedene Meinungen über den Gegenstand der Kirchengeschichte, die im Laufe der älteren Kirchengeschichte vertreten wurden, etwa von Eusebius von Caesarea, Joachim von Fiore, Gottfried Arnold und Johann Lorenz von Mosheim. In der Zusammenfassung sucht Selge den Gegenstand möglichst offen und ökumenisch zu benennen als Geschichte der Christen;

als Historiker der einen Kirche dürfe sich die Kirchengeschichte nicht die Einheit des Gegenstandes rauben lassen.

Im zweiten Abschnitt thematisiert Selge die Problematik einer kirchengeschichtlichen Periodisierung.[124] Auch hier referiert er recht ausführlich die Problemsichtungen und Lösungsvorschläge aus dem Verlauf der Kirchengeschichte; den Einteilungsvorschlag von Jedin würdigt Selge und vergleicht ihn mit der sozial- und kulturgeschichtlich orientierten Einteilung Otto Brunners, kritisiert aber die seines Erachtens dadurch bedingte „einebnende Schau"[125] der Reformation als unbefriedigend. Er betont die Pauschalität der das allgemeine Geschichtsbild und die Umgangssprache beherrschenden Dreiteilung, betont aber auch „ihre Bedeutung als praktisches Verständigungsmittel"[126].

Der dritte und umfangreichste Abschnitt thematisiert Aspekte der Kirchengeschichte;[127] in erster Linie geht es hier darum aufzuzeigen, unter welchen Aspekten man die Kirchengeschichte betrachten kann. Die angeführten Aspekte (Institutionen des Christentums, Geschichte des Kirchenrechts, Theologiegeschichte sowie Frömmigkeits- und Sozialgeschichte) werden theoretisch bedacht, in erster Linie aber in einem kurzen und daher groben Längsschnitt aufgezeigt. Einige kurze Bemerkungen zum Zusammenhang der Geschichte beschließen diesen Teil.

Insgesamt ist diese Einführung stärker auf kirchengeschichtliches Wissen ausgelegt als auf methodische Aspekte; daher ist ihr auch eine eher an Vollständigkeit orientierte Zeittafel als Überblick über den Gesamtverlauf der Kirchengeschichte beigegeben.[128] Ein pädagogisch methodisches Bemühen um eine Hinführung zur Kirchengeschichte ist eher an der Sache orientiert, weniger dagegen am Leser. Das Fehlen von näher ausgeführten Beispielen und die Nichtbehandlung der Methodenfragen, die es den Lesern ermöglichten, Kirchengeschichtsschreibung besser nachvollziehen zu können, verdeutlichen ein anderes Konzept. Nicht nur, „daß der Autor die Perspektive eines deutschen protestantischen Theologen nicht ganz ablegen kann"[129], läßt dieses Buch zumindest für katholische Studienanfänger weniger empfehlenswert erscheinen; hinzu kommt seine eher theoretische, kaum erfahrungs- oder methodenorientierte Konzeption.

Anders stellt sich die Einführung von Gerhard Ruhbach dar, die als Band der kirchen- und dogmengeschichtlichen Abteilung in der Reihe Studienbücher Theologie erschien.

Hier haben wir es mit dem Charakter eines Studienbuches zu tun, dessen Aufbau völlig anders angelegt ist. Wegen des großen Unbehagens an der Geschichte, das Anfang der 70er Jahre allenthalben vorherrschte, setzt Ruhbach hier an.[130] Zunächst dokumentiert er dieses Unbehagen an Beispielen, um dann eine Begründung und Beurteilung abzugeben. Ausgangspunkt ist das Beispiel 'Luther und der Bauernkrieg' in unterschiedlichen historischen Einschätzungen; anschließend arbeitet er fünf Gründe für das Unbehagen heraus, die u.a. auch mit den Grundzügen des Historismus und der marxistischen Geschichtsauffassung vertraut machen.

Im zweiten Abschnitt legt Ruhbach die Notwendigkeit des Umgangs mit der Geschichte dar.[131] Dazu erläutert er zunächst, was Geschichte inhaltlich bedeutet, zeigt dann den Einfluß auf, den die Vergangenheit auf die Gegenwart hat, und überdenkt abschließend die Gefahrenmomente des Umgangs mit der Geschichte, die für ihn in einem einseitigen Historismus und – in dessen Folge – in einer Ideologieanfälligkeit an Stelle von kritischer Traditionsverarbeitung liegen.

Der dritte Abschnitt behandelt den Umgang mit der Geschichte[132] in drei Blickrichtungen: auf den Stoff der Geschichte, die Erschließung dieses Stoffes und den Menschen, der der Geschichte begegnet. Zunächst erläutert er die Bedeutung und Arten von Quellen, benennt dann Methoden historischer Arbeit und führt weiterhin kurz die geschichtswissenschaftlichen Probleme der Periodisierung, Begriffsbildung und Typisierungen sowie Darstellungsmöglichkeiten der Kirchengeschichte und didaktische Probleme des Kirchengeschichtsunterrichts an.

Im vierten Abschnitt schließlich widmet sich Ruhbach dem Verhältnis von Geschichte und Kirchengeschichte.[133] Der Autor sucht also erst am Ende seiner Einführung die Fragen nach der Theorie und Theologie der Kirchengeschichte zu klären. Offenbarung und Geschichte, Kirche in der Geschichte und Kirchengeschichte als theologische Disziplin lauten die entsprechenden Überschriften seiner Darlegung. In der Frage des Selbstverständnisses der Kirchengeschichte als theologischer Disziplin verweist Ruhbach auf die Positionen von Karl Barth, Gerhard Ebeling, Heinrich Bornkamm und Kurt Dietrich Schmidt; er stimmt ausdrücklich Bornkamm zu, der eine gewisse Abwandlung von Ebelings Auffassung vertritt. Für Ruhbach läßt sich Kirchengeschichte danach „als Geschichte der Auslegung der Heiligen Schrift und der verschiedenen auf Glauben und Leben direkt und indirekt bezogenen Traditionen der Kirche im Raum der Welt bestimmen."[134] Ausdrücklich lehnt er katholische Positionen ab, da in ihnen „der sakrale, heilsgeschichtliche Charakter der Kirchengeschichte viel stärker betont"[135] werde als in der evangelischen Theologie. Die katholische Kirchengeschichte fühle sich in ihrem Selbstverständnis dem kirchlichen Lehramt sogar weit mehr verpflichtet als die neuere Dogmatik und Fundamentaltheologie.

Insgesamt handelt es sich bei der Einführung von Ruhbach um die am konsequentesten am Leser orientierte aller vorliegenden Einführungen; sie bedarf allerdings dringend einer Fortschreibung. So stimmt heute der Ausgangspunkt der Darlegung nicht mehr, denn das derzeitige Geschichtsverständnis ist nicht mehr das des damaligen Unbehagens. Das erschwert heute aber den Zugang zur inhaltlichen Darstellung in dieser Konzeption, da das damalige Geschichtsverständnis zum Ausgangspunkt genommen wurde. In den Ausführungen zur Didaktik und Wissenschaftstheorie ist das Buch inzwischen veraltet; die geschichtstheoretischen, religionspädagogischen und geschichtsdidaktischen Diskussionsbeiträge der letzten 15 Jahre können selbstverständlich nicht berücksichtigt sein. Gerade in diesem Zeitraum hat sich aber viel ereignet. Selbst die älteren Ansätze in der Didaktik werden nur äußerst knapp referiert; außerdem sind evangelisch-theologische Positionen so stark betont, daß das Buch für katholische Studierende ergänzungsbedürftig ist.

Hinzu kommen Unausgewogenheiten, die der Band meines Erachtens in der Gewichtung der Themen aufweist: Der erste und zweite Abschnitt sind gegenüber dem wichtigen dritten sehr breit angelegt, der vierte dagegen sehr kurz.

Die theoretischen Erörterungen an das Ende einer Einführung zu stellen, erscheint mir ungünstig und nicht unbedingt konsequent; eine solche Kritik gehört aber bereits zu den Überlegungen, wie eine Einführung zu konzipieren sei.

2.5 Konsequenzen für einen Konzeptionsentwurf

Aus den genannten Aspekten der Ausgangslage ergibt sich, daß Kirchengeschichte besonders im Rahmen eines Lehramtsstudiums wegen ihrer Randstellung sowohl in den Ausbildungsrahmenplänen als auch in der Einschätzung der Studierenden einer eigenen Hinführung bedarf. Eine solch' elementare Propädeutik sollte daher zunächst zur Beschäftigung mit der Sache motivieren. Das gelingt nicht, wie der Aufriß gesellschaftlicher Hintergründe gezeigt hat, indem man schlicht die Notwendigkeit beteuert, sondern, indem man anschaulich aufzuweisen sucht, welche Bedeutung die Kirchengeschichte für die gegenwärtige Situation der Kirche, des persönlichen Glaubens und – daraus bereits folgend – für die Theologie und die Zusammenschau der theologischen Disziplinen haben kann. Eine Diskussion des wissenschaftstheoretischen Standpunktes stellt daher keinen überzogenen oder unnötigen Theorie–Faszikel dar; gerade das kommunikative Selbstverständnis stützt die Sicht einer so in Kirche und Theologie eingebrachten Er–innerung. Ferner dürfte diese kaum als einengend zu empfindende Position für die Studierenden eine wichtige theoretisch fundierte Basis sein, von der her sie eher bereit sind, sich auf Kirchengeschichte einzulassen und zu entdecken, welche Funktion Kirchengeschichte als 'erweitertes Gedächtnis' erlangen kann.

Eine elementare Propädeutik wird neben der Motivation aber besonders auf die Erläuterung des methodischen Vorgehens Wert legen müssen: In der möglichst direkten Konfrontation mit der Sache, in der 'originalen Begegnung'[136] mit Quellen als Zeugnissen geronnener Vergangenheit kann das am ehesten gelingen. Sie vermitteln auch die Einsicht in die Notwendigkeit, Geschichte zu rekonstruieren, weil sie sich nicht selber erschließen. Die Methoden der Geschichtswissenschaft als 'Handwerkszeug' dieser Rekonstruktion sind daher vorzustellen. Eine denkbare Alternative wäre der Rückgriff auf Geschichtsdarstellungen, die eine Einführung selbst bieten oder auf die sie verweisen müßte. Damit ist allerdings die Chance vertan, den Prozeß einer historischen Rekonstruktion, die wir in Geschichtsdarstellungen vorfinden, nachvollziehen, ihre Voraussetzungen durchschauen und sie damit letztlich erst verstehen zu können. Historisches Wissen kann eher auf dem Weg eines Nachvollzugs von Rekonstruktionsprozessen, also mit Kenntnis der historischen Methode gelingen; eine bloße Ansammlung von Daten und Fakten wird über eine wenig nutzbare Faktenkenntnis kaum hinausführen. Das möglichst mehrmalige exemplarische Gehen des Weges, auf dem wir zu historischen Erkenntnissen gelangen, dürfte für den Erfolg entscheidend sein. Ein solcher Weg ermöglicht daher auch den Zugang zu dem hier zu eröffnenden Ausschnitt der geistigen Wirklichkeit im Sinne der Bemühungen um eine Elementarisierung.

Die Notwendigkeit einer Übersetzung ins Elementare stellt sich generell für die geistige Wirklichkeit. In Zeiten schwieriger, komplexer und sich komplizierter darstellender Wirklichkeiten gilt das aber ganz besonders. Unsere geistige und gesellschaftliche Situation trägt nach Jürgen Habermas den Charakter einer 'neuen Unübersichtlichkeit'[137] und bedingt daher die Notwendigkeit entsprechender Elementarisierungen; die Kirche ist in ihrer gegenwärtigen Erscheinungsform davon keineswegs ausgenommen.

Den Anspruch einer elementaren Propädeutik kann eine Einführung in die Kirchengeschichte am ehesten dann einlösen, wenn die Inhalte, hier näherhin also die Themen- bzw. Gliederungspunkte als wesentlich für die angezielte Bildung sind. In Übereinstimmung mit anderen Einführungen und aus bereits genannten Gründen sind hier theoretische Erörterungen zum Status der Kirchengeschichte und zur Periodisierungsfrage zu nennen. Darüber hinaus scheint mir aber gerade die zumeist vernachlässigte Darstellung der historischen Methode besonders elementar; ihre Vermittlung sollte exemplarisch erfolgen. Für die Konzeption folgt daraus, daß die Quellen-Beispiele so gewählt sein sollten, daß sie die elementaren Bildungsinhalte einer Einführung besonders eindrücklich vermitteln.

Die Beispiele sollten daher

– in *fachwissenschaftlicher* Sicht geeignet sein, diese Inhalte exemplarisch zu vermitteln,

– in *religionsdidaktischer* Sicht geeignet sein, nicht einfach feststehende Wahrheit zu vermitteln, sondern die Studierenden betreffende Wahrheit im Überlieferten zu ermitteln,[138]

– in *fachdidaktischer* Sicht geeignet sein, die Einsicht in die Notwendigkeit und Möglichkeit eines korrelativen Kirchengeschichtsunterrichts vorzubereiten,[139]

– und in *hochschuldidaktischer* Sicht geeignet sein, eine gezieltere Auswahl der Studieninhalte zu ermöglichen, das Beherrschen der historischen Methode grundzulegen, zum systematischen Aneignen von Basiswissen und zur kritischen Rezeption des Forschungsstandes anzuregen.[140]

Daraus folgt, daß die Beispiele zwar nicht gerade nur einer einzigen Epoche entstammen sollten, andererseits aber die Frage einer 'Streuung' über die ganze Chronologie höchstens sekundär ist. Wichtiger erscheint mir, daß alle gewählten Beispiele eine Verankerung im Interesse und in der Lebenswelt der Studierenden haben – etwa angesichts der als Skandalon empfundenen Spaltung der Kirche: die Reformation – und sich grundsätzlich für eine unterrichtliche Behandlung eignen. So ist eine Einsicht in die Relevanz des hier anzueignenden Wissens am ehesten erreichbar.

Mögliche Nachteile des exemplarischen Prinzips liegen sicher in der Gefahr, anstelle der realen Geschichte eine Art Meta-Geschichte entstehen zu lassen, weil der Eindruck einer Austauschbarkeit entstehen kann. Insofern ist eine Ergänzung nach dem thematischen Prinzip, etwa in einem Längsschnitt, zur Absicherung geboten; ferner kann eine gewisse zeitliche Schwerpunktbildung bei den Beispielen diesen Eindruck auch eher beheben als eine möglichst breite Berücksichtigung aller Zeiten.[141] Gerade das Mittelalter, dessen aufklärerische Einschätzung als 'finster'[142] in der historisch uninformierten Öffentlichkeit immer noch sehr verbreitet ist, eignet sich hier gut, ebenso das Zeitalter der Reformation, weil darin das Kapitel mit den heute am schmerzvollsten empfundenen Folgen der Kirchengeschichte gesehen wird; andererseits herrscht mitunter gerade von dieser Zeit ein überzogen positives oder negatives Bild. Zur Einführung in die Historische Methode eignen sich mittelalterliche Beispiele in besonderer Weise, weil wir die Quellen zur alten Geschichte überwiegend aus mittelalterlichen Handschriften entnehmen müssen,[143] während in der Neuzeit die Bedeutung der erzählenden Quellen gegenüber der von Akten stark zurücktritt. Ferner nahm die Übersichtlichkeit bezüglich der Quellenlage und des dargestellten Inhalts nach der Erfindung des Buchdrucks deutlich zu.[144]

Die fachwissenschaftlichen Perspektiven weisen auf, daß die Kirchengeschichte, selbst wenn sie sich gegenüber anderen Wissenschaften abschließen wollte, hier in einer Auseinandersetzung steht und von außen beeinflußt wird. Der positive Schluß daraus kann nur heißen, daß die Kirchengeschichte sich einem offenen Diskurs stellen muß und ihre Dialogfähigkeit nicht verlieren darf. Ihre fundamentaltheologische Begründung muß daher auch fundamental im Sinne der erziehungswissenschaftlichen Terminologie[145] sein.

Anmerkungen:

(1) Vgl. zum folgenden insbesondere: Wolfgang Klafki, Das pädagogische Problem des Elementaren und die Theorie der kategorialen Bildung.

(2) Vgl. Hermann Heimpel, Selbstkritik der Universität.

(3) Vgl. Martin Wagenschein, Zur Selbstkritik der Höheren Schule.

(4) Vgl. Gert Otto, Kirchengeschichte im Religionsunterricht.

(5) Einen Gesamtüberblick über die religionspädagogische Diskussion bieten: Karl–Ernst Nipkow, Grundfragen der Religionspädagogik. Bd. III, 185–232 und Wilfried Rohrbach, Das Problem der Elementarisierung in der neueren religionspädagogischen Diskussion.

(6) Die Ergebnisse wurden veröffentlicht: Elementarisierung theologischer Inhalte und Methoden im Blick auf die Aufgabe einer theologisch zu verantwortenden Lehrplanrevision und Curriculumentwicklung in den wichtigsten religionspädagogischen Arbeitsfeldern.

(7) Vgl. Jürgen Werbick, Glaube im Kontext.

(8) Vgl. Rainer Lachmann, „Die Sache selbst" im Gespräch zwischen Religionspädagogik und Pädagogik.

(9) K. E. Nipkow, aaO., 200.

(10) H. Stock, Elementartheologie, in: Werner Böcker/ Hans-Günter Heimbrock/ Engelbert Kerkhoff (Hg.), Handbuch Religiöser Erziehung. Bd. 2, 464.

(11) Vgl. Peter Biehl, Theologie im Kontext von Lebensgeschichte und Zeitgeschehen.

(12) Ebd., 164.

(13) Vgl. die geschichtsdidaktische Diskussion zusammenfassend: Joachim Rohlfes, Exemplarischer Geschichtsunterricht, in: Klaus Bergmann u.a. (Hg.), Handbuch der Geschichtsdidaktik, 256–258.

(14) Vgl. H. Heimpel, Das Mittelalter.

(15) H. Heimpel, Selbstkritik der Universität, 6.

(16) Ebd.

(17) Ebd.

(18) Hans Scheuerl, Die exemplarische Lehre, 17.

(19) Vgl. ebd., 83.

(20) Ebd., 173.

(21) Heide Wunder, Studium der Geschichte, in: Klaus Bergmann u.a. (Hg.), aaO., 672.

(22) Ebd., 673.

(23) Vgl. Hellmut Diwald, Das historische Erkennen, 58f.

(24) Hubert Jedin, Einleitung in die Kirchengeschichte, 2.

(25) Victor Conzemius, Art. Kirchengeschichte, 332.

(26) Dieser Zeitraum würde als Kriterium bedeutsamer, wenn beide Äußerungen von einer Person stammten und einen Wandel der eigenen Auffassung spiegelten, so wie heute der wegen seiner kirchen(amts)kritischen Veröffentlichungen bekannte Kirchenhistoriker Georg Denzler kaum mehr seine eigene Gegenstandsbeschreibung von 1966 wiederholen würde: „Die Kirchengeschichte als eine theologische Disziplin umfaßt das gesamte innere und äußere Leben und Wachstum der irdischen

Kirche in Zeit und Raum. Sie unterscheidet sich von der Profangeschichte durch ihren Stoff und vor allem durch den spezifisch theologischen Aspekt, unter dem sie Kirche sieht, versteht und glaubt." G. Denzler, Kirchengeschichte, 139.

(27) H. Jedin, aaO., 2f. Die Position Jedins findet sich nach wie vor bei Walter Brandmüller, Geschichtliche Kirche – kirchliche Geschichte. Reflexionen über das wissenschaftliche Selbstverständnis der Kirchengeschichte.

(28) Vgl. zur sehr viel umstritteneren Verhältnisbestimmung gegenüber der Theologie Abschnitt 2.2.3.

(29) Jörn Rüsen, Historische Methode, in: K. Bergmann u.a. (Hg.), aaO., 124.

(30) Vgl. Karl–Georg Faber, Objektivität in der Geschichtswissenschaft?, in: J. Rüsen (Hg.), Historische Objektivität. Aufsätze zur Geschichtstheorie, 15.

(31) J. Rüsen, aaO., 126.

(32) Hans Michael Baumgartner, Die subjektiven Voraussetzungen der Historie und der Sinn von Parteilichkeit, in: Reinhart Koselleck/ Wolfgang J. Mommsen/ Jörn Rüsen (Hg.), Objektivität und Parteilichkeit, 430.

(33) Vgl. Gunter Scholtz, Art. Geschichte, Historie, 364–366.

(34) Vgl. ebd., 374–376.

(35) Vgl. ebd., 391f.

(36) Vgl. Mircea Eliade, Kosmos und Geschichte; zum kirchengeschichtlichen Zusammenhang vgl. besonders 114–119.

(37) Vgl. u.a. Arnaldo Momigliano, Time in Ancient Historiography, in: Ders., Essays in Ancient and Modern Historiography, 179–204.

(38) Der Begriff des 'zyklischen' Geschichtsverständnisses ist für einige Vorstellungen nicht sehr treffend, wie auch die folgenden Beispiele verdeutlichen. Ich benutze ihn hier gleichwohl als eingeführten Terminus.

(39) Leopold von Ranke, Weltgeschichte. Bd IX.2, 5. In einem Gespräch über die sogenannten leitenden Ideen in der Geschichte fragt König Maximilian II. von Bayern: „Sollte man aber nicht doch annehmen dürfen, daß die Vorsehung, unbeschadet der freien Selbstbestimmung des Einzelnen, der Menschheit im Ganzen ein gewisses Ziel gesteckt hat, auf welches dieselbe, wenn auch nicht gewaltsam hingeleitet wird?"ebd., 8. Ranke antwortet: „Dies ist eine kosmopolitische Hypothese, die man

aber nicht historisch nachweisen kann. Wir haben hiefür zwar den Ausspruch der Heiligen Schrift, wonach einst nur ein Hirt und eine Herde sein wird; aber bis jetzt hat sich dieses noch nicht als der herrschende Gang der Weltgeschichte ausgewiesen. Dafür dient zum Beweise die Geschichte Asiens, welches nach Perioden der größten Blüthe wieder in die Barbarei zurückgefallen ist." ebd., 8f.

(40) Vgl. Rudolf Vierhaus, Rankes Begriff der historischen Objektivität, in: R. Koselleck/ W.J. Mommsen/ J. Rüsen (Hg.), aaO., 63–76.

(41) Vgl. G. Scholtz, aaO., 377–379; 386.

(42) Tübingen 1819.

(43) Vgl. Jacques Gadille, Überblick über die Literatur zum Thema: Anwendung der Soziologie auf die Kirchengeschichte; ein praktisch ausgeführtes Beispiel für solche Arbeiten bietet: Arnold Angenendt, Das Gesetz des Ausgleichs.

(44) V. Conzemius, aaO., 336f., macht darauf aufmerksam, daß auch äußere Bedingungen dazu beitragen; z.B. weil im Gegensatz zu Deutschland in Italien und Frankreich praktisch keine theologischen Fakultäten an Staatsuniversitäten bestehen und Kirchengeschichte in den philosophischen Fakultäten gelehrt wird. Sie hat damit andere Gesprächspartner.

(45) Vgl. Max Seckler, Das Heil in der Geschichte, bes. deutlich: 29f.; ferner ders., Heilsgeschichtliches und geschichtstheologisches Denken bei Vergil.

(46) Monika Gödecke, Geschichte als Mythos, 164.

(47) Diese Tendenz läßt sich anhand der Pastoralkonstitution belegen. In den Kommentaren zur Pastoralkonstitution Gaudium et spes macht Charles Moeller darauf aufmerksam, die Vorlage 6 habe z.B. in Art. 6 jeden Anschein eines falschen Optimismus in der Beurteilung der industriellen und städtischen Kultur vermeiden wollen; der Beschlußtext geht in der Wortwahl aber über die bloße Beschreibung hinaus; vgl. Lexikon für Theologie und Kirche. Ergänzungsband III, Freiburg 1968, 301. Roberto Tucci führt auch die entsprechende Sorge von einigen Konzilsvätern an, die Textpassagen (Art. 54) „als naiv oder geradezu überheblich betrachteten, vielleicht auch von einem gefährlichen Optimismus evolutionistischen Typs auf der Linie Teilhards inspiriert." Ebd., 454.

(48) Vgl. Dennis Meadows u.a., Die Grenzen des Wachstums.

(49) Vgl. als den wohl interessantesten Beitrag zu dieser Auseinanderset-

zung: Johano Strasser/ Klaus Traube, Die Zukunft des Fortschritts, für diesen Zusammenhang bes. 43–55 und 229–239.

(50) Bénézet Bujo macht darauf aufmerksam, daß ein Ausblenden der heilsgeschichtlichen Dimension eines zyklischen Denkens ein Deuten der Vorgänge in der (christlich–) religiösen Welt Afrikas verstellt; vgl. B. Bujo, Afrikanische Theologie in ihrem gesellschaftlichen Kontext, 34f. Ebd. zitiert Bujo auch Äußerungen M. Secklers zum zyklischen Denken als für die afrikanischen Vorstellungen zutreffend.

(51) Selbst bei dem als Vertreter eines linearen Geschichtsbildes angeführten Eusebius gilt, „daß zwischen einem 'zyklischen' und einem 'linearen' Geschichtsbild nicht notwendig ein *qualitativer* Unterschied besteht. Euseb stellt sich die Geschichte zwar zeitlich 'linear' verlaufend vor, aber sie führt letztlich wieder zum Heil des Anfangs zurück". M. Gödecke, aaO., 164f.

(52) Theodor Mommsen, Universitätsunterricht und Konfession, 1.

(53) Albert Ehrhard, Stellung und Aufgabe der Kirchengeschichte in der Gegenwart, 20.

(54) Ebd.

(55) Vgl. Georg F. Freiherr von Hertling, Zu Theodor Mommsens Kundgebung; Carl Güttler, Giebt es eine 'katholische' Wissenschaft?; Theodor Elsenhans, Die Voraussetzungen der voraussetzungslosen Wissenschaft; Josef Donat, Die Freiheit der Wissenschaft; Albert Michael Koeniger, Voraussetzungen und Voraussetzungslosigkeit in Geschichte und Kirchengeschichte.

(56) Besonders scharf wies der damalige Kirchenhistoriker an der Sorbonne solche Voreingenommenheiten und Einseitigkeiten von sich; er urteilte, eine geschichtliche Frage ausschließlich nach katholischen Autoren zu beantworten, sei ein Zeichen kindlich beschränkten Geistes und ließe erkennen, daß man nur einen schwachen Glauben habe: Lucien–Léon Lacroix, Du Rôle de la critique dans l'histoire de l'Église („la prenve d'une étroitesse d'esprit quelque peu enfantine").

(57) Vgl. auch: Max Reischle, Historische und dogmatische Methode der Theologie; Karl Girgensohn, Die moderne historische Denkweise und die christliche Theologie; ferner: Matthias Höhler, Das dogmatische Kriterium der Kirchengeschichte.

(58) Hauptvertreter: H. Jedin; vgl. Kirchengeschichte als Heilsgeschichte?; ders., Kirchengeschichte ist Theologie und Geschichte, in: Raymund Kottje (Hg.), Kirchengeschichte heute; ders., Kirchengeschichte als

Theologie (1966); ders., Kirchengeschichte als Theologie, in: Stimmen der Zeit 178 (1973); ders., Kirchengeschichte als Theologie und Geschichte. – Vgl. zur *Gesamtproblematik:* Hans Reinhard Seeliger, Kirchengeschichte – Geschichtstheologie – Geschichtswissenschaft; ferner G. Ruppert, aaO., 71–75.

(59) Hauptvertreter: V. Conzemius; vgl. Kirchengeschichte als „nichttheologische"Disziplin. Noch strikter vertritt diese Position: Giuseppe Alberigo, Neue Grenzen der Kirchengeschichte?

(60) Hauptvertreter: Norbert Brox; vgl. Kirchengeschichte als „Historische Theologie", in: R. Kottje (Hg.), aaO., 49–74. In jüngster Zeit hat sich N. Brox auch zu einem Ansatz geäußert, der im folgenden kurz skizziert wird; vgl. ders., Kirchengeschichte und (Sprach–) Handlungstheorie; eine gewisse Veränderung des eigenen Standpunktes spricht aus diesen Äußerungen, ist aber noch nicht theoretisch durchformuliert.

(61) R. Kottje (Hg.), aaO., hat den Stand dokumentiert; als Nachtrag zu dieser Debatte können die Beiträge in der Römischen Quartalsschrift 80 (1985) gelten, die auf eine Tagung vom Juni 1981 zurückgehen; einen Rückblick auf die Debatte bietet: Oskar Köhler, Gott in die Karten schauen – oder ihm glauben?

(62) Die angesprochene Diskussion scheint mir auch für Studierende als theoretische Grundlegung einer Einführung in die Kirchengeschichte wichtig; vgl. Teil II 2.1. Dort werden auch einige Aspekte aufgenommen und ausgeführt, die hier daher nur knapp zusammengefaßt bzw. angedeutet sind.

(63) Walter Kasper, Kirchengeschichte als historische Theologie, 106f.

(64) Ebd., 109.

(65) Vgl. N. Brox, aaO.

(66) Vgl. Klaus Schatz, Ist Kirchengeschichte Theologie?, 507, Anm. 86.

(67) Ebd., 508.

(68) H.R. Seeliger, aaO., 233.

(69) Vgl. dazu R. Vierhaus, aaO.

(70) N. Brox, Kirchengeschichte und (Sprach–) Handlungstheorie, 101.

(71) H.R. Seeliger, aaO., 234f.

(72) Ebd., 236.

(73) Vgl. Johann Baptist Metz, Glaube in Geschichte und Gesellschaft, 161–180.

(74) Vgl. Peter Hünermann, Lebensvollzüge der Kirche.

(75) Hans Zirker, Ekklesiologie, 126.

(76) W. Kasper, aaO., 111.

(77) Ebd., 112.

(78) Karl Rahner, Profangeschichte und Heilsgeschichte, 117.

(79) Vgl. Hans Urs von Balthasar, Das Ganze im Fragment; dieser Titel ist hier sehr treffend und für die Thematik aufschlußreich. Vgl. ferner die Sicht der Kirchengeschichte als 'traditio' und 'anticipatio' bei Klaus Hemmerle, Kirche als Ortskirche; B.Bujo sieht die Zusammengehörigkeit in einer Spiralbewegung; er zeigt auf, daß in der afrikanischen Vorstellung „die Vergangenheit, die die Tradition der Väter bildet, nicht vollendet, sondern Garant des Heils ist: Ihre Wiederaufnahme in ein zyklisches Gedankenschema ist nicht nur eine einfache Wiederholung wie eine unwirksame Anamnese, sondern vielmehr ein notwendiges Zurückgehen, wenn man imstande sein will, einen entscheidenden Schritt nach vorn zu tun." B. Bujo, aaO., 82; Bujo verweist hier auf die Übereinstimmung mit einschlägigen Arbeiten von Johann Baptist Metz.

(80) Eine Bilanz des kirchengeschichtlichen Unterrichts haben zuletzt Godwin Lämmermann (1986) aus evangelischer sowie Hans Reinhard Seeliger (1988) und ich (1990) aus katholischer Sicht vorgelegt.

(81) Winfried Blasig, Kirche Gottes – Kirche der Menschen.

(82) Ebd., 98.

(83) Vgl. ebd., 159.

(84) Ebd. 168.

(85) Vgl. ebd., 177.

(86) Ebd., 190f.

(87) Ebd., 198.

(88) Vgl. K. Bergmann, Personalisierung im Geschichtsunterricht.

(89) Vgl. Horst Klaus Berg, „Heilig sein ist schwer!".

(90) Ansgar Philipps, Die Kirchengeschichte im katholischen und evangelischen Religionsunterricht.

(91) Ders., Fach: Kirchengeschichte.

(92) Ebd., 109; im Original fehlt das Komma.

(93) Ebd., 110.

(94) Vgl. ebd., 123.

(95) Ebd., 172.

(96) Vgl. B. Jendorff, Kirchengeschichte – wieder gefragt!

(97) Vgl. ebd., 36.

(98) Ebd., 43.

(99) Ebd., 64.

(100) Diese pauschale Aussage gilt auch noch für den jüngsten der genannten Entwürfe: B. Jendorff führt zwar einige geschichtsdidaktische Literatur an, diese ist aber, wie die Anmerkungen belegen, nur in der Methodik rezipiert. Im eigentlichen Konzeptionsteil („Ziele und Inhalte des Kirchengeschichtsunterrichts") bleiben Konzeptionsentwürfe der Geschichtsdidaktik unberücksichtigt.

(101) Vgl. G. Ruppert, Geschichte ist Gegenwart.

(102) Vgl. ebd., 115f.

(103) Eine eingehende Diskussion meines Entwurfes ist kaum erfolgt; Bezugnahmen in religionspädagogischen Publikationen sind durchgängig zustimmend. Rezensionen erfolgten u.a. in: Christlich-pädagogische Blätter 99 (1986) 71 (E.J. Korherr); Der evangelische Erzieher 38 (1986) 96–98 (K. Dienst); Katechetische Blätter 111 (1986) 242–243 (B. Jendorff); Theologia Practica 91 (1986) 360–362 (F. Rickers).

(104) Joseph Nirschl, Propädeutik der Kirchengeschichte für kirchenhistorische Seminare und zum Selbstunterrichte.

(105) H. Jedin, Einleitung in die Kirchengeschichte.

(106) Vgl. ebd., 1–11.

(107) Vgl. ebd., 11–17.

(108) Vgl. ebd., 17–55.

(109) Joseph Overath, Einführung in das Studium der mittleren und neueren Kirchengeschichte.

(110) Vgl. ebd., 9.

(111) In 1. § 7 (ebd., 79–84) wird „Außerkirchliche Kirchengeschichtsschreibung" vorgestellt; gemeint ist Kirchengeschichtsschreibung, die sich nicht als theologische Disziplin versteht. Genannt werden „marxistische" und die „liberale Kirchengeschichtsschreibung". In diesem Abschnitt fällt auf, daß wichtige Aspekte fehlen und daß die Terminologie mitunter nicht ganz korrekt ist (vgl. als Beispiel auch unten 3.3, Anm.18). – Als weiterer Beleg für problematische Aussagen kann dienen: „Während es die Geschichtswissenschaft mehr mit Quellen profanen Inhaltes zu tun hat, haben die kirchengeschichtlichen Quellen meist Autoren zum Verfasser, die von der Wahrheit ihres Glaubens überzeugt

waren... Ein Historiker, der z.B. von der These ausgeht, Wunder seien grundsätzlich unmöglich und was Wunder genannt genannt werde, stehe auf der Ebene der Magie, wird die Tatsache eines Wunders nie annehmen. Er wird bestimmt nach der Richtigkeit und Zuverlässigkeit der Quellen fragen müssen, aber weniger nach der Tatsächlichkeit des Wunders fragen" (ebd., 86f.).

(112) Ebd., 45.

(113) Vgl. ebd., 85–100.

(114) Ebd., 9.

(115) Vgl. ebd., 91.

(116) Vgl. ebd., 101–125.

(117) Ebd., 103; ferner: „Besonders bei der Anfertigung von kirchengeschichtlichen Arbeiten ist die Fähigkeit zum Konzentrieren erforderlich. Konzentration ist die Gabe, seine gedanklichen Kräfte auf einen Mittelpunkt bewegen zu können. Das Wesentliche einer Quelle muß erarbeitet werden. Auch die Übung des Gedächtnisses ist wichtig" (ebd.).

(118) Vgl. ebd., 112–120.

(119) Christian Wilhelm Flügge, Einleitung in das Studium und in die Literatur der Religions– und Kirchengeschichte, 182.

(120) Kurt–Victor Selge, Einführung in das Studium der Kirchengeschichte.

(121) Gerhard Ruhbach, Kirchengeschichte.

(122) Vgl. ebd., 1–25.

(123) Vgl. oben 2.2.3.2 und R. Kottje (Hg.), aaO.

(124) Vgl. K.–V. Selge, aaO., 26–47.

(125) Ebd., 47.

(126) Ebd.

(127) Vgl. ebd., 48–168.

(128) Vgl. ebd., 177–203.

(129) Ebd., XIII.

(130) Vgl. G. Ruhbach, aaO., 15–43.

(131) Vgl. ebd., 44–61.

(132) Vgl. ebd., 62–105.

(133) Vgl. ebd., 103–118.

(134) Ebd., 115.

(135) Ebd., 116.

(136) Den Begriff hat Heinrich Roth geprägt; vgl. ders., Pädagogische Psychologie des Lehrens und Lernens, 116–126.

(137) Vgl. Jürgen Habermas, Die neue Unübersichtlichkeit.

(138) Vgl. oben 2.1.2.

(139) Vgl. oben 2.3.4.

(140) Vgl. H. Wunder, aaO., 673.

(141) Persönliche Neigungen und Schwerpunkte in der Lehre sind somit nicht etwa die alleinigen Gründe für die Auswahl der Quellenbeispiele in Teil II.

(142) Zur Herkunft der Beurteilung des Mittelalters vgl. Klaus Arnold, Das 'finstere' Mittelalter.

(143) Zu beachten ist dabei allerdings, daß die editorische Rekonstruktionsarbeit der Neuzeit dazwischengeschaltet ist; die Kenntnis von der alten Geschichte ist daher sowohl von mittelalterlichen wie von neuzeitlichen bzw. modernen Bedingungen abhängig.

(144) Vgl. Paul Kirn, Einführung in die Geschichtswissenschaft, 61.

(145) Vgl. oben 2.1.1.

3 Struktur und Intentionen der Konzeption

Die aufgezeigten Perspektiven der Konzeption geben bereits Hinweise auf einzelne Themen einer Einführung. Als elementar propädeutisch betrachte ich

- eine Einführung in Fragestellungen (kirchen–) historischer Forschung
- eine Einführung in die Methodik (kirchen–)historischer Forschung
- eine Vermittlung historischer Kenntnisse an einzelnen Beispielen.

Diese Beispiele sind aber, wenn sie tatsächlich propädeutische Wirkung haben sollen, so zu wählen, daß sie rezipienten–orientiert sind; dieses Kriterium werden am ehesten Beispiele erfüllen, die historische Hintergründe heute als problematisch oder fremd wirkender Problempunkte aufzeigen.

Grob strukturiert bietet die vorliegende Einführung (Teil II) Überlegungen zur Theorie der Kirchengeschichte innerhalb und außerhalb der Theologie, zur historischen Methode sowie zu Fragen der Einteilungs– und Gliederungsmöglichkeiten der Kirchengeschichte. Hinzu kommen Orientierungshilfen zur Sichtung der Fachliteratur.

Eine Darstellung der Feinstruktur und der Intentionen erfolgt abschnittweise. Da die Einführung bewußt weitgehend von Fachliteratur freigehalten wurde, um ein möglichst hohes Maß an Übersichtlichkeit zu gewährleisten, werden im folgenden für die einzelnen Abschnitte einige Belege angeführt.

3.1 ad 1: Einleitung

In unserer gegenwärtigen gesellschaftlichen Situation ist bei den Rezipienten, wie oben dargelegt, mit einer Form des Geschichtsbewußtseins zu rechnen, die es notwendig erscheinen läßt, zunächst einen kurzen Motivationsanhalt dafür zu geben, warum die Beschäftigung mit der Kirchengeschichte lohnt.[1]

Das Ziel der Darstellung ist es, die geschichtliche Grundstruktur des Lebens und der Religion zu verdeutlichen, denn dann können Leser auch die Grundüberzeugung nachvollziehen: Religion erwächst aus Leben und wird als Lebenswissen, d.h. als Stil zu leben, vermittelt; darauf hat die Wissenssoziologie aufmerksam gemacht.[2] Bezogen auf das Christentum wird die wissenssoziologische Grundeinsicht bereits an der Person Jesu deutlich: „Wäre Jesu Lebenspraxis nicht der kongeniale Interpretationsrahmen seiner Verkündigung gewesen, wäre ihm die Bergpredigt noch weniger geglaubt worden."[3] Kirchengeschichte ist die vorzügliche Möglichkeit, die Weitergabe dieses jesuanischen, d.h. von der Praxis Jesu sich begründenden Lebenswissens und die Präsentation sowie den Erhalt dieses Lebenswissens in der Kirche durch die Geschichte hindurch zu verfolgen. Der praktischen Glaubenserfahrung des einzelnen bieten sich in dieser geschichtlichen Beschäftigung neue Möglichkeiten, die das Glaubensbewußtsein und die Erfahrung des einzelnen erweitern. Kirchengeschichte als *'Randgebiet'* des theologischen Studiums – gerade für Lehramtskandidaten – kann so beitragen zu einer 'praktischen Hermeneutik' des Christentums und für die Studierenden auch den Charakter einer lästigen Marginalie ihres Studiums verlieren.

3.2 ad 2: Die Kirchengeschichte als theologische Disziplin

In diesem Kapitel sollen die Studierenden, die sich in die Kirchengeschichte einarbeiten wollen, in einer wissenschaftstheoretisch orientierten Darstellung erfahren, wie die Kirchengeschichte innerhalb der Theologie zu orten ist. Nach dem Versuch einer an den Rezipienten orientierten religionspädagogischen Ortung der Kirchengeschichte in der Einleitung, soll nun ihre Stellung und Bedeutung innerhalb der Theologie aufgezeigt werden.

Diese Darstellung referiert bewußt einige Positionen und Hintergründe, um die Diskussion anschaulicher und nachvollziehbarer zu sichten. Daher stehen am Anfang auch heute nicht mehr gültige Positionen, die aber als Extreme unmittelbar einleuchten.[4] Die Entwicklung der Diskussion zur Theorie und Theologie der Kirchengeschichte wird in ihrer Entstehung und Ausrichtung an drei Positionen festgemacht; deren theologischer und kirchengeschichtlicher Hintergrund soll zum besseren Verständis ebenfalls angedeutet werden.[5] Von diesen abgesetzt ist eine vierte Position, der ich ausdrücklich zustimme. Die ihr zugrundeliegende Sicht Arthur C. Dantos[6] muß hier nicht im einzelnen aufgezeigt werden.

Zu diesen eher theoretischen Fragen der Kirchengeschichte gehören ebenfalls die in meiner Sicht wichtigsten Aufgaben und Perspektiven der Kirchengeschichte. Dazu zählt das Bemühen um Objektivität. In der Geschichtswissenschaft ist der subjektive Standpunkt des Historikers und seiner Adressaten nicht auszublenden, denn „die Geschichte ist das Ergebnis der gewissermaßen schöpferischen Anstrengung, durch die der Historiker als erkennendes Subjekt die Beziehung zwischen der Vergangenheit, die er beschwört, und seiner eigenen Gegenwart herstellt."[7] Objektivität insinuiert als Begriff Unabhängigkeit von subjektiven Wertungen und Einstellungen; innerhalb der Geschichtswissenschaft ist sie nur zu verwirklichen als ein Ideal, als das Bemühen um eine Darstellung historischer Zusammenhänge, die möglichst allen gerecht wird, d.h. auch die Sicht der vergangenen Generationen und die Sicht der Verlierer, der Unterdrückten, der Zu-kurz-gekommenen einschließt. Die, die auf der Strecke geblieben sind, verlangen den Tribut des Gedächtnisses, des Eingedenkens; Helmut Peukert nennt diesen Umgang mit der Geschichte „anamnetische Solidarität".[8] Daraus folgt, daß die Kirchengeschichte ihren Blickwinkel nicht einengen darf auf eine Siegergeschichte oder auf eine verharmlosende Erinnerung.[9] Kirchengeschichte sollte sich der Tiefenstruktur 'gefährlicher Erinnerungen' bewußt sein und sich durch die historische Rückfrage an gegenwärtige Zustände und Überzeugungen eine kritische Funktion in Kirche und Theologie bewahren. In diesem Kapitel geht es also auch um eine fundamentale theologische Grundlegung der Kirchengeschichte.

3.3 ad 3: Die Kirchengeschichte in nicht-theologischer Sicht

Da es nicht nur innerhalb der Theologie Kirchengeschichtsschreibung und Forschung gibt, sollte allein aus Gründen der Vollständigkeit und der wissenschaftlichen Redlichkeit auch auf diesen Zweig der Kirchengeschichte verwiesen werden. Dazu zählt auch die Darstellung der Kirchengeschichte in der Sicht anderer Religionen, zumal der Religionsunterricht nicht mehr nur die christliche Religion zum alleinigen Inhalt hat. Es ist eine Folge der von Schülern erlebten religiösen Pluralität, daß die Religionspädagogik auch die grundlegenden religiösen Alternativen zum Christentum berücksichtigt.[10]

Dennoch kann eine solche Übersicht hier unterbleiben, weil auch die Sichtweisen der drei Weltreligionen[11], die in der augenblicklichen Auseinandersetzung in Studium und Schule die bedeutendste Rolle spielen, für diesen Zusammenhang nicht relevant sind. Die Unterschiede der hinduistischen[12], jüdischen[13] und islamischen[14] Sicht wären nur dann näher zu erläutern, wenn religionswissenschaftliche und theologische Hintergründe mitbedacht würden. Im Rahmen einer solchen Einführung kann das kaum erfolgen und würde auch wenigstens partiell deutlich vom eigentlichen Thema wegführen.

Selbstverständlich zu nennen ist hier die geschichtswissenschaftliche Sicht der Kirchengeschichte; eingehende Ausführungen dazu erscheinen mir aber unnötig, da sie für diese Einführung kaum neue Gesichtspunkte erbringen würden. Anders dagegen ist es mit der marxistischen Sicht der Kirchengeschichte[15], weil sie in der Regel sehr kirchenkritisch ausfällt und von den Ergebnissen und Darstellungen der 'bürgerlichen' bzw. 'theologischen' Kirchengeschichtsschreibung abweicht.[16] Gleichzeitig wird damit noch einmal das Problem der Objektivität angeschnitten; diese Fragen werden allein durch den Ausgangspunkt des Materialismus und die Aufgabenstellung deutlich. Eine ebenfalls kritische, zum Teil aber schon unkritisch negative Sicht der Kirchengeschichte[17] bieten auch Darstellung antikirchlich orientierter Sektengruppen oder von Autoren, die der Kirche enttäuscht den Rücken gekehrt haben.[18] Auch sie werden hier genannt, da Studierende diese Darstellungen zumindest als ein Phänomen gegenwärtiger Geschichtsschreibung kennen sollten.

3.4 ad 4: Der Stoff der Kirchengeschichte und die historische Methode

Dieses Kapitel soll induktiv mit Quellen und historischen Methoden vertraut machen. Statt einer Quellendefinition in geschichtswissenschaft licher Sicht steht deshalb ein Beispiel – ein Auszug aus einer Reichstagsrede Otto von Bismarcks – am Anfang.

Dieses erste Beispiel für eine Quelle bietet die Gelegenheit, nach historischen Hintergründen zu fragen. In der Diskussion der Beispiele ergeben sich Anhaltspunkte für eine systematische Behandlung von Quellen. Die vorgenommene Scheidung in Traditions- und Überrestquellen ist wiederum zunächst nicht theoretisch, sondern an Beispielen praktisch zu erläutern. Die beiden mittelalterlichen Quellen zeigen die Bedeutung und den Erkenntniswert eines Quellen*vergleichs* auf. Hier sind ebenso wie bei den beiden Beispielen aus der Reformationszeit bewußt relativ bekannte Darstellungen ausgewählt. Bei den Beispielen der Neuzeit greife ich dagegen auf nicht sehr verbreitete Bilder zurück, um so besser aufzeigen zu können, daß zu den Überrestquellen auch solche zählen, deren Quellencharakter nicht unmittelbar zu erkennen ist. Anhand der Beispiele soll auch implizit vermittelt werden, daß Bilder als Quellen[19] wie auch als Medien für den Unterricht[20] Bedeutung haben.

Die vorgestellten Beispiele für Traditionsquellen sind wiederum nach didaktischen Kriterien ausgewählt: Der sogenannte 'Tag von Verden' zählt zu den bekanntesten Ereignissen der deutschen Geschichte, seine falsche historische Beurteilung ist aber – ähnlich wie beim 'Gang nach Canossa'[21] – noch immer weit verbreitet. Das gilt mutatis mutandis auch für den sogenannten 'Thesenanschlag' Luthers. Weniger bekannt ist die Rolle der Jesuiten für die katholische Kirche nach der Reformation, sie wird aber zumeist auch nicht historisch korrekt eingeschätzt.

Über die Korrekturen weit verbreiteter Vorstellungen von bestimmten historischen Ereignissen sollte auch die Bedeutung von Quellenarbeit verdeutlicht werden. Nicht zuletzt deshalb sind hier im wesentlichen Beispiele ausgewählt aus dem Mittelalter und speziell auch aus der Zeit der Reformation.[22]

Ein weiteres wichtiges Motiv für die Auswahl der genannten Quellen war der Gesichtspunkt, möglichst viele Arten von Quellen wie Briefe, Viten, Chroniken etc. an Beispielen vorzustellen.

Bereits vor einer ausdrücklichen Behandlung der historischen Methode sollten die Studierenden also –den Textcharakter einer Quelle erkennen,

- die Argumentationsstruktur aufzeigen,
- die Intentionen des Autors benennen,
- einzelne Informationen in ihrer Bedeutung für einen größeren Zusammenhang werten und
- stilistische Merkmale von den eigentlichen Aussagen trennen können.

Durch die anschließende Behandlung der historischen Methode werden diese Kenntnisse gefestigt, vor allem aber wird so der Sinn und die Relevanz eines systematischen Vorgehens am ehesten zu erkennen sein. Daher lege ich im Anschluß an Joachim Rohlfes auch Wert auf die genaue Benennung von Arbeitsschritten der Quellenarbeit.[23] Aus diesem Grund wird die konkrete Quellenarbeit beispielhaft demonstriert an einer Quelle; eine zweite wird aus inhaltlichen, methodischen und didaktischen Gründen zum Vergleich herangezogen. Als Beispiel für eine Fälschung gibt sie Gelegenheit, einen vorsichtigen Umgang mit moralisierenden Fragestellungen und Beurteilungen nahezulegen. Das historisch–inhaltliche Moment dieser beiden Beispiele, die Frage des Petrusamtes und die damit verbundene Frage der Macht in der Kirche und kirchlicher Macht in der Gesellschaft, ist wegen seiner andauernden Aktualität didaktisch gut geeignet.

Im dritten Teil des Kapitels sollen Prinzipien benannt werden, die das Verstehen geschichtlicher Vorgänge ermöglichen. Es kann und soll in diesem Zusammenhang nicht um grundlegende Ausführungen zur sogenannten 'normativen' Hermeneutik[24], noch zur Kritik an ihr, noch auch zur philosophischen Hermeneutik[25] gehen. Vielmehr ist hier die von diesen Varianten der Hermeneutik zu unterscheidende Lehre vom historischen Verstehen zugrunde zu legen. Dazu sind die geschichtswissenschaftlichen Prinzipien Kausalität und Zufall[26] vorzustellen. Für die Kirchengeschichte als eine Disziplin der Theologie gibt es daneben aber auch noch das geschichtstheologische Prinzip; dieser Verstehenszugang war in der Selbstverständnisposition von Norbert Brox[27] im Grunde das Kriterium für die Unterscheidung von allgemeiner und Kirchengeschichte. Auch wenn man ihm darin nicht zustimmt, bleibt davon die Frage unberührt, ob eine geschichtstheologische Sicht der Kirchengeschichte möglich und legitim ist.

Die Fragestellungen und Möglichkeiten dieser Verstehenszugänge werden an konkreten Quellenbeispielen erläutert.

Abschließend bleibt anzumerken, daß die Ausführungen zur Quellenarbeit und historischen Methode selbstverständlich nur unzureichend die geschichtliche Entwicklung der historischen Methode und die momentane Konzeption aufzeigen konnten;[28] selbst die Gefahr, daß der Eindruck einer einheitlichen Methodologie, die es zuletzt im Historismus gegeben hat, entstehen kann, ist hier wegen der praktischen Orientierung der Einführung in Kauf zu nehmen.

3.5 ad 5: Periodisierung und Epocheneinteilung

In alltäglichen Zusammenhängen wird eine praktische Gliederung der Geschichte in Perioden beinahe selbstverständlich vorgenommen. Die Problematik einer solchen Einteilung wird dagegen kaum erkannt;[29] sie eignet sich daher aber auch gut, um scheinbare Selbstverständlichkeiten befragen und so geschichtswissenschaftliche Überlegungen verdeutlichen zu können.[30]

Die heute übliche Periodisierung der Geschichte ist das Ergebnis einer Rezeption *kirchen*historischer Einteilungsversuche.[31] Dennoch ist für die Darstellung zunächst von der allgemeinen Geschichte auszugehen, da die Periodisierung im *allgemeinen* Bewußtsein und damit auch beim potentiellen Leser sicher nicht primär mit der Kirchengeschichte assoziiert wird. Es ist daher auch unnötig, weitere Periodisierungsversuche zu erläutern, die ebenso wenig wie etwa die geschichtstheologische Sicht des Joachim von Fiore oder von ihm abhängige Darstellungen für die Frage historischer Periodisierung entscheidende Relevanz erreicht haben.

Gleiches gilt auch für frühere dreiteilige Schemata, etwa im Werk „De sancta trinitate et operibus eius" des Theologen Rupert von Deutz, da sie nicht Grundlage der heutigen Gliederung sind. Mir scheint es dagegen wichtig, zu verdeutlichen, daß zeitliche Gliederungen verständlich und in der Alltagserfahrung verwurzelt sind, weil dies jeder Rezipient unmittelbar nachvollziehen kann.

Neuere Periodisierungsversuche der Geschichtswissenschaft, etwa die marxistische Periodisierung oder die Einteilung aufgrund einschneidender Zäsuren, die dann entsprechend lange Entwicklungsphasen der Menschheit bestimmten (Beispiele für solche Zäsuren: Neolithikum und Industrialisierung), konnten hier übergangen werden. In der Geschichtswissenschaft haben sie sich kaum durchgesetzt. In der Kirchengeschichte wurden sie nicht rezipiert.

Einzelne Positionen der jeweiligen Grenzziehungen zwischen den Epochen, also des Übergangs vom Altertum zum Mittelalter wie vom Mittelalter zur Neuzeit,[32] im Detail darzustellen, scheint mir nicht nur wegen des geringen Rezipienteninteresses unnötig. Um hier relevantes Lernpotential zu eröffnen, müßten Rezipienten schon sehr viel mehr Vorkenntnisse besitzen. Die Vorentscheidungen und die Interessengebundenheit einzelner Autoren könnte zwar herausgearbeitet werden, doch scheint mir die Periodisierung als Paradigma dafür schlecht geeignet, zumal es sich hier um eine historiographisch wie wissenschaftstheoretisch sekundäre Frage handelt. Unmittelbar Einsicht vermittelnde historiographische Texte scheinen mir für ein solches Lernziel besser geeignet. Dazu kommt, daß die Periodisierung hier primär deshalb aufgegriffen wurde, um einerseits auf die Problematik der gerade im Alltagsgebrauch verankerten Einteilung hinzuweisen, zumal Lehrpläne, Schulbücher und universitäre Lehrstuhlbezeichnungen eine (wissenschaftlich) gesicherte bzw. unumstrittene Position suggerieren können. Andererseits soll deutlich werden, daß die gängige Periodisierung mit der notwendigen pragmatischen Großzügigkeit einer allgemeinen Verständigung durchaus dienlich sein kann.

3.6 ad 6: Gliederungen historischer Inhalte

In diesem Kapitel werden die beiden wichtigsten Formen inhaltlicher Gliederungen der Geschichte vorgestellt. Auch hier soll von praktischen Beispielen ausgegangen werden.

Längsschnitte sind didaktisch wegen ihrer exemplarischen Funktion besonders interessant; für unseren Zusammenhang bietet sich ein Längsschnitt zudem an, um nach den Ausführungen zu einzelnen Vorgängen auch einen chronologischen Ablauf darstellen zu können. Eine an dieser Stelle ohnehin nicht erreichbare Vollständigkeit der Darstellung ist auch aufgrund der Funktion von Längsschnitten nicht gefordert; sie sollen in erster Linie einen Entwicklungs- und Verlaufsprozeß aufzeigen. Die Integration von Quellen in diese Darstellung soll die erarbeiteten Einsichten und Arbeitsschritte festigen und zur Weiterarbeit anregen. Die zweite Gliederungsmöglichkeit, historische Querschnitte, sollten inhaltlich und didaktisch innerhalb eines Längsschnittes ansetzen, daher kann hierfür nicht auf ein anderes Beispiel zurückgegriffen werden.

Um die beiden Gliederungsmöglichkeiten konkret zu verdeutlichen, habe ich die Geschichte der Orden herausgegriffen sowie die Situation der Armut und der Herausforderung, die sie für Franziskus darstellte. Die Gründe für diese Auswahl liegen zum einen darin, mit diesem thematischen Längsschnitt am ehesten die zuvor an einzelnen Beispielen gegebenen Informationen in einen neuen und größeren Zusammenhang stellen zu können. Zum anderen ist dieses Thema didaktisch mit dem großen Interesse von Studierenden zu rechtfertigen.[33] Für das Querschnitthema gilt das erst recht; hier läßt sich derzeit allgemein ein großes Interesse konstatieren.[34] Ein dritter Grund ist in der Bedeutung zu sehen. Bei den historischen Beispielen der vorliegenden Einführung bildet das Mittelalter aus genannten Gründen einen gewissen Schwerpunkt. „Den Mönchen verdankte das Mittelalter neben der Dynamisierung weiter die Rationalisierung geschichtlichen Lebens."[35] Die gesellschaftliche Bedeutung ist hier aber nur sekundär. Die Bedeutung für die

Kirche, für die die Ordensbewegung eine innovatorische und korrektive Funktion hat,[36] ist entscheidend; die kritische Funktion der Kirchengeschichte, wie sie im zweiten Kapitel benannt wurde, kann an diesem Thema sehr gut deutlich werden. Für eine Einführung in die Kirchengeschichte erscheint es mir daher besonders geeignet.

3.7 ad 7: Hinweise auf wichtige Literatur

Die Hinweise sollten in erster Linie die wichtigste Fachliteratur vorstellen. Daher sind zunächst Gesamtdarstellungen zu nennen. So ist gewährleistet, daß man weitere Fachliteratur auffinden kann. Da derartige Werke relativ selten publiziert werden, sind auch Beispiele für die zumeist jüngeren Teildarstellungen zu nennen; sie verschaffen ebenso schnell einen Überblick und sind selbstverständlich in der Berücksichtigung neuerer Forschungsergebnisse und in den Literaturangaben in der Regel erheblich aktueller. In diesem Fall können aber lediglich beispielhaft einige Titel genannt werden.

Wichtig scheint mir, wenn zuvor die Bedeutung der Quellenarbeit betont wurde, auch Quelleneditionen zu nennen.

Nachschlagewerke und Hilfsmittel sind für Rezipienten einer Einführung sehr wichtig. Daher sind diese ebenso wie grundlegend informierende Titel zu den im Text angeschnittenen Fragen der Geschichtstheorie und –didaktik zu nennen.

Besonders Studienanfänger sehen erfahrungsgemäß nur relativ selten in Fachzeitschriften; es erscheint mir daher sinnvoll, eine Reihe von Zeitschriften aufzuführen, die kirchengeschichtliche Aufsätze, Miszellen oder sogar Quellen enthalten. Da gerade regionalgeschichtliche Untersuchungen zur Auseinandersetzung mit der Geschichte des eigenen Lebensraums anregen, ist die Zahl der aufgeführten Zeitschriften relativ groß. Um diese für Themen der jüngeren Kirchengeschichte bzw. der kirchlichen Zeitgeschichte nutzen zu können, halte ich es für sinnvoll, das Jahr anzugeben, in dem die jeweilige Zeitschrift erstmals erschien.

3.8 ad 8: Schluß

Wenn die Bedingung der Möglichkeit eines eigenen differenzierten und bestimmenden Handelns in der Differenziertheit des historischen Bewußtseins besteht – und davon bin ich überzeugt –, dann ist die in der Einleitung angeschnittene Frage der Motivation nicht nur vordergründig für das Lesen dieser Einführung zu stellen. Abschließend sollte sie daher wieder aufgegriffen werden.

Damit soll sich zum einen der Kreis der Darstellung schließen; zur 'Abrundung' des Gedankenganges steht auch ein Gedicht des Lyrikers Günter Kunert am Anfang der Einleitung und am Ende des Schlusses. Literarische Texte sind eher als jede andere Form sprachlicher Äußerungen in der Lage, die Tiefenstrukturen der Bildung und des Lebens überhaupt zu erreichen.

Zum anderen schließe ich mit einem nüchternen Fazit, das nicht so sehr an den theoretischen Überlegungen dieses Teils orientiert ist, sondern eher möglichst 'griffig' für die Leser abschließend sieben Ziele nennt, die eine Beschäftigung mit der Kirchengeschichte haben kann; sie ist des Nachdenkens wert! Mit der vorliegenden Einführung in die Kirchengeschichte möchte ich das aufzeigen. Darüber hinaus soll sie eine erste Hinführung vermitteln zu den praktischen Arbeitsweisen eines Historikers.

Die Motivation des Schlußabschnittes soll eine Motivation zur Weiterarbeit sein.

3.9 ad 9: Quellenangabe und ANHANG

Die Fundorte der Quellen sind getrennt von den Quellen angegeben, um den Lesefluß des 'Einsteigers' nicht zu stark durch die entsprechenden Hinweise zu unterbrechen, vor allem aber, um die Weiterarbeit zu erleichtern. Die Leser finden so an *einer* Stelle Hinweise für die Weiterarbeit. In Abschnitt neun sind bei im Original fremdsprachigen Quellen nicht nur Hinweise auf die Übersetzungen, sondern auch auf die Edition der Originalquellen verzeichnet. So kann jeder, je nach Interessen, Sprach- und Vorkenntnissen, an den einzelnen Themen weiterarbeiten. Die Auswahl der Belegliteratur stellt zudem sicher, daß dort für den historischen Zusammenhang eine Reihe weiterer Texte bzw. Informationen zu finden sind.

Die kleine Geschichtsleiste im ANHANG soll als tabellarische Übersicht eine Einordnung einzelner Ereignisse und Daten in den Gesamtkontext der Geschichte ermöglichen. Sie ist nur im Rahmen der vorgelegten Einführung (Teil II) sinnvoll und verständlich. Verzeichnet sind die wichtigsten dort genannten Daten, Namen und Ereignisse, einige wenige kirchengeschichtliche Grunddaten und Hinweise auf wichtige kunstgeschichtliche Epochen.

Diese kleine Geschichtsleiste bietet die einzige Möglichkeit, das Nach– und auch Nebeneinander der nicht chronologisch angeführten Daten, Namen und Ereignisse sinnbildlich darzustellen.[37]

Anmerkungen:

(1) Diese Grundannahme bestätigen auch die Fachseminarleiter für Religion, so hat die Gruppe, die ein Arbeitsbuch für Lehramtsanwärter herausgegeben hat, meinen Motivationstext für Schüler in ihrem Sammelband nachgedruckt: vgl. Theodor Ahrens u.a. (Hg.), Arbeitsbuch Religionsunterricht, 235–237.

(2) Vgl. dazu insbesondere: Peter L. Berger/ Thomas Luckmann, Die gesellschaftliche Konstruktion der Wirklichkeit.

(3) Gottfried Bitter, Zur sozialen Dimension der Glaubensvermittlung.

(4) Zu den zwei (typisierten) historiographischen Sichtweisen in der Kirchengeschichte (aufgezeigt an der Beurteilung der Reformation) vgl. Otto Hermann Pesch, Hinführung zu Luther, 24–27; 300–304.

(5) Zur grundlegenden Literatur vgl. oben 2.2.3.2.

(6) Vgl. insbesondere Arthur C. Danto, Analytische Philosophie der Geschichte.

(7) Henri–Irenee Marrou, Über die historische Erkenntnis, 67.

(8) Helmut Peukert, Wissenschaftstheorie – Handlungstheorie – Fundamentale Theologie, 678; vgl. ferner Alex Stock, Unde et memores.

(9) Vgl. J.B. Metz, aaO., 77–103.

(10) Vgl. Hans Waldenfels, Religionswissenschaft, in: Gottfried Bitter/ Gabriele Miller (Hg.), Handbuch religionspädagogischer Grundbegriffe, 600–603.

(11) Vgl. Peter Antes, Christus und Christentum in der Sicht der großen Weltreligionen; Gustav Mensching, Der offene Tempel.

(12) Vgl. Adelheid Krämer, Christus und Christentum im Denken des modernen Hinduismus.

(13) Vgl. u.a. Ernst Jacob, Art. Christianity; ferner entsprechende Artikel in der Encyclopaedia Judaica oder auch eine Reihe von Einzeluntersuchungen, wie etwa die kirchengeschichtlichen Arbeiten von Bernhard Blumenkranz.

(14) Vgl. Adel Theodor Khoury/Ludwig Hagemann, Christentum und Christen im Denken zeitgenössischer Muslime; Hossein Nasr Seyyed, Die islamische Sicht des Christentums; Bernard Lewis, Die Welt der Ungläubigen; Johan Bouman, Der Islam und die europäisch–abendländische Kulturtradition – unvereinbare Gegensätze?.

(15) J. Overath behandelt diese Sicht ebenfalls ausdrücklich, vgl. aaO., 80–83.

(16) Vgl. z.B. Winfried Schulze, Unterschiede und Gemeinsamkeiten zwischen marxistischer und nichtmarxistischer Müntzerforschung, in: R. Koselleck/W. J. Mommsen/J. Rüsen (Hg.), aaO., 199–211; ferner Gabriel Adriányi, Neue marxistische Kirchengeschichtsschreibung in Ungarn; Klaus Schatz, Das Papsttum des 20. Jahrhunderts aus sowjetischer Perspektive.

(17) An anderer Stelle habe ich diese Richtung der Kirchengeschichtsschreibung als „hyperkritisch“ bezeichnet (aaO., 31). Dies ist insofern irreführend, als damit zwar das z.T. überzogene Maß an Kritik angesprochen ist, aber logisch das Gegenteil nahegelegt werden könnte: Kennzeichnen der Hyperkritik ist, daß sie in extrem positivistischer Weise zu wenig Wahrscheinlichkeitsargumente zuläßt. Weil diese Ausrichtung der Kirchengeschichtsschreibung aber eher durch zu viele Wahrscheinlichkeitsargumentationen zu charakterisieren ist, trifft eher der Begriff der Hypokritik zu. Um das überzogene Maß an Kirchenkritik *und* das unzureichende Maß an geschichtswissenschaftlicher Kritik gleichermaßen auszudrücken, benenne ich diese Sichtweise künftig als 'pseudokritisch'. Zum bekanntesten Vertreter dieser Gruppe vgl. Wilhelm Geerlings, Die Last der Geschichte.

(18) J. Overath nennt diese Gruppe „Liberale Kirchengeschichtsschreibung“und stellt sie als zweite außerkirchliche Ausrichtung vor, vgl. aaO., 83f.; der Terminus „Liberale Kirchengeschichtsschreibung“ erscheint mir doppelt problematisch: Zum einen könnte er in dieser Verwendung den Eindruck einer antimodernistisch plakativen Beurteilung

des Liberalismus nähren; zum anderen ist er theologiegeschichtlich bereits besetzt. Der Terminus sollte daher nur auf die Kirchenhistoriker unter den Vertretern der liberalen Theologie (z.B. Adolf von Harnack) angewandt werden.

(19) Vgl. Rainer Wohlfeil, Das Bild als Geschichtsquelle.

(20) Vgl. Hans-Jürgen Pandel/ Gerhard Schneider (Hg.), Handbuch Medien im Geschichtsunterricht, bes. 409–448 (Bild) und 459–492 (Karikaturen).

(21) Vgl. Hans-Eberhard Hilpert, Geschichtsdidaktische Innovationen in der Bundesrepublik Deutschland.

(22) Vgl. auch oben 2.5.

(23) Vgl. u.a. J. Rohlfes, Und noch einmal: Quellen; G. Ruppert, aaO., 124–132.

(24) Vgl. Emilio Betti, Allgemeine Auslegungslehre als Methodik der Geisteswissenschaften.

(25) Zum Verstehen in der Geschichtswissenschaft vgl. K.-G. Faber, Theorie der Geschichtswissenschaft, 109–127 (zur Kritik der normativen Hermeneutik) und 128–148 (Grundzüge einer historischen Hermeneutik).

(26) Vgl. ebd., 66–88.

(27) Vgl. oben 2.2.3.2.

(28) Vgl. J. Rüsen/W. Schulze, Art. Methode, historische.

(29) Zur Periodisierung allgemein vgl. Ernst Engelberg, Zu methodologischen Problemen der Periodisierung; Arnold Esch, Zeitalter und Menschenalter. Die Perspektiven historischer Periodisierung; Johan Hendrik Jakob van der Pot, De periodisering der geschiedenis.

(30) Interessanterweise ist die Behandlung dieser Problematik neben der Frage nach dem Gegenstand der Kirchengeschichte die einzige Gemeinsamkeit alle vier bisher vorliegenden Einführungen (vgl. 2.4); vgl. H. Jedin, Einleitung, 7–10; J. Overath, aaO., 40–45; K.-V. Selge, aaO., 26–47; G. Ruhbach, aaO., 77–79.

(31) Zur Frage der Periodengrenze vgl. Karl Heussi, Altertum, Mittelalter und Neuzeit in der Kirchengeschichte; Paul Egon Hübinger (Hg.), Zur Frage der Periodengrenze zwischen Altertum und Mittelalter; Ders. (Hg.), Kulturbruch oder Kulturkontinuität im Übergang von der Antike zum Mittelalter; Ekkehard Mühlenberg, Epochen der Kirchengeschichte.

(32) Zur Herkunft des Dreierschemas Altertum–Mittelalter–Neuzeit vgl. Emil Clemens Scherer, Geschichte und Kirchengeschichte an den deutschen Universitäten. Adalbert Klempt, Die Säkularisierung der universalhistorischen Auffassung.

(33) Vgl. auch die Ausführungen zur Ausgangslage (1.2).

(34) Vgl. u.a. Michel Mollat, Die Armen im Mittelalter; Leonardo Boff, Die beiden Sackgassen des Bewahrens und Erschaffens.

(35) Arno Borst, Lebensformen im Mittelalter, 538.

(36) Vgl. J. B. Metz, Zeit der Orden?, 10.

(37) Zur pädagogischen Beurteilung von Geschichtsleisten vgl. Wolfgang Klafki, Das Merkwissen im Geschichtsunterricht und die Geschichtsleiste; diesen Beitrag schrieb Klafki 1952/53 und sandte ihn an Westermanns Pädagogische Beiträge. Die Redaktion lehnte ihn damals ab; zum 60. Geburtstag Klafkis wurde er 1987 nun doch, mit neuen Anmerkungen versehen, gedruckt.

4 Literaturverzeichnis

Acham, Karl/ Schulze, Winfried (Hg.): Teil und Ganzes (=Theorie der Geschichte. Beiträge zur Historik 6), München 1989

Adriányi, Gabriel: Neue marxistische Kirchengeschichtsschreibung in Ungarn, in: Zeitschrift für Kirchengeschichte 96 (1985) 395–404

Ahrens, Theodor u.a. (Hg.): Arbeitsbuch Religionsunterricht. Überblicke – Impulse – Beispiele, Gütersloh 1986

Alberigo, Giuseppe: Neue Grenzen der Kirchengeschichte?, in: Concilium 6 (1970) 486–495

Angenendt, Arnold: Das Gesetz des Ausgleichs. Ein Beispiel für den Zusammenhang von Kirchengeschichte und Sozialgeschichte, in: Gisbert Kaufmann (Hg.), Tendenzen der katholischen Theologie nach dem Zweiten Vatikanischen Konzil, München 1979, 140–157

Angermeyer, Helmut: Die Stellung der Kirchengeschichte im Rahmen der Religionspädagogik, in: Der evangelische Erzieher 20 (1968) 224–232

Antes, Peter: Christus und Christentum in der Sicht der großen Weltreligionen, in: Theologie und Philosophie 51 (1976) 385–396

Arnold, Klaus: Das 'finstere' Mittelalter. Zur Genese und Phänomenologie eines Fehlurteils, in: Saeculum 32 (1981) 287–300

Balthasar, Hans Urs von: Das Ganze im Fragment. Aspekte der Geschichtstheologie, Einsiedeln 1963

Bartholomäus, Wolfgang: Einführung in die Religionspädagogik, München 1983

Berding, Helmut: Selbstreflexion und Theoriegebrauch in der Geschichtswissenschaft, in: Jürgen Kocka (Hg.), Theorien in der Praxis des Historikers. Forschungsbeispiele und ihre Diskussion (=Geschichte und Gesellschaft. Sonderheft 3), Göttingen 1977, 205–224

Berg, Horst Klaus: „Heilig sein ist schwer!" Beobachtungen, Notizen, Fragen eines evangelischen Religionspädagogen, in: ru 13 (1983) 72–76

Berger, Peter L.: Auf den Spuren der Engel. Die moderne Gesellschaft und die Wiederentdeckung der Transzendenz (=Fischer TB. 6625), Frankfurt 1981

Ders.: Zur Dialektik von Religion und Gesellschaft. Elemente einer soziologischen Theorie (=Conditio humana), Frankfurt 1973

Ders.: Der Zwang zur Häresie. Religion in der pluralistischen Gesellschaft, Frankfurt 1980

Ders./ Luckmann, Thomas: Die gesellschaftliche Konstruktion der Wirklichkeit. Eine Theorie der Wissenssoziologie (=Fischer Tb. 6623), Frankfurt 1980

Bergmann, Klaus: Personalisierung im Geschichtsunterricht – Erziehung zur Demokratie? (=Anmerkungen und Argumente zur historischen und politische Bildung 2), Stuttgart 1972

Ders./ Kuhn, Annette/ Rüsen, Jörn/ Schneider, Gerhard (Hg.): Handbuch der Geschichtsdidaktik, Düsseldorf 3. Aufl. 1985

Ders./ Pandel, Hans–Jürgen: Geschichte und Zukunft. Didaktische Reflexionen über veröffentlichtes Geschichtsbewußtsein, Frankfurt 1975

Betti, Emilio: Allgemeine Auslegungslehre als Methodik der Geisteswissenschaften, Tübingen 1967

Biehl, Peter: Theologie im Kontext von Lebensgeschichte und Zeitgeschehen. Religionspädagogische Anforderungen an eine Elementartheologie, in: Theologia Practica 20 (1985) 165–169

Bitter, Gottfried: Zur sozialen Dimension der Glaubensvermittlung. Eine religionspädagogische Zwischenbilanz, in: Katechetische Blätter 106 (1981) 122–131

Ders./ Miller, Gabriele (Hg.): Handbuch religionspädagogischer Grundbegriffe. 2 Bde., München 1986

Blasig, Winfried: Kirche Gottes – Kirche der Menschen. Ziel, Ansatz und Praxis des Unterrichts in Kirchengeschichte, München 1969

Böcker, Werner/ Heimbrock, Hans–Günter/ Kerkhoff, Engelbert (Hg.): Handbuch Religöser Erziehung. 2 Bde., Düsseldorf 1987

Bönsch, Manfred: Studien zur Hochschuldidaktik und zur Lehrerausbildung (=Theorie und Praxis 16), Hannover 1987

Boff, Leonardo: Die beiden Sackgassen des Bewahrens und Erschaffens, in: Burkhart Kroeber (Hg.), Zeichen in Umberto Ecos Roman *Der Name der Rose*. Aufsätze aus Europa und Amerika, München 1987, 347–358

Bornkamm, Karin: Das Gewicht der Kirchengeschichte. Theologische Erwägungen in religionspädagogischer Absicht, in: Der evangelischer Erzieher 28 (1976) 189–203

Dies.: Kirchenbegriff und Kirchengeschichtsverständnis, in: Zeitschrift für Theologie und Kirche 75 (1978) 436–466

Borst, Arno: Lebensformen im Mittelalter, Frankfurt 1979

Bouman, Johan: Der Islam und die europäisch–abendländische Kulturtradition – unvereinbare Gegensätze?, in: Ary A. Roest Crollius (Hg.), Islam und Abendland, Düsseldorf 1982, 116–126

Brandmüller, Walter: Geschichtliche Kirche – Kirchliche Geschichte. Reflexionen über das wissenschaftliche Selbstverständnis der Kirchengeschichte, in: Theologie und Glaube 75 (1985) 402–420

Brox, Norbert: Fragen zur „Denkform" der Kirchengeschichtswissenschaft, in: Zeitschrift für Kirchengeschichte 90 (1979) 1–21

Ders.: Kirchengeschichte und (Sprach–)Handlungstheorie, in: Peter Hünermann/ Richard Schaeffler (Hg.), Theorie der Sprachhandlungen und heutige Ekklesiologie. Ein philosophisch–theologisches Gespräch (=Quaestiones Disputatae 109), Freiburg 1987, 98–103

Brunner, August: Geschichtlichkeit, Bern 1961

Bujo, Bénézet: Afrikanische Theologie in ihrem gesellschaftlichen Kontext (=Theologie interkulturell 1), Düsseldorf 1986

Conzemius, Victor: Art. Kirchengeschichte, in: Peter Eicher (Hg.), Neues Handbuch theologischer Grundbegriffe. Bd. 2, München 1984, 332–340

Ders.: Kirchengeschichte als „nichttheologische" Disziplin. Thesen zu einer wissenschaftstheoretischen Standortbestimmung, in: Theologische Quartalsschrift 155 (1975) 187–197

Ders.: Kirchengeschichte als Sozialgeschichte, in: Caritas. Jahrbuch des Deutschen Caritasverbandes o.Jg. (1981) 343–350

Danto, Arthur C.: Analytische Philosophie der Geschichte (=stw 328), Frankfurt 1980

Dassmann, Ernst: Thesen zur Notwendigkeit und zum Nutzen des Kirchengeschichtsstudiums, in: Internationale katholische Zeitschrift 'Communio' 8 (1979) 508–511

Denzler, Georg: Kirchengeschichte, in: Engelbert Neuhäusler/ Elisabeth Gössmann (Hg.), Was ist Theologie?, München 1966, 138–168

Dietrich, Wolfgang: Widerstand und Ergebung heute neu gelesen, in: Ulrich Becker (Hg.), Dietrich Bonhoeffer als Provokation für heute, Hannover 1986, 61–78

Diwald, Hellmut: Das historische Erkennen. Untersuchungen zum Geschichtsrealismus des 19. Jahrhunderts (=Beihefte der Zeitschrift für Religions– und Geistesgeschichte 2), Leiden 1955

Döbert, Rainer/ Nunner–Winkler, Gertrud: Adoleszenzkrise und Identitätsbildung (=edition Suhrkamp 794), Frankfurt 1975

Donat, Josef: Die Freiheit der Wissenschaft. Ein Gang durch das moderne Geistesleben, Innsbruck 1910

Ebeling, Gerhard: Kirchengeschichte als Geschichte der Auslegung der Heiligen Schrift, Tübingen 1947

Ehrhard, Albert: Stellung und Aufgabe der Kirchengeschichte in der Gegenwart. Akademische Antrittsrede, Stuttgart 1898

Eicher, Peter: Zur Ideologiekritik der Kirchengeschichte, in: Kairos 23 (1981) 244–260

Elementarisierung theologischer Inhalte und Methoden im Blick auf die Aufgabe einer theologisch zu verantwortenden Lehrplanrevision und Curriculumentwicklung in den wichtigsten religionspädagogischen Arbeitsfeldern, vorgelegt v. Hans Stock. 2 Bde., Münster 1975/77

Eliade, Mircea: Kosmos und Geschichte. Der Mythos der Ewigen Wiederkehr (=rowohlts deutsche enzyklopädie 260), Reinbek 1966

Elsenhans, Theodor: Die Voraussetzungen der voraussetzungslosen Wissenschaft. Akademische Antrittsrede, Leipzig 1909

Engelberg, Ernst: Zu methodologischen Problemen der Periodisierung, in: Zeitschrift für Geschichtswissenschaft 19 (1971) 1219–1250

Esch, Arnold: Zeitalter und Menschenalter. Die Perspektiven historischer Periodisierung, in: Historische Zeitschrift 239 (1984) 309–351

Faber, Karl–Georg: Die Funktion historischen Wissens und historischer Erkenntnis in der Gegenwart. Thesen und Perspektiven, in: Geschichte in Wissenschaft und Unterricht 24 (1973) 393–397

Ders.: Theorie der Geschichtswissenschaft (=Beck'sche Schwarze Reihe 78), 5. Aufl. München 1982

Ders./ Meier, Christian (Hg.): Historische Prozesse (=Theorie der Geschichte. Beiträge zur Historik 2), München 1978

Feifel, Ernst/ Leuenberger, Robert/ Stachel, Günter/ Wegenast, Klaus (Hg.): Handbuch der Religionspädagogik. 3 Bde., Gütersloh/ Zürich 1973–1975

Flügge, Christian Wilhelm: Einleitung in das Studium und in die Literatur der Religions– und Kirchengeschichte, besonders der christlichen, Göttingen 1801

Gadille, Jacques: Überblick über die Literatur zum Thema: Anwendung der Soziologie auf die Kirchengeschichte, in: Concilium 6 (1970) 515–520

Geerlings, Wilhelm: Die Last der Geschichte. Zu Karlheinz Deschners Kriminalgeschichte des Christentums, in: Katechetische Blätter 115 (1990) 249–255

Geiss, Imanuel: Die Fischer–Kontroverse. Ein kritischer Beitrag zum Verhältnis zwischen Historiographie und Politik in der Bundesrepublik, in: Ders., Studien über Geschichte und Geschichtswissenschaft (=edition Suhrkamp 569), Frankfurt 1972, 108–198

Girgensohn, Karl: Die moderne historische Denkweise und die christliche Theologie, Leipzig 1904

Gödecke, Monika: Geschichte als Mythos. Eusebs „Kirchengeschichte" (=Europäische Hochschulschriften. Reihe XXIII, Bd. 307), Frankfurt 1987

Groh, Dieter: Kritische Geschichtswissenschaft in emanzipatorischer Absicht. Überlegungen zur Geschichtswissenschaft als Sozialwissenschaft (=Urban Taschenbücher Reihe 80, Bd. 846), Stuttgart 1973

Ders.: Strukturgeschichte als „totale" Geschichte?, in: Vierteljahrsschrift für Sozial- und Wirtschaftsgeschichte 58 (1971) 289–322

Güttler, Carl: Giebt es eine „katholische" Wissenschaft? Beitrag zu einer Tagesfrage, München 1902

Habermas, Jürgen: Die neue Unübersichtlichkeit (=edition Suhrkamp 1321), Frankfurt 3. Aufl. 1986

Ders.: Theorie des kommunikativen Handelns. Bd. 2, Frankfurt 1981

Hehl, Ulrich von: Hexenprozesse und Geschichtswissenschaft, in: Historisches Jahrbuch 107 (1987) 349–375

Heimpel, Hermann: Das Mittelalter, in: Erich Weniger u.a., Neue Wege im Geschichtsunterricht, Frankfurt 1949, 81–90

Ders.: Selbstkritik der Universität, in: Deutsche Universitäts–Zeitung 6 (1951) Nr. 20, 5–7

Hemmerle, Klaus: Kirche als Ortskirche. Ein Beitrag zu ihrer theologisch-historischen Deutung, in: Hans Hermann Henrix/ Horst Dieter Rauh (Hg.), Der Christ und die Geschichte seiner Kirche. Beiträge aus Erwachsenenbildung und rheinischer Kirchengeschichte (=Aachener Beiträge zu Pastoral- und Bildungsfragen 9), Aachen 1978, 40–54

Hertling, Georg F. Freiherr von: Zu Theodor Mommsens Kundgebung, in: Münchner Neueste Nachrichten 54 (20.11.1901) Nr. 538, 1

Heussi, Karl: Altertum, Mittelalter und Neuzeit in der Kirchengeschichte. Ein Beitrag zum Problem der historischen Periodisierung, Tübingen 1921

Hilpert, Hans–Eberhard: Geschichtsdidaktische Innovationen in der Bundesrepublik Deutschland. Lehrpläne und Schulbücher am Beispiel ihrer Darstellung von Kirchenreform und Investiturstreit, Wiesbaden 1989

„Historikerstreit". Die Dokumentation der Kontroverse um die Einzigartigkeit der nationalsozialistischen Judenvernichtung (=Serie Piper 816), München 1987

Höffner, Joseph: Die Bedeutung des Einführungskurses für die Theologiestudenten in der gegenwärtigen Krise der Kirche, in: Seminarium 12 (1972) 428–438

Höhler, Matthias: Das dogmatische Kriterium der Kirchengeschichte. Ein Beitrag zur Philosophie der Geschichte des Reiches Gottes auf Erden, Mainz 1893

Hübinger, Paul Egon (Hg.): Kulturbruch oder Kulturkontinuität im Übergang von der Antike zum Mittelalter (=Wege der Forschung 101), Darmstadt 1968

Ders. (Hg): Zur Frage der Periodengrenze zwischen Altertum und Mittelalter (=Wege der Forschung 51), Darmstadt 1969

Hünermann, Peter: Lebensvollzüge der Kirche. Reflexionen zu einer Theologie des Wortes und der Sakramente, in: Ders./ R. Schaeffler (Hg.), Theorie der Sprachhandlungen und heutige Ekklesiologie. Ein philosophisch–theologisches Gespräch (=Quaestiones Disputatae 109), Freiburg 1987, 27–53

Iserloh, Erwin: Kirchengeschichte. Eine theologische Wissenschaft, in: Ders., Kirche – Ereignis und Institution. Aufsätze und Vorträge. Bd. 1 (=Reformationsgeschichtliche Studien und Texte. Supplementbd. 3/1), Münster 2. Aufl. 1985, 1– 29

Jacob, Ernst: Art. Christianity, in: Isaac Landman (Hg.), The Universal Jewish Encyclopedia. Bd. 3, New York 1969, 177–186

Jedin, Hubert: Einleitung in die Kirchengeschichte, in: Ders. (Hg.), Handbuch der Kirchengeschichte. Bd. 1, Freiburg 1965, 1–55

Ders.: Kirchengeschichte als Heilsgeschichte?, in: Ders. Kirche des Glaubens, Kirche der Geschichte. Ausgewählte Aufsätze und Vorträge. Bd. 1, Freiburg 1966, 37–48

Ders.: Kirchengeschichte als Theologie, in: Stimmen der Zeit 178 (1966) 148–150

Ders.: Kirchengeschichte als Theologie, in: Seminarium 13 (1973) 33–55

Ders.: Kirchengeschichte als Theologie und Geschichte. Eine Vorlesung, in: Internationale katholische Zeitschrift 'Communio' 8 (1979) 496–507

Ders.: Die Stellung der Kirchengeschichte im theologischen Unterricht, in: Trierer Theologische Zeitschrift 76 (1967) 281–297

Ders.: Zur Aufgabe des Kirchengeschichtsschreibers, in: Ders., Kirche des Glaubens, Kirche der Geschichte Ausgewählte Aufsätze und Vorträge. Bd. 1, Freiburg 1966, 23–35

Jendorff, Bernhard: Didaktik und Methodik des Kirchengeschichtsunterrichts, in: Schönberger Hefte 11 (1981) H. 3, 21–27

Ders.: Kirchengeschichte – ein religionspädagogisches Hobby?, in: Katechetische Blätter 99 (1974) 397–405

Ders.: Kirchengeschichte – wieder gefragt! Didaktische und methodische Vorschläge für den Religionsunterricht, München 1982

Ders.: Kirchengeschichtlich orientierter Religionsunterricht im Spiegel der Schülermeinungen, in: Katechetische Blätter 97 (1972) 344–356

Ders.: Von Inter–esse: Kirchengeschichtsunterricht, in: Religionspädagogische Beiträge (1982) H. 10, 42–63

Kasper, Walter: Kirchengeschichte als historische Theologie, in: Ders., Theologie und Kirche, Mainz 1987, 101–116

Kaufmann, Franz Xaver/ Stachel, Günter: Religiöse Sozialisation, in: Franz Böckle u.a. (Hg.), Christlicher Glaube in moderner Gesellschaft Enzyklopädische Bibliothek. Bd. 25, Freiburg 1980, 117–164

Khoury, Adel Theodor/ Hagemann, Ludwig: Christentum und Christen im Denken zeitgenössischer Muslime, Altenberge 1986

Kirn, Paul: Einführung in die Geschichtswissenschaft. Neu bearbeitet von Joachim Leuschner (=Sammlung Göschen 270), Berlin 6. Aufl. 1972

Klafki, Wolfgang: Das Merkwissen im Geschichtsunterricht und die Geschichtsleiste. Zum Problem einer Geschichtsleiste in der Hand der Kinder (1952/53), in: Pädagogische Beiträge 39 (1987) 35–39

Ders.: Das pädagogische Problem des Elementaren und die Theorie der kategorialen Bildung, Weinheim 4. Aufl. 1964

Klempt, Adalbert: Die Säkularisierung der universalhistorischen Auffassung, Göttingen 1960

Koch, Kurt: Die heilsgeschichtliche Dimension der Theologie. Von der heilsgeschichtlichen Theologie zur Theologie der Geschichte, in: Josef Pfammatter/ Franz Furger (Hg.), Wege theologischen Denkens (=Theologische Berichte VIII), Zürich 1979, 135–188

Kocka, Jürgen/ Nipperdey, Thomas (Hg.): Theorie und Erzählung in der Geschichte (=Theorie der Geschichte. Beiträge zur Historik 3), München 1979

Köhler, Oskar: Gott in die Karten schauen – oder ihm glauben? Schwierigkeiten nicht nur der Kirchenhistoriker, in: Stimmen der Zeit 204 (1986) 834–846

Koeniger, Albert Michael: Voraussetzungen und Voraussetzungslosigkeit in Geschichte und Kirchengeschichte (=Veröffentlichungen aus dem Kirchenhistorischen Seminar München III. 9), München 1910

Kötting, Bernhard: Kirchengeschichte im Wandel. Rückblick auf ein halbes Jahrhundert. Abschiedsvorlesung gehalten am 16. Februar 1978 (=Schriften der Gesellschaft zur Förderung der Westfälischen Wilhelms–Universität zu Münster 66), Münster 1979, o.S.

Koselleck, Reinhart/ Lutz, Heinrich/ Rüsen, Jörg (Hg.): Formen der Geschichtsschreibung (=Theorie der Geschichte. Beiträge zur Historik 4), München 1982

Ders./ Mommsen, Wolfgang J./ Rüsen, Jörg (Hg.): Objektivität und Parteilichkeit (=Theorie der Geschichte. Beiträge zur Historik 1), München 1977

Kottje, Raymund (Hg.): Kirchengeschichte heute. Geschichtswissenschaft oder Theologie?, Trier 1970

Krämer, Adelheid: Christus und Christentum im Denken des modernen Hinduismus (=Untersuchungen zur allgemeinen Religionsgeschichte NF 2), Bonn 1958

Lachmann, Rainer: „Die Sache selbst" im Gespräch zwischen Religionspädagogik und Pädagogik, in: Der evangelische Erzieher 36 (1984) 116–130

Lacroix, Lucien–Léon: Du Rôle de la critique dans l'histoire de l'Église, Paris 1909

Lämmermann, Godwin: Anmerkungen zu einem kirchengeschichtlichen Unterricht, in: Theologia Practica 21 (1986) 327–342

Langemeyer, Bernhard Georg: Leitideen und Zielsetzung theologischer Mittelalter–Forschung aus der Sicht der systematischen Theologie, in: Manfred Gerwing/ Godehard Ruppert (Hg.), Renovatio et Reformatio. Wider das Bild vom „finsteren" Mittelalter, Münster 1984, 3–13

Lenzenweger, Josef: Die „Relevanz" der Kirchengeschichte für die Beurteilung der heutigen kirchlichen Situation, in: Theologisch–Praktische Quartalschrift 124 (1976) 105–115

Lewis, Bernard: Die Welt der Ungläubigen. Wie der Islam Europa entdeckte, Frankfurt 1983

Luckmann, Thomas/ Döring, Heinrich/ Zulehner, Paul M.: Anonymität und persönliche Identität, in: Franz Böckle u.a. (Hg.), Christlicher Glaube in moderner Gesellschaft. Enzyklopädische Bibliothek. Bd. 25, Freiburg 1980, 5–38

Lübbe, Hermann: Die Aufdringlichkeit der Geschichte. Herausforderungen der Moderne vom Historismus bis zum Nationalsozialismus, Graz 1989

Ders.: Geschichtsbegriff und Geschichtsinteresse. Analytik und Pragmatik der Historie, Basel 1977

Ders.: Über den Grund unseres Interesses an historischen Gegenständen. Kulturelle und politische Funktionen der historischen Geisteswissenschaften, in: Helmut Flashar/ Nikolaus Lobkowicz/ Otto Pöggeler (Hg.), Geisteswissenschaft als Aufgabe. Kulturpolitische Perspektiven und Aspekte, Berlin 1978, 179–193

Ders.: Zwischen Trend und Tradition. Überfordert uns die Gegenwart? (=Texte und Thesen 136), Zürich 1981

Mann, Golo: Die alte und die neue Historie, in: Clemens Podewils (Hg.), Tendenzwende? Zur geistigen Situation der Bundesrepublik, Stuttgart 1975, 41–58

Ders.: Weltgeschichte und Heilsgeschichte I. Zum Problem der Sinnfindung in der Geschichte, in: Franz Böckle u.a. (Hg.), Christlicher Glaube in moderner Gesellschaft. Enzyklopädische Bibliothek. Bd. 23, Freiburg 1982, 89–110

Marienfeld, Wolfgang: Der Historikerstreit, Hannover 1987

Marrou, Henri–Irénée: Über die historische Erkenntnis. Welches ist der richtige Gebrauch der Vernunft, wenn sie sich historisch betätigt?, Freiburg 1973

Meadows, Dennis u.a.: Die Grenzen des Wachstums. Bericht des Club of Rome zur Lage der Menschheit, Stuttgart 1972

Meier, Christian/ Rüsen, Jörg (Hg.): Historische Methode (=Theorie der Geschichte. Beiträge zur Historik 5), München 1988

Mensching, Gustav: Der offene Tempel. Die Weltreligionen im Gespräch miteinander, Stuttgart 1974

Metz, Johann Baptist: Glaube in Geschichte und Gesellschaft. Studien zu einer praktischen Fundamentaltheologie, Mainz 3. Aufl. 1980

Ders.: Zeit der Orden? Zur Mystik und Politik der Nachfolge, Freiburg 5. Aufl. 1977

Mönnich, Conrad: Die Kirchengeschiche im Rahmen der anthropologischen Wissenschaft, in: Concilium 6 (1970) 473–478

Mollat, Michel: Die Armen im Mittelalter, München 2. Aufl. 1987

Momigliano, Arnaldo: Essays in Ancient and Modern Historiography, Oxford 1977

Mommsen, Theodor: Universitätsunterricht und Konfession, in: Münchener Neueste Nachrichten 54 (15.11.1901) Nr. 530, 1

Mühlenberg, Ekkehard: Epochen der Kirchengeschichte (=Uni–Taschenbücher 1046), Heidelberg 1980

Müller, Wolfgang: Über das Wesen und die Grenzen der kirchengeschichtlichen Erkenntnis. Geschichtslogische Probleme der Theologie. Habilschr. (ms), Freiburg 1951

Murphy, Roland: Heilige Schrift und Kirchengeschichte, in: Concilium 23 (1987) 4–7

Nipkow, Karl–Ernst: Grundfragen der Religionspädagogik. Bd. III (=Gütersloher Taschenbücher 756), Gütersloh 1982, 185–232

Nipperdey, Thomas: Kann Geschichte objektiv sein?, in: Geschichte in Wissenschaft und Unterricht 30 (1979) 329–342

Ders.: Über Relevanz, in: Dietrich Kurze (Hg.), Aus Theorie und Praxis der Geschichtswissenschaft. FS Hans Herzfeld (=Veröffentlichungen der Historischen Kommission zu Berlin 37), Berlin 1972, 1–26

Nirschl, Joseph: Propädeutik der Kirchengeschichte für kirchenhistorische Seminare und zum Selbstunterrichte, Mainz 1888

Oelmüller, Willi (Hg.): Wozu noch Geschichte? (=Kritische Informationen 53), München 1977

Otto, Gert: Kirchengeschichte im Religionsunterricht. Zugleich ein Beitrag zum exemplarischen Lernen, in: Die Sammlung 12 (1957) 32–43

Overath, Joseph: Einführung in das Studium der mittleren und neueren Kirchengeschichte (=Europäische Hochschulschriften. Reihe XXIII, Bd. 134), Frankfurt 1979

Pandel, Hans–Jürgen/ Schneider Gerhard (Hg.): Handbuch Medien im Geschichtsunterricht (=Geschichtsdidaktik. Studien und Materialien 24), Düsseldorf 1985

Paul, Eugen: Das Selbstverständnis der Kirchengeschichtswissenschaft – ein Hindernis für einen fruchtbaren Kirchengeschichtsunterricht, in: Religionspädagogische Beiträge (1982) H. 10, 2–19

Pesch, Otto Hermann: Hinführung zu Luther, Mainz 1982

Peukert, Helmut: Kontingenzerfahrung und Identitätsfindung. Bemerkungen zu einer Theorie der Religion und zur Analytik religiös dimensionierter Lernprozesse, in: Josef Blank/ Gotthold Hasenhüttl (Hg.), Erfahrung, Glaube und Moral, Düsseldorf 1982, 76–102

Ders.: Über die Zukunft von Bildung, in: Frankfurter Hefte 39 (1984) FH–extra 6, 129–137

Ders.: Wissenschaftstheorie – Handlungstheorie – Fundamentale Theologie. Analysen zu Ansatz und Status theologischer Theoriebildung (=stw 231), Frankfurt 1978

Philipps, Ansgar: Fach: Kirchengeschichte, Düsseldorf 1972

Ders.: Die Kirchengeschichte im katholischen und evangelischen Religionsunterricht. Eine historisch–didaktische Untersuchung über die Entwicklung des kirchengeschichtlichen Unterrichts von seinen Anfängen bis zur Gegenwart (=Wiener Beiträge zur Theologie XXXIII), Wien 1971

Plongeron, Bernard: Kirchengeschichte am Kreuzpunkt der theologischen Wissenschaften, in: Concilium 6 (1970) 478–486

Pot, Johan Hendrik Jakob van der: De periodisering der geschiedenis. Een overzicht der theorieën, s'Gravenhage 1951

Rahner, Karl: Weltgeschichte und Heilsgeschichte II. Profangeschichte und Heilsgeschichte, in: Franz Böckle u.a. (Hg.), Christlicher Glaube in moderner Gesellschaft. Enzyklopädische Bibliothek. Bd. 23, Freiburg 1982, 111–125

Ranke, Leopold von: Weltgeschichte. Bd IX.2, hg. v. Alfred Dove, Leipzig 1888

Reinhardt, Rudolf: Die Heilsgemeinde kann sich der Welt nicht entziehen, in: Rheinischer Merkur/Christ und Welt (05.04.1986) Nr. 15, 22

Reischle, Max: Historische und dogmatische Methode der Theologie, in: Theologische Rundschau 4 (1901) 261–275; 305–324

Rickers, Folkert: Religionspädagogik zwischen 1975 und 1985, in: Theologia Practica 21 (1986) 343–368; 22 (1987) 63–76

Rohlfes, Joachim: Und noch einmal: Quellen, in: Geschichte in Wissenschaft und Unterricht 34 (1983) 330–344

Rohrbach, Wilfried: Das Problem der Elementarisierung in der neueren religionspädagogischen Diskussion, in: Der evangelische Erzieher 35 (1983) 21–39

Roth, Heinrich: Pädagogische Psychologie des Lehrens und Lernens, Hannover 2. Aufl. 1958

Rüsen, Jörn (Hg.): Historische Objektivität. Aufsätze zur Geschichtstheorie (=Kleine Vandenhoeck-Reihe 1416), Göttingen 1975

Rüsen, Jörn/ Schulze, Winfried: Art. Methode, historische, in: Joachim Ritter/ Karlfried Gründer (Hg.), Historisches Wörterbuch der Philosophie. Bd. 5., Basel 1980, 1345–1355

Ruh, Ulrich: Wider die Geschichtsflucht, in: Herderkorrespondenz 39 (1985) 53–55

Ruhbach, Gerhard: Kirchengeschichte (=Studienbücher Theologie. Kirchen- und Dogmengeschichte), Gütersloh 1974

Ruppert, Godehard: Geschichte ist Gegenwart. Ein Beitrag zu einer fachdidaktischen Theorie der Kirchengeschichte, Hildesheim 1984

Ders.: „...uninteressant und langweilig..." Kirchengeschichtsdidaktik – Eine 'Bestandsaufnahme', in: Katechetische Blätter 115 (1990) 230–237

Ders.: Was bringt's – heute noch Kirchengeschichte?, in: Katechetische Blätter 106 (1981) 179–183

Schatz, Klaus: Ist Kirchengeschichte Theologie?, in: Theologie und Philosophie 55 (1980) 481–513

Ders.: Das Papsttum des 20. Jahrhunderts aus sowjetischer Perspektive, in: Stimmen der Zeit 204 (1986) 765–780

Scherer, Emil Clemens: Geschichte und Kirchengeschichte an den deutschen Universitäten. Ihre Anfänge im Zeitalter des Humanismus und ihre Ausbildung zu selbständigen Disziplinen, Hildesheim 1975 (=Nachdruck der Ausgabe Freiburg 1927)

Scheuerl, Hans: Die exemplarische Lehre. Sinn und Grenzen eines didaktischen Prinzips (=Forschungen zur Pädagogik und Anthropologie 2), Tübingen 2. Aufl. 1964

Schörken, Rolf: Geschichte im Alltag. Über einige Funktionen des trivialen Geschichtsbewußtseins, in: Geschichte in Wissenschaft und Unterricht 30 (1979) 73–88

Ders.: Ort und Funktion der Geschichte in der Alltagswelt, in: Erwachsenenbildung 29 (1983) 4–6

Scholtz, Gunter: Art. Geschichte, Historie, in: Joachim Ritter (Hg.), Historisches Wörterbuch der Philosophie. Bd. 3, Basel 1974, 344–398

Seckler, Max: Das Heil in der Geschichte. Geschichtstheologisches Denken bei Thomas von Aquin, München 1964

Ders.: Heilsgeschichtliches und geschichtstheologisches Denken bei Vergil, in: Münchener Theologische Zeitschrift 16 (1965) 11–123

Seeliger, Hans Reinhard: Apologetische und fundamentaltheologische Kirchengeschichtsschreibung, in: Wissenschaft und Weisheit 44 (1981) 58–72

Ders.: Das Bedürfnis nach historischen Erklärungen. Zur Bestimmung von Lernzielen des Kirchengeschichtsunterrichts, in: Katechetische Blätter 106 (1981) 193–201

Ders.: Kirchengeschichte – Geschichtstheologie – Geschichtswissenschaft. Analysen zur Wissenschaftstheorie und Theologie der katholischen Kirchengeschichtsschreibung, Düsseldorf 1981

Ders.: Kirchengeschichtsunterricht in postmodernen Zeiten. Sechs Thesen zur Lage der Kirchengeschichte, der Kirchengeschichtsschreibung und des Kirchengeschichtsunterrichts, in: Religionspädagogische Beiträge (1988) H. 22, 3–15

Selge, Kurt–Victor: Einführung in das Studium der Kirchengeschichte, Darmstadt 1982

Seyyed, Hossein Nasr: Die islamische Sicht des Christentums, in: Concilium 22 (1986) 5–11

Stock, Alex: Unde et memores. Über die Idee des Eingedenkens, in: Hans–Ulrich von Brachel/ Norbert Mette (Hg.), Kommunikation und Solidarität. Beiträge zur Diskussion des handlungstheoretischen Ansatzes von Helmut Peukert in Theologie und Sozialwissenschaften, Freiburg (Schweiz) 1985, 45–51

Stockmeier, Peter: Kirche unter den Herausforderungen der Geschichte, in: Walter Kern/ Hermann Josef Pottmeyer/ Max Seckler (Hg.), Handbuch der Fundamentaltheologie. Bd. 3, Freiburg 1986, 122–152

Strasser, Johano/ Traube, Klaus: Die Zukunft des Fortschritts. Der Sozialismus und die Krise des Industrialismus, Bonn 2. Aufl. 1981

Vischer, Lukas: Kirchengeschichtsschreibung – konfessionell oder ökumenisch, in: Josef Pfammatter/ Franz Furger (Hg.), Kirchengeschichtsschreibung als theologische Aufgabe (=Theologische Berichte XI), Zürich 1982, 11–30

Wagenschein, Martin: Zur Selbstkritik der Höheren Schule, in: Die Sammlung 7 (1952) 142–152

Werbick, Jürgen: Glaube im Kontext. Prolegomena und Skizzen zu einer elementaren Theologie (=Studien zur Praktischen Theologie 26), St. Ottilien 2. Aufl. 1987

Ders.: Religionsdidaktik als „theologische Konkretionswissenschaft". Zum theologischen Rang des Didaktischen – aus fundamentaltheologischer Perspektive, in: Katechetische Blätter 113 (1988) 82–99

Weymar, Ernst: Dimensionen der Geschichtswissenschaft. Geschichtsforschung – Theorie der Geschichtswissenschaft – Didaktik der Geschichte, in: Geschichte in Wissenschaft und Unterricht 33 (1982) 1–11, 65–78, 129–153

Wittstadt, Klaus: Fachorientiertes Schwerpunktstudium Kirchengeschichte, in: Ernst Feifel u.a., Fachorientierte Schwerpunktbildung (=Studium Katholische Theologie 6), Zürich 1980, 89–93

Ders.: Der Praxisbezug der Kirchengeschichte, in: Klemens Richter u.a., Zum Berufspraxisbezug des Theologiestudiums (=Studium Katholische Theologie 4), Zürich 1975, 182–185

Wohlfeil, Rainer: Das Bild als Geschichtsquelle, in: Historische Zeitschrift 243 (1986) 91–100

Zirker, Hans: Ekklesiologie (=Leitfaden Theologie 12), Düsseldorf 1984

Teil II

1 Einleitung

Geschichtsbewußtsein

Raschelndes Pergament
Folianten: In den Schichten von
Staub
Schleifspuren von Rattenschwänzen
die zarten Abdrücke ihrer Krallen
Bildungshungrig
verschlingen sie aufbewahrte
Jahrhunderte:
Den eilfertigen Vers des Dichters
Den Imperativ der Herrscher
Das blumige Adjektiv der Predigt
Steife Begriffe von Philosophen
Das Sein und das Nichts

unausrottbar

und widerlegen knabbernd
die Unantastbarkeit des Geistes
den Widerstand des Wortes
die sich am Ende doch
in schwärzliche Krümel verwandeln
trotz allen Lamentos
und trotz heftiger
chemikalischer Gegenwehr.

(Günter Kunert)

Dieser Text stößt bei Studierenden häufig auf großes Unverständnis. Ich glaube, das ist durchaus typisch heute. Die Gründe liegen in einem mangelnden Wissen um Geschichte und dem daraus folgenden mangelnden Geschichtsbewußtsein. Ich werfe das niemandem vor, will nicht werten, sondern nenne nur ein Phänomen, dessen Ursachen sicher zuletzt bei der jungen Generation zu suchen sind. Zwar frohlocken einige Historiker bereits über ein angeblich wachsendes Geschichtsbewußtsein, doch bleibt zu fragen, ob die gegenwärtige Situation nicht eher einem oberflächlich positivistischen Geschichtsinteresse entspricht. Es entsteht die Gefahr einer 'Wende' von einer unhistorischen Haltung zu einer ebenso unhistorischen anderen Haltung: Betrachtete man Geschichte bislang verdunkelnd, konnte sie als Gegenbild einer besseren Zukunft gelten; betrachtet man sie nun glorifizierend, kann sie als Gegenbild einer katastrophalen Zukunft gelten.

Der Text von Günter Kunert gibt eine sehr genaue Beschreibung dessen, was man in Archiven und Bibliotheken antreffen kann. Dort gibt es die Pergamentbogen, die beim Umblättern rascheln, die alten Handschriften, die von Staub bedeckt sind, die Schleif–, Kratz– und Verdaungsspuren von Nagetieren. Die erste Ebene dieses Textes ist also real; das passiert tatsächlich, daß das Unantastbare von den unausrottbaren Ratten vernichtet wird. Der Stolz unserer Geistes–Tradition wird zu tierischen Fäkalien. Darin zeigt sich aber bereits die zweite Ebene dieses Textes: Es sind *Ratten,* die so mit den Geschichtsdokumenten umgehen. Nun sind heute viele in der jüngeren Generation weit davon entfernt, Ratten für den Inbegriff schrecklicher und erschreckender Tiere zu halten; übertragen gilt das auch hier: Es kümmert sie kaum, wenn Ratten die Geschichtsdokumente vernichten. *'Der alte Kram ist uns egal, wir leben doch heute.'* So oder ähnlich artikuliert sich diese Überzeugung. Daß hier gegebenenfalls durchaus Wissenswertes ausgeblendet wird, stört sie nicht einmal, weil sie nicht erkennen, inwiefern Geschichte relevant für die Zukunftsgestaltung ist; eine eigene Möglichkeit zur Zukunftsgestaltung aus diesen Stücken der Vergangenheit heraus sehen sie nicht.

Dabei wird jeder ganz elementar und persönlich mit Geschichte konfrontiert, z.B. wenn er sich an frühere Ereignisse oder Geschehenszusammenhänge erinnert. Der Rückblick auf die eigene Lebensgeschichte macht deutlich, daß menschliche Existenz geschichtliche Existenz ist: Niemandem könnten wir vermitteln, was oder wer wir sind, würden wir nicht unsere Geschichte erzählen.

Jeder Mensch wird mit seiner Geburt auch in eine Geschichte hineingeboren; wenn er in das Leben eintritt, beginnt zwar *sein* Leben, aber eigentlich läuft das Leben schon lange. Warum das Leben so läuft, wie es läuft – und nicht anders –, wie es der einzelne in seinem Lebenslauf wahrnimmt, kann er nur ergründen, wenn er *die* fragt, die vor ihm gelebt haben, und aufnimmt, was diese schon erfragt haben und so fort. Die Antworten sind zumeist Geschichten, also mündliche und schriftliche Erzählungen von Vorgängen oder Ereignissen der Vergangenheit.

Der Begriff der Geschichte ist vielschichtig: Mit demselben Begriff bezeichnen wir auch die wissenschaftliche Beschäftigung mit dem Phänomen der in Geschichten präsentierten Geschichte, ferner die unterrichtliche Aufarbeitung in der Schule. Grob kann man zwei Bedeutungen unterscheiden: Geschichte meint zum einen das Geschehene und zum anderen das Bemühen, das Geschehene zu beschreiben und zu verstehen.

Vielen erscheint es gesellschaftlich wie individuell wichtiger zu sein, die Probleme der Gegenwart zu lösen, als das Geschehene zu beschreiben. Möglichkeiten der Existenz in der Zukunft könnten sonst bedroht oder zumindest nicht voll ausgeschöpft werden. Angesichts der fundamentalen Bedeutung der Zukunftsmöglichkeiten scheinen Fragen der Geschichte nur sekundär zu sein; dabei wird aber übersehen, daß kein Problem der Gegenwart nur ein gegenwärtiges Problem ist, vielmehr sind sie alle geschichtlich gewachsen, d.h. Produkte eines geschichtlichen Prozesses. Wollen wir sie lösen, kommen wir daher an der Erforschung der geschichtlichen Wurzeln nicht vorbei. Dies gilt aber nicht nur für den gesellschaftlichen Bereich: Auch der einzelne kann sich selbst nur verstehen lernen, wenn er seine Geschichte, d.h. die seiner Person, seiner Familie, seines Volkes, seiner religiösen Prägung, der Menschheit überhaupt zu verstehen lernt.

Nicht nur die Gegenwartsprobleme, sondern auch die Vorstellungen von der Zukunft sind geschichtlich gewachsen, denn ihnen liegt zumeist ein Entwurf zugrunde, der die in der Gegenwart als falsch empfundenen Überzeugungen, Einrichtungen oder Handlungsweisen verändern will.

Geschichte ist somit für den einzelnen wie für die Gesellschaft fundamental, weil die Gegenwart immer durch Geschichte konstituiert ist.

Mit denselben Schwierigkeiten, die sich der Geschichte allgemein stellen, hat auch die Kirchengeschichte zu rechnen. Ich kann daher keine selbstverständliche Einsicht in die Notwendigkeit oder Nützlichkeit einer Beschäftigung mit der Kirchengeschichte voraussetzen:

Was also bringt's, heute noch Kirchengeschichte zu betreiben?

Genau genommen durchzieht das Bemühen um eine Antwort auf diese Frage das ganze Buch, an dieser Stelle will ich die Frage dennoch schon einmal in zwei Punkten beantworten:

Zum einen haben Christentum und damit auch christliche Kirchengeschichte immer auszugehen von dem einmaligen Christus–Ereignis. Dieses Ereignis hat für Christen eine unüberbietbare Bedeutung. Es kommt uns aber nicht unmittelbar, sondern in der Distanz der Geschichte zu.

Christentum ist also bereits durch seinen Ursprung deutlich und unabdingbar auf Geschichte und ihre Beachtung verwiesen, denn dieser Ursprung ist uns gegeben; wir tragen ihn in unsere Gegenwart und in eine Zukunft weiter. In der Geschichte der Kirche und des Glaubens hält er sich durch, ist damit gegenwärtig, aber auch bereits das Zukünftige. Denn wenn Christen aus dem Geist Jesu zu leben sich bemühen, leben sie mit Bezug auf das Ereignis der Vergangenheit in der Gegenwart bereits ein Stück Zukunft. Geschichte ist ein Grundzug des Christentums.

Zum anderen ist die Geschichte nicht nur faktisch der einzige Weg, auf dem wir uns zum Ursprung zurückorientieren können, sondern auch orientierend für den weiteren Weg; denn im Laufe der Geschichte der Erfahrungen mit dem Glauben, den wir bekennen, hat sich viel geändert, nicht nur in der Kirche und ihrer Umwelt, sondern auch in der Welt überhaupt. Diese Änderungen sind aber weder gleich umfangreich noch gleich bedeutend. Wenn wir eine Entwicklung als Änderung bezeichnen, urteilen wir bereits, denn wenn uns einzelne Änderungen bedeutender oder nicht so bedeutend erscheinen, drücken wir ja bereits aus, daß es nicht gleichgültig ist, ob sich etwas geändert hat oder nicht. Aber selbst diese Beurteilung kann unterschiedlich ausfallen, je nach dem, ob es sich um Nebensächliches oder um Fundamentales handelt, in dem die Änderung eingetreten ist. Wie häufig diese Beurteilung vorgenommen wird, zeigt schon der alltägliche Sprachgebrauch in den Aussagen 'Früher war das besser' oder 'Gott–sei–Dank ist das heute anders'. Wenn wir urteilen, ob sich etwas verbessert oder verschlechtert hat in der Kirche, benötigen wir dafür Kriterien. Diese wiederum können wir nur aus der Geschichte entwickeln, denn wenn sich etwas als bewahrenswert herausgestellt hat, hat es sich bewährt. Bewährung ist aber ein Kriterium für Wahrheit, letztlich wird sich nur das Wahre bewähren. Allerdings ist dabei eine Einschränkung zu machen: Es kommt darauf an, unter welchem Gesichtspunkt man eine solche Entwicklung betrachtet, denn eine Entwicklung, die sich im Sinne der Institution Kirche bewährt hat, kann für den Glauben des einzelnen durchaus belastend sein und erstarrend wirken. Wenn wir einem sich in Institutionen gern verselbständigenden Traditionalismus wehren wollen, müssen wir daher bei der Beurteilung ganz besonders den einzelnen und seinen Glauben im Blick haben. Gesamtkirchlich formuliert bedeutet das, in erster Linie das Volk, das die Kirche bildet, in den Blick zu nehmen, nicht die Institution, gar den hierarchischen 'Apparat'.

Der einzelne Gläubige ist dabei nicht in der Lage, den Gesamtkomplex der kirchlichen Tradition zu überblicken, sondern seine Aufmerksamkeit und Wertschätzung wendet sich jeweils den Inhalten der Tradition zu, die sich im konkreten Vollzug des Lebens bewähren: wegweisend, ermutigend, konfliktlösend, haltgebend, sinndeutend und orientierend. Der einzelne begnügt sich zumeist damit, daß ihm in der konkreten Situation etwas als wahr erscheint, er begnügt sich also mit den Gehalten der Überlieferung, die ihm in der Situation heilvoll erscheinen oder sich in ähnlichen Situationen als heilvoll erwiesen haben. Auf das Ganze der Tradition und auf alle Konsequenzen kann der einzelne nur selten zurückgreifen; soweit kann kaum jemand sein gläubiges Handeln durchreflektieren.

Die Kirchengeschichte dagegen bietet abweichend von der eigenen praktischen Glaubenserfahrung ein *weiterreichendes Gedächtnis* an, denn sie stützt sich auf die geschichtliche Erfahrung der Bewährung über Generationen und Zeitepochen hinweg: Kirchengeschichte als weiterreichendes Gedächtnis kann dem einzelnen, der sich mit ihr beschäftigt, eine Ausweitung seines Horizontes bieten über das ihn in seiner Situation unmittelbar Betreffende und das von ihm als bedeutsam Erfahrene hinaus; in ihr sind andere Erfahrungssituationen zu erkennen, die der einzelne als Möglichkeit für sich entdecken kann. Um das leisten zu können, darf Kirchengeschichte sich nicht einengen lassen durch Vorgaben oder Rücksichten etwa auf eine Geschichte der Herrschenden, der herrschenden Personen, Gruppen oder Meinungen.

Kirchengeschichte kann zu einer 'fundamentalen' Theologie beitragen; denn auch mit Hilfe von historischen, nicht nur mit philosophisch-metaphysischen Kategorien läßt sich Glaubensverständnis entfalten. Die Geschichte kann hier vertiefend oder fragend wirken. Hinweise auf Versagen und Leid in der Geschichte der Kirche verhindern, daß diese Glaubensbegründung apologetisch ausfällt; mit ihrer geschichtlichen Redlichkeit wächst ihre Glaubwürdigkeit.

Mit diesen Gedanken sind wir aber bereits bei wichtigen Überlegungen, die an die Fragestellung anschließen, ob Kirchengeschichte eine theologische Disziplin sei. Im *Abschnitt zwei* benenne ich einige Positionen zum Selbstverständnis der Kirchengeschichte und wichtige Perspektiven, die sich daraus in meiner Sicht für die Kirchengeschichte ergeben.

Dieser Abschnitt ist sicher der schwierigste; vermutlich werden die übrigen Abschnitte einiges verdeutlichen. Mit guten Gründen wollte ich die Theorie der Praxis voranstellen und nicht umgekehrt. Am günstigsten wäre es daher, wenn der Lektüre des Buches ein zweites Lesen der Ausführungen zur Theorie folgte.

Im *Abschnitt drei* skizziere ich kurz nicht–theologische Sichtweisen der Kirchengeschichte.

Abschnitt vier ist der umfangreichste und wichtigste. Ich zeige darin an einer Reihe von Beispielen die einzelnen Arten von Quellen auf, ferner die methodischen Schritte zur Erschließung und Interpretation.

Im *Abschnitt fünf* führe ich Möglichkeiten und Probleme einer Periodisierung und Epocheneinteilung aus. Dazu erläutere ich zunächst allgemeine Punkte, dann die klassische Dreiteilung der historischen Zeit in Altertum, Mittelalter und Neuzeit, zuletzt die Dreiteilung der Kirchengeschichte.

Abschnitt sechs stellt Versuche inhaltlicher Gliederungen des historischen Stoffes – historische Längs– und Querschnitte – an Beispielen dar.

Abschließend gebe ich Hinweise auf Literatur, die für den Leser wichtig ist *(Abschnitt sieben)*, und benenne in sieben Punkten Ziele, die eine Beschäftigung mit der Kirchengeschichte in meiner Sicht erreichen kann *(Abschnitt acht)*. Im Text wird weitestgehend auf Literatur–Belege verzichtet. Über die am Ende genannten Standardwerke ist die entsprechende weiterführende Literatur leicht aufzufinden, zumindest gut zu suchen – und dabei lernt der Anfänger immer noch am meisten.

In *Abschnitt neun* sind die Fundorte der Quellen aus Abschnitt 4 und 6 verzeichnet; sie eignen sich gut für eine Weiterarbeit. Wer hier im Eigenstudium ansetzen möchte, findet für die im Original fremdsprachigen

Quellen nicht nur Hinweise auf die Übersetzungen, sondern auch auf die Edition der Originalquellen.

Im *ANHANG* ist eine tabellarische Übersicht abgedruckt, die eine Einordnung einzelner Ereignisse und Daten, die in dieser Einführung genannt werden, in den Gesamtkontext der Geschichte ermöglichen soll. Diese Orientierungshilfe verzeichnet neben den wichtigsten genannten Daten, Namen und Ereignissen nur sehr wenige kirchengeschichtliche Grunddaten und kann daher selbstverständlich auch nur einen sehr groben Überblick bieten.

2 Die Kirchengeschichte als theologische Disziplin

Allgemein galten und gelten in breiten Bevölkerungskreisen Wissenschaften als eine Sache reiner Theorie, so daß man Fragen nach der Theorie der Wissenschaften oder einzelner Wissenschaftsdisziplinen häufig als unverständliche und überflüssige Denkbemühung ansieht. Dazu kommt, daß derartige Überlegungen häufig für Außenstehende tatsächlich nicht oder doch kaum nachvollziehbar und verständlich sind. Dennoch sind sie nicht nur für die Vertreter der jeweiligen Wissenschaftsdisziplinen wichtig, sondern auch für das wissenschaftliche, das gesellschaftliche und – im Fall der Theologie – für das kirchliche 'Umfeld'. So kommen wir auch nicht umhin, vor einer Darstellung von Inhalten und Methoden uns der Anstrengung zu unterziehen, wissenschaftstheoretische Grundüberlegungen zur Kirchengeschichte anzustellen.

2.1 Zum Selbstverständnis der Kirchengeschichte

Fragen nach dem Selbstverständnis der Kirchengeschichte, etwa die Frage, was genau Gegenstand der Kirchengeschichte, oder die Frage, ob sie eine Disziplin der Theologie sei, sind nicht neu, aber auch die neueren Antworten haben eine Geschichte. Daher sind zunächst die historischen Voraussetzungen heutiger Antwortversuche zu skizzieren.

2.1.1 Ältere Positionen

Vor 100 Jahren konnten die genannten Fragen noch mit großer wissenschaftstheoretischer Unbefangenheit beantwortet werden. So schrieb der Würzburger Kirchenhistoriker Joseph Nirschl in seiner 1888 erschienenen „Propädeutik der Kirchengeschichte" – einer theoretisch praktischen Einleitung in die Kirchengeschichtswissenschaft, wie man sein Anliegen umschreiben könnte – zum Gegenstand der Kirchengeschichte.

Ein Beispiel:

„Da die Kirche ein Organismus, der mystische Leib Christi und als solcher in einem beständigen Wachsen begriffen ist, da sie ein Reich ist, das sich räumlich immer weiter ausbreitet und innerlich immer vollkommener ausbaut, so ist die Darstellung dieser äußeren und inneren Entwicklung des Reiches Gottes auf Erden das Object der Kirchengeschichte.

Seit ihrer Gründung schreitet die Kirche ungeachtet des allseitigsten und mächtigsten Widerstandes immer vorwärts, nimmt sie an Wachsthum und Größe stets zu; und keine Bedrückung, kein Abfall, kein Widerstand ist je im Stande gewesen, dieser Ausbreitung auf die Dauer Schranken zu setzen. Die Kirche ist, wie Clemens von Alexandrien sagt, unaufhaltsam. Die Unterdrückung und Verfolgung macht ihren Weg zwar zu einem Kreuzweg und ihre Geschichte zu einer Leidensgeschichte, aber ihre stete Ausbreitung vermag sie nicht zu hemmen. Das ist eine welthistorische Thatsache."[1]

Hinter dieser Beschreibung des Gegenstandes der Kirchengeschichte steht eine Auffassung, die man idealtypisch skizzieren kann.

Eine erste Position:

Die Geschichte der Kirche verläuft 'progressiv', d.h. die Kirche wächst in ihrer Geschichte immer weiter hin auf ihr Ziel: die Verwirklichung des Reiches Gottes.

Es gibt aber auch die genau gegenteilige Auffassung.

Eine zweite Position:

Die Geschichte der Kirche verläuft 'dekadent', d.h. von der Höhe der apostolischen Zeit bis zum Niedergang der Kirche im Spätmittelalter, der erst durch die Reformation gebremst wurde.

Einzelne nicht in eine solche Sicht passende Ereignisse und Momente lassen sich mit der entsprechend spitzfindigen Argumentation, derer sich jede totale Anschauung bedient, leicht als die Regel, also die generelle geschichtliche Linie bestätigende Ausnahme darstellen. So sind für die eine Sicht Häresien etwa der „dunkle Hintergrund"[2] der Kirchengeschichte, für die andere Sicht sind positiv wirkende und zu beurteilende Personen eben 'Vorreformatoren'.

Beide Schemata sind unhaltbar, weil sie zu einer tendenziösen Sicht der Kirchengeschichte anhalten.

Daß es konfessionell geprägte Neigungen zum einen oder anderen Typ gegeben hat, ist unmittelbar einsichtig. Auf katholischer Seite etwa hat das Denken über den 'progressiven' Verlauf häufig Anlaß gegeben, Neuerungen abzulehnen; geht man aus von einem geradlinigen Verlauf der Geschichte, die keine Brüche im Glaubensverständnis zeigt, kann eine neue Meinung und Position leicht als unzulässige Abweichung angesehen werden. Die Geschichte der abweichenden Meinungen und der 'Abweichler' in der Kirchengeschichte ist häufig eine sehr leidvolle; in der Sicht des 'progressiven' Verlaufs kann dieses Leid nicht wirklich ernst genommen werden, weil jede Abweichung letztlich eingeebnet wird. Die Sicht des 'dekadenten' Verlaufs dagegen kann ihnen historisch eher gerecht werden, kann ihrerseits aber die Impulse, die in der Geschichte Hoffnung ausgelöst haben, nicht wirklich ausloten.

Die beiden genannten Sichtweisen lassen bereits erkennen, wie sehr ein bestimmtes Geschichtsbild auf theologischen Grundentscheidungen beruhen kann. Massiv verdeutlichen das die konfessionellen Tendenzen, wie sich leicht an Folgen der Reformation belegen läßt:

Durch die Reformation stellte sich die Frage nach der geschichtlichen Legitimität der Kirche, ihrer authentischen Herkunft von Jesus her. Während katholische Kirchenhistoriker daran interessiert waren, im Verlauf der Kirchengeschichte Momente der Verwirklichung kirchlicher Aufgaben und der lückenlosen Rückbindung der Ämter und Dienste an Jesus Christus aufzuzeigen, suchten protestantische Kirchenhistoriker im Verlauf der vorreformatorischen Kirchengeschichte Momente des Abfalls vom Ursprung und damit die Legitimation für eine Trennung von dieser Kirche nachzuweisen. – Die jeweilige Position bestimmte den Blick auf die Geschichte.

Auf beiden Konfessionsseiten erhielt die Kirchengeschichte so eine apologetische Tendenz.

Die uns heute sehr durchsichtig und voreingenommen erscheinende Art der Kirchengeschichtsschreibung hielt sich bis ins 19. Jahrhundert.

Beispiele

Nahezu die gesamte katholische Literatur des 19. Jahrhunderts legte dem Leser die Überzeugung nahe, der Protestantismus habe besonders durch Luthers Aussagen über den Teufel die Hexenverfolgungen erst richtig entfacht, während umgekehrt protestantische Autoren dem Katholizismus die Alleinschuld anzulasten suchten.

Erstes Beispiel:

Die von Ludwig Pastor überarbeitete Schrift Johannes Janssens belegt die katholische Auffassung:

„Seit dem Ausbruch der Kirchenspaltung gewann der Glaube an die Macht und die Künste des Teufels die allgemeinste Verbreitung, und die in Folge der kirchlich–socialpolitischen Bewegungen und Kämpfe allenthalben hervortretende und sich fortwährend steigernde Verwilderung verschaffte insbesondere auch dem Hexenwahn eine früher ungeahnte Ausdehnung und trieb zu den grausamsten Proceduren, wie andererseits durch diese Proceduren die Verrohung und Verwilderung des Volkes gesteigert wurde.

Durch Luther erhielt der Glaube an die Macht und Wirksamkeit des Teufels, der in allen Menschen thätig sei und namentlich auch durch die Hexen und Zauberer seine Künste übe, eine Ausdehnung, wie er sie früher niemals besessen hatte...

Luther's Anschauungen und Lehren über den Teufel und dessen Wirksamkeit wurden getheilt von seinen Jüngern und Nachfolgern...

Wenn... für die Zeit von etwa 1520–1570 aus katholischen Gebieten nur sehr wenige Berichte über Hexenprocesse vorliegen, so folgt daraus noch nicht, daß dort während dieser Jahrzehnte nur sehr wenige Hexen vor Gericht gestellt und verurtheilt worden sind; nur soweit sich aus erhobenen Quellen urtheilen läßt, kamen die weitaus meisten Processe in protestantischen Gebieten seit Einführung der neuen Lehre vor.

So beginnen in der Mark Brandenburg Anklagen und Folterungen erst unter dem protestantischen Kurfürsten Joachim II. ...

Die Hexenverfolgungen in denjenigen katholischen Gegenden, in welchen Jesuiten thätig waren, wurden von protestantischer Seite bisweilen diesen zur Last gelegt... Beweise für derartige Beschuldigungen gegen die Jesuiten liegen nicht vor."[3]

Zweites Beispiel:

Die protestantische Position belegt ein Auszug aus einer Schrift von Georg Längin:

„Es ist nun eine nicht zu leugnende Thatsache, daß die Zunahme der Hexenverfolgungen mit dem Umsichgreifen der Reaktion gleichen Schritt hielt, und daß sie da am heftigsten wütheten, wo es galt, die Reformation zu unterdrücken und die Bevölkerung zur alten Kirche zurück zu führen.

Die Gründe hiefür liegen, von den Thatsachen zunächst abgesehen, auf der Hand.

Es ist einmal die alte Vermischung von Ketzerei und Zauberei...

Dazu kam, daß an der Spitze der Gegenreformation überall die Jesuiten standen... Der Dämonenglauben diente ihnen als Mittel zur Verherrlichung der Kirche, welche stärker sei als das Reich des Satans. Sie nahmen so die Traditionen der Inquisitoren auf und stehen in den bischöflichen Gebieten, wie bei der Gegenreformation, so in der Inszenirung der Hexenprozesse an der Spitze, und gerade sie haben den in der Praxis schon seit zwei Jahrhunderten üblichen Grundsatz, daß mit der Ketzerei allzeit die Zauberei in Verbindung stehe, in verschärfter Weise aufgenommen, weitergeführt und angewendet...

In Deutschland kam noch dazu, daß nach den Bestimmungen des Augsburger Religions–Friedens gegen die Protestanten höchstens Landesverweisung gestattet war. Wo diese ausgeführt wurde, wurden jedoch die besten Kräfte sammt ihrem Vermögen dem Lande entzogen, daher machten nur wenige geistliche Fürsten davon Gebrauch. Gelang es aber, die Anklage auf Ketzerei mit der auf Zauberei zu verbinden, so war das Einschreiten ungehindert und das Vermögen fiel dem Landesherrn und dem Fiskus zu."[4]

Diese gegenseitigen Schuldzuweisungen waren das Resultat von Befangenheiten im Urteil und zu engen Blickwinkeln.

2.1.2 Eine neue Situation

Ausgelöst wurde die dann neu einsetzende Entwicklung durch das Aufkommen der gesellschaftlichen Bedeutung von Naturwissenschaften und deren Objektivitäts–Ideal. Mit diesem immer mehr zum Wissenschafts–Kennzeichen werdenden Ideal ließen sich bestimmte Tendenzen wie massive konfessionelle Einseitigkeiten in der Darstellung nicht vereinbaren. Um dem Ziel der Objektivität gerecht werden zu können, beschränkten sich die Historiker und Kirchenhistoriker immer mehr auf die Feststellung historischer Fakten. Ein gutes Beispiel dafür ist der aus dem Allgäu stammende Jesuit Franz Ehrle (1845–1934), der 1895 zum Präfekt der vatikanischen Bibliothek, später (1922) sogar zum Kardinal ernannt wurde; er hat im großen Maße Quellen zusammengetragen, durchgesehen und veröffentlicht, suchte sich aber einer theologischen Interpretation zu enthalten. Diese Haltung hatte sicher mehrere Gründe.

Ein Grund:

Die Vorschrift, daß nur der Papst, der Kardinalstaatssekretär und die Archivbeamten Zutritt zum vatikanischen Archiv hatten, wurde im Laufe des 19. Jahrhunderts immer mehr durchbrochen; 1881 öffnete Papst Leo XIII. das Archiv, und 1884 wurden dann auch einige hemmende Bestimmungen der ersten Jahre gelockert. Dieser Vorgang zog ein rapides Anwachsen des den Historikern zur Verfügung stehenden Quellenmaterials nach sich; insofern ist die Öffnung für die Geschichtswissenschaft sehr positiv zu werten. Die Folge war, daß nun eine große Zahl von Materialpublikationen nur noch wenigen Darstellungen gegenüberstand.

Ein zweiter Grund:

Auch der Papst betonte in diesem Zusammenhang, es sei ein großes Übel, wenn sich die Geschichtsdarstellung in den Dienst von Parteilichkeiten stelle; die Beschränkung auf reine Faktizität entsprach diesem Objektivitätsbemühen.

Ein dritter Grund:

Später kam noch hinzu, daß die innerkirchliche Stärkung der Position des Lehramtes und die damit verbundenen Pressionen vielen eine gewisse Zurückhaltung bei der theologischen Interpretation historischer Dokumente opportun erscheinen ließ; die Auseinandersetzungen um die Dogmatisierung der Unfehlbarkeit (1870) zeigten ebenso Wirkung wie die ablehnende Haltung gegenüber dem Modernismus, einer Bewegung, die die Forderungen des liberalen Katholizismus (Mitte des 19. Jahrhunderts) nach einer Änderung der überkommenen kirchlichen Disziplin und nach der völligen Freiheit der katholischen Wissenschaftler aufgriff.

Der Hintergrund:

Diese Forderungen wurden in den Anfängen des Modernismus weitergetragen; die zunächst keineswegs einheitliche Bewegung bemühte sich um einen Ausgleich der modernen, gewandelten Welt mit dem veraltet erscheinenden Katholizismus. In der folgenden Auseinandersetzung wurden die Äußerungen immer exponierter, die Position beider Seiten immer extremer. Die Wechselbeziehung von Druck und Gegendruck erzeugte eine lähmende Wirkung.

Der Durchbruch von einer juridisch und episkopal geprägten Erscheinung der Kirche zu einem neuen Kirchenbild gelang nicht durch Modernisten. Die Wende vollzog sich leise, zunächst sogar weitgehend unbemerkt. Der Wandel zur Sicht der Kirche als 'Mysterium' war das entscheidende Moment. Romano Guardini nannte diesen Vorgang: „Die Kirche erwacht in den Seelen".[5]

Dieser epochale theologische Neuansatz hatte auch eine Neubesinnung der Kirchengeschichte auf ihre theologische Eigentümlichkeit zur Folge. Auf diesem theologischen Hintergrund entstand auch die erste der neueren Positionen zum Selbstverständnis der Kirchengeschichte, die ich genauer ausführen möchte.

2.1.3 Neuere Positionen

Eine erste Position

Hubert Jedin hat sich in seinem Versuch, das Selbstverständnis der Kirchengeschichte als theologische Wissenschaft zu erläutern, theologisch an dem genannten Ansatz orientiert. Hatte bis dahin das theologische Moment der Kirchengeschichte in ihrem Forschungsgegenstand Kirche bestanden, suchte Hubert Jedin sich dem gottmenschlichen Mysterium Kirche zu nähern, um in der Geschichte das Göttliche und das Menschliche, das Divinum und das Humanum in der Kirche, wie er es ausdrückte, aufzuzeigen. Der Weg ging dabei vom Menschlichen zum Göttlichen; Kirchengeschichte sollte vom Humanum, der sichtbaren Kirche ausgehen, um darin das Divinum aufzuzeigen. Nach diesem *heilsgeschichtlichen Selbstverständnis* zeichnet Kirchengeschichte Gottes Handeln in der Geschichte nach, für sie ist Kirche mehr als ein historisches Phänomen; die Kirchengeschichte ist daher ein geschichtswissenschaftliches und ein theologisches Fach. In der Konsequenz bedeutet das: Kirchengeschichte ist historische Ekklesiologie und sieht sich einer zweifachen Verpflichtung ausgesetzt, nämlich der theologischen und der historiographischen. Ihren Gegenstand 'Kirche' gewinnt sie nicht mit ihrer eigenen – also geschichtswissenschaftlichen – Methodik, sondern aus systematisch–theologischer Reflexion.

Diese Position birgt ein Problem: In der Praxis kann diese Position nämlich darauf hinauslaufen, daß der Kirchenhistoriker sich entscheiden muß, welchen der beiden Verpflichtungen er nachkommen will; er kann so – *zugespitzt formuliert* – in die Situation kommen, bestimmte historische Ereignisse ausblenden oder aber rechtfertigen zu müssen im Sinne eines ja–aber: Dem typisch Menschlichen in der Kirche gebe es an anderer Stelle ja aber auch Göttliches entgegenzustellen. Kirchengeschichte hat es in dieser Konzeption jedenfalls immer mit einem Legitimationsdruck für historische Praktiken der Kirche zu tun. Die Gefahr, ins Apologetische abzugleiten, ist kaum von der Hand zu weisen, wenn auch selbstverständlich nicht allen Arbeiten und Vertretern dieser Selbstverständnisposition, zweifellos auch nicht dem 'Vordenker' Jedin, unterstellt werden darf, der Gefahr erlegen zu sein.

Das Hauptproblem dieser Konzeption liegt darin, daß sie das Handeln der Kirche in der Geschichte sowohl zum Gegenstand ihrer Beschreibung, als auch zu deren erkenntnistheoretischer Voraussetzung macht.

Vielleicht ist es kein Zufall, daß diese Konzeption eines heilsgeschichtlichen Selbstverständnisses der Kirchengeschichte gerade von Hubert Jedin besonders vertreten wurde, dessen große Verdienste um die kirchengeschichtliche Forschung besonders auf dem Gebiet der Konziliengeschichte liegen, also der kirchlichen Großereignisse, die entscheidende Positionen in der Lehre festlegten.

Eine zweite Position

Besonders Victor Conzemius hat zu dieser Position eine Alternative angeboten, die man schlicht als gegenteilige Position bezeichnen kann. Für ihn hat Kirchengeschichte, die den Anspruch der Wissenschaftlichkeit stellen will, keine andere Möglichkeit, als sich ohne Vorgaben der historischen Vernunft zu bedienen und ihren Gegenstand 'profan–historisch' zu betrachten und darzustellen; die historische Sache sei nur mit historischen Mitteln zu erforschen und aufzuzeigen. Er fordert damit eine *nicht–theologische* Kirchengeschichtsschreibung, bestreitet aber keineswegs, daß eine theologische Deutung legitim sei; diese verweist er jedoch ausschließlich in die systematische Theologie. Den Gegenstand 'Kirche' kann man in dieser Konzeption phänomenologisch umschreiben; man gewinnt ihn also mit empirischer Methode.

In dieser Konzeption braucht der Kirchenhistoriker praktisch nichts auszuklammern, umgekehrt: er kann oder muß alles erforschen und darstellen; die theologischen Folgen und Folgerungen sind für ihn damit irrelevant.

Das Hauptproblem dieser Konzeption liegt darin, daß sie die Deutungsmöglichkeit des Kirchenhistorikers als eines Theologen beschneidet, den Erkenntniswert verkürzt. Praktisch wird die Kirchengeschichte zur materialaufbereitenden Hilfswissenschaft 'säkularisiert'.

Vielleicht ist es ebenfalls kein Zufall, daß besonders Victor Conzemius diese Position vertritt; er hat sich sehr stark mit der Kirchengeschichte des 19. Jahrhunderts, mit der Zeit eines massiven Zurückdrängens von öffentlichem Einfluß der Kirche (wichtige Stichworte: Vatikanum I, Kulturkampf) beschäftigt.

Eine dritte Position

Einen weiteren Entwurf zum Selbstverständnis der Kirchengeschichte hat Norbert Brox vorgelegt. Wie Victor Conzemius sucht auch er sich von Vorgaben zu befreien; die Vorgabe eines dogmatischen Kirchenbegriffs lege die Kirchengeschichte fest, gebe ihr praktisch eine Determination 'nach vorn' und 'nach hinten'. Unter dieser Vorgabe könne die Kirchengeschichte theologisch nichts Neues zum Ausdruck bringen. Der Kirche als einer Größe, die 'über' oder allenfalls 'in' der Geschichte stehe, komme keine wirkliche Geschichte zu, es gäbe danach nur Geschichte unter ihr oder um sie herum. Veränderungen im Verlauf blieben dann 'äußere' Angelegenheiten. Kirchengeschichte werde so nicht nur theologisch uninteressant, sondern verliere ihr Objekt, denn dieses ist nach Brox die Kirche in ihrer geschichtlichen Erscheinung.

Die theologische Komponente liegt seiner Meinung nach in der Haltung des Kirchenhistorikers, seiner Einschätzung des geschichtlichen Phänomens Kirche, seiner Option für Bedeutung, Geschehenszusammenhang und Sinn in dieser Geschichte. Der Kirchenhistoriker bringt in diese Beschäftigung mit der Geschichte der Kirche sein Verständnis als Glaubender ein, daß er nämlich diese Geschichte in einem Sinn– und Ereigniszusammenhang mit dem Christusereignis sieht, an dessen Einmaligkeit und Unüberbietbarkeit er glaubt. So, wie man den Sinn dieses Ereignisses und den Glauben daran nur verstehen kann, wenn man sich selbst für diesen Glauben entscheidet, kann man auch den Sinn der weiteren Geschichte nicht aus einer objektivierenden Distanz heraus aufzeigen, sondern wiederum nur aus dem Beteiligtsein daran, aus einer entsprechenden Sympathie.

Für die Praxis bedeutet dieses *hermeneutische Selbstverständnis* der Kirchengeschichte keinerlei Einschränkung, allerdings ist damit die Funktion der Kirchengeschichte als Disziplin innerhalb der Theologie nicht hinreichend geklärt. Der entscheidende Unterschied zur Position von Victor Conzemius ist, daß hier der Kirchenhistoriker Theologe sein darf, ja sein gläubiges Verständnis mit einbringen muß.

Andererseits liegt darin gerade das Hauptproblem: Wenn der Kirchenhistoriker gläubig sein muß, wo liegt der Unterschied zum gläubigen Historiker? Noch zugespitzter formuliert: Muß dann nicht konsequent der Marxismushistoriker auch Marxist sein?

Und vielleicht ist es wiederum interessant zu sehen, daß das Hauptarbeitsgebiet von Norbert Brox eine gewisse Affinität zu dieser Position nahegelegt haben könnte: Die alte, näherhin die sehr frühe Kirche läßt den Ereignis- und Sinnzusammenhang mit Jesus von Nazareth wohl am deutlichsten erkennen; das geschichtliche Christusereignis war ihr stets gegenwärtig.

Die bisherigen Konzeptionen eines kirchengeschichtlichen Selbstverständnisses hatten durchweg den Nachteil, wissenschaftstheoretisch Fragen offen zu lassen. Sie waren gekennzeichnet durch Prämissen und Funktionszuschreibungen, im Rahmen der Theologie die historische Komponente der Heilsgeschichte zu schreiben. In jüngster Zeit hat sich die Diskussion verlagert. Die Fragestellungen lauten weniger, wie dem Zueinander bzw. Ineinander von Heils- und Weltgeschichte Rechnung zu tragen sei, ob die Kirchengeschichte Selbstbeschränkungen ihrer Verstehensmöglichkeiten vornehmen solle; die Fragestellungen sind eher pragmatisch orientiert.

2.1.4 Die jüngste Position

Hans Reinhard Seeliger hat einen Lösungsvorschlag des wissenschaftstheoretischen Problems vorgelegt, der pragmatisch orientiert und als *kommunikatives Selbstverständnis* zu kennzeichnen ist: Er konstatiert, daß die wissenschaftstheoretischen Probleme mit dem Bedenken von Voraussetzungen nicht zu lösen waren, denn in der Praxis lassen sich die theoretischen Modelle der Selbstverständnispositionen nicht einhalten. So reicht es etwa zur wissenschaftstheoretischen Begründung nicht aus, daß Kirchengeschichte ein theologisches Fach sei, weil sie sich materialiter mit dem Objekt Kirche beschäftigte, denn unabhängig vom

Selbstverständnis–Konzept hat sich schon längst herausgestellt, daß sie über den Rahmen des innerkirchlichen Geschehens hinausgreifen muß, um Kirchengeschichte betreiben zu können.

Konsequent setzt Seeliger pragmatisch an, wenn er darauf aufmerksam macht, daß die Kommunikationssituation der Kirchengeschichte bislang zu wenig bedacht wurde. Reflektieren wir diese Situation, können wir mit Hilfe der Sprach– und Handlungstheorie ein wissenschaftstheoretisch begründetes Selbstverständnis der Kirchengeschichte angeben:

Kirchengeschichte ist ein Sprachgeschehen, denn sowohl das rationale Modell, Geschichte zu erklären, wie das ästhetische Modell, Geschichte zu vermitteln, lassen sich nur sprachlich verwirklichen. Blicken wir wiederum ganz pragmatisch darauf, in welchen Gesprächszusammenhang Kirchengeschichte sich einbringt, stellen wir fest: Kirchengeschichte kann ihre Gesprächspartner unmittelbar ausmachen. Sie wendet sich an die Menschen in der Kirche. In den kirchlichen Verständigungsprozeß bringt sie ihre Erklärungen der Vergangenheit ein, teilt ihre Ergebnisse mit und konstituiert so auch Kirche. Kirchengeschichte hat es somit sogar vergleichsweise sehr viel besser als der größte Teil der übrigen Geschichtsschreibung, weil für sie die Kommunikationspartner im Rahmen des Kommunikationszusammenhanges Kirche sehr viel deutlicher und direkter auszumachen sind.

Auf eine Kurzformel gebracht ist Kirchengeschichte nach diesem kommunikativen Selbstverständnis deshalb Kirchengeschichte, weil sie im Kommunikationszusammenhang Kirche betrieben wird.

Diese Konzeption des kirchengeschichtlichen Selbstverständnisses bindet die Kirchengeschichte eng in das Gesamt der theologischen Disziplinen ein; damit entstehen aber auch wichtige Aufgabenstellungen und Perspektiven. Ich greife mir besonders wichtig erscheinende heraus; sie betreffen Art, Funktion und Blickwinkel der Kirchengeschichte.

2.2 Wichtige Perspektiven der Kirchengeschichte

Bereits aus den bisherigen Ausführungen dürfte klar geworden sein, wie hypothetisch und fragmentarisch Kirchengeschichte immer nur sein kann, denn ein historisches Ereignis kann ja auch neue, bisher unbekannte Folgen nach sich ziehen. Es ist auch möglich, daß wir erst noch bestimmte Folgen, die dieses Ereignis längst gehabt hat, erforschen müssen. Hier stellt sich bereits sehr massiv die Frage nach der objektiven Wahrheit geschichtswissenschaftlicher Aussagen.

2.2.1 Das Bemühen um Objektivität

Die angeschnittene Problematik läßt sich leicht noch weiter verschärfen.

Ein Beispiel:

Vor einigen Jahren (1980) trafen zwei Einschätzungen von zwei bekannten katholischen Kirchenhistorikern aufeinander, wobei gesagt werden muß, daß man beiden das Bemühen um die Wahrheit nicht absprechen kann:

Der eine (Remigius Bäumer) sah in Luther den Urheber des Glaubens– und der Kirchenspaltung. Für ihn ist die Reformation in Deutschland das Werk Martin Luthers. Diese Aussage beinhaltet eine starke Personalisierung und Schuldzuweisung. Alle Momente, die Luther entlasten könnten, und alle Versuche, zu einer Verständigung mit der Kurie zu kommen, sieht Bäumer als leicht durchschaubar, unaufrichtig und taktisch an. So erhält Luther die Züge des selbsternannten Reformators, der *absichtsvoll und rechthaberisch* die Spaltung der Kirche riskiert habe.

Der andere (Peter Manns) hielt dem entgegen, für ihn sei Luther ein 'Vater im Glauben', der um der Wahrheit willen und aufgrund der Haltung seiner Gegner zum 'Häretiker' wurde. Für Manns gelang es Luther von der Situation her nicht, seine theologischen Anliegen unmißverständlich, unverkürzt und unpolemisch zu formulieren. Als 'Vater im Glauben' bezeichnet er ihn in Anlehnung an Paulus (1 Kor 4,15); solche Väter im Glauben träten in der Geschichte immer auf, wenn es um das Ganze ginge. Wie Paulus, der das Evangelium aus der juden–christlichen Enge hinausführen mußte, habe auch Luther um der *Wahrheit* willen ins Angesicht widerstehen (Gal 2,11) *müssen.*[6]

Wer hat recht? Wo liegt die objektive Wahrheit? Objektivität stellt für die Geschichtswissenschaft und damit auch für die Kirchengeschichte ein schwerwiegendes Problem dar, denn Aussagen gelten dann als objektiv, wenn sie Gültigkeit besitzen unabhängig von Wertungen und Einstellungen der Subjekte, die sie treffen oder an die sie gerichtet sind. In dieser Form ist Objektivität in der Geschichtswissenschaft kaum zu erreichen, weil die Geschichtsforschung fundamental abhängig ist von der Subjektivität und den subjektiven Einstellungen des Historikers und seiner Adressaten; die jeweilige gesellschaftliche Gegenwart ist einerseits von der Erkenntnis und ihrer Vermittlung nicht vollkommen abzulösen. Andererseits erhebt die Geschichtswissenschaft als Wissenschaft für ihre Ergebnisse den Anspruch von Objektivität. Wie aber kann sie diesen Anspruch einlösen?

Eine zunächst naheliegende Antwort kann sich aus dem methodischen Vorgehen ergeben, denn historische Forschung ist als Wissenschaft an Methoden gebunden. Die allgemein anerkannten und verbindlichen Regeln bestimmen zum einen die Verfahrensweisen, wie die Vergangenheit zu vergegenwärtigen ist, und lassen zum anderen zu, die jeweilige Rekonstruktion nachzuvollziehen. Zwar kann das methodische Vorgehen der historischen Forschung grundsätzlich Objektivität sichern, aber die sacherschließende Kraft des Gegenwartsinteresses an der Vergangenheit ist damit noch nicht hinreichend bedacht. Der Bedeutung, die die Wechselwirkungen des Historikers mit seinen Fakten für die Erkenntnis haben, kann die Methodengebundenheit allein nicht Rechnung tragen. Die Aussagen der Geschichtswissenschaft müssen in ihrem Geltungsanspruch wissenschaftlich begründet werden; es gibt drei Dimensionen historischer Objektivität:

(1) Aussagen der Geschichtswissenschaft müssen *empirisch stringent* sein: Die Gültigkeit der geschichtswissenschaftlichen Aussage ist nach diesem Aspekt darin begründet, daß sich das historische Handeln tatsächlich so ereignet hat. Der Historiker muß den Erfahrungsgehalt seiner Geschichtsschreibung durch Forschung sichern, steigern und intersubjektiv überprüfbar machen. So kann er den Tatsachengehalt weitgehend unabhängig machen von seinem Standpunkt und erreicht für seine Aussagen den Geltungsanspruch einer wissenschaftsspezifischen *Begründungsobjektivität.*

(2) Aussagen der Geschichtswissenschaft müssen *normativ stringent* sein: Die Gültigkeit der geschichtswissenschaftlichen Aussage ist nach diesem Aspekt darin begründet, daß das historische Handeln Gültigkeit für die Gegenwart hat. Der Historiker muß die Normen, die dem Bedeutungsgehalt seiner Aussagen, ihrer Relevanz für die Gegenwart zugrunde liegen, durch die Reflexion seines Standpunktes sichern, steigern und intersubjektiv überprüfbar machen. So erweitert er die von seinem Standpunkt aus entworfene Perspektive, schließt unterschiedli-

che Standpunkte ein und erreicht für seine Aussagen den Geltungsanspruch einer *Konsensobjektivität.*

(3) Aussagen der Geschichtswissenschaft müssen *narrativ stringent* sein: Die Gültigkeit der geschichtswissenschaftlichen Aussage ist nach diesem Aspekt darin begründet, daß die Tatsächlichkeit und die Bedeutung des historischen Handelns in einer in sich sinnvollen Erzählung vermittelt werden. Der Historiker muß die Sinnkriterien, nach denen der Erfahrungs- und Bedeutungsgehalt seiner Aussagen zu einer Einheit vermittelt werden, durch Theoretisierung sichern, steigern und intersubjektiv überprüfbar machen. So expliziert und begründet er die Leitlinien, nach denen er Vergangenheit rekonstruiert, und erreicht für seine Aussagen den Geltungsanspruch einer *Konstruktionsobjektivität.*

Daraus ergibt sich, daß Objektivität in der Geschichtswissenschaft und damit auch in der Kirchengeschichte nicht darin besteht, dauernde Gültigkeit geschichtswissenschaftlicher Aussagen zu erreichen. Gerade in der immer wieder neu zu schreibenden Geschichte kann der Erfahrungs-, Bedeutungs- und Sinngehalt gesteigert werden. Die fundamentale Abhängigkeit der Geschichtsforschung von der Subjektivität und den subjektiven Einstellungen des Historikers und seiner Adressaten wird so nicht verdrängt, sondern in einem Diskurs thematisiert; dadurch wirkt dieser Diskurs objektivitätsbildend und erschließt den Adressaten die Multiperspektivität der Geschichtswissenschaft.

Objektivität ist in der Geschichtswissenschaft ein Ideal, dem sich die Wissenschaft durch das Bemühen nähert, Geschichte nach dem Regelsystem einer wissenschaftlichen Methodik aufzuarbeiten; die Ergebnisse dieser Aufarbeitung müssen für alle nachvollziehbar sein in ihrer empirischen, normativen und in ihrer narrativen Begründung. Geschichtswissenschaft muß sich also darum bemühen, daß jeder zumindest der Möglichkeit nach die so erzählte Geschichte für sich akzeptieren und bejahen kann. – Das gilt für jegliche Geschichtsschreibung, für die Kirchengeschichte als theologische Disziplin aber ganz besonders.

In der genannten Kontroverse zwischen Remigius Bäumer und Peter Manns läßt sich somit auch nicht konstatieren, eine Position sei objektiv wahr, die andere dagegen nicht; derartige Kontroversen können aber dazu beitragen, der Wahrheit näher zu kommen, wenn sie in einen wissenschaftlichen Diskurs eingebracht werden. Dadurch, daß anderen Historikern einzelne Aussagen nicht stringent erscheinen und sie andere Aussagen dagegensetzen, wird wissenschaftlicher Fortschritt erreicht und das Bemühen um Objektivität eingelöst.

Das Objektivitätsbemühen der Historiker bezieht sich in erster Linie selbstverständlich auf die Möglichkeit der Zustimmung durch die jeweils Lebenden, andererseits gilt es zu bedenken, ob dieses Bemühen nicht auch Situations- und Generationsgrenzen übergreifen muß. Eine theologisch orientierte Kirchengeschichte ist einer unbedingten Solidarität, die die Opfer der Geschichte einschließt, verpflichtet. Nur so können wir die Kraft geschichtlicher Erfahrung, das Potential unserer Vergangenheit nutzen. Der Glaube an den Gott der Lebenden und Toten muß uns immer wieder davor bewahren, die Geschichte faktisch zu halbieren und die universale Gerechtigkeit nur auf die künftigen Generationen zu beziehen. In diesem Punkt erweist sich der Glaube auch als Kritik der modernen Gesellschaftsentwürfe, die den Toten und Opfern der Geschichte nicht gerecht werden. Wie inhuman das Fehlen dieser 'Solidarität nach hinten' ist, kommt zum Ausdruck im Synodentext 'Unsere Hoffnung':

„Denn es bedeutet, die vergangenen Leiden zu vergessen und zu verdrängen und uns der Sinnlosigkeit dieser Leiden widerspruchslos zu ergeben. Schließlich macht auch kein Glück der Enkel das Leid der Väter wieder gut, und kein sozialer Fortschritt versöhnt die Ungerechtigkeit, die den Toten widerfahren ist. Wenn wir uns zu lange der Sinnlosigkeit des Todes und der Gleichgültigkeit gegenüber den Toten unterwerfen, werden wir am Ende auch für die Lebenden nur noch banale Versprechen parat haben."[7]

Eine wirkliche 'Solidarität nach hinten' kann nur gelingen, wenn wir uns nicht einseitig nur an bestimmte Teile unserer Vergangenheit erinnern. Darauf hat in der letzten Zeit besonders die Feminismus-Diskussion aufmerksam gemacht: Geschichte erscheint allzu häufig als ein Netz von großen Taten großer Männer. Die Frauen werden ausgeblendet – eine Gefahr, der die Kirchengeschichte gerade wegen der Amtsstruktur in der Kirche ebenfalls begegnen sollte. Die kollektive Erinnerung daran fällt weg, weil es als nicht erinnernswert erscheint. Für die Geschichte der Frauen gilt das ebenso, wie auch für andere Aspekte der Geschichte. Wo liegen die Gründe dafür?

2.2.2 Der Blickwinkel

Es sind in erster Linie psychologisch bedingte Mechanismen, die hier zum Tragen kommen und die alle Menschen von sich selber kennen: Eingeschliffene Selbstverständlichkeiten, wie etwa das gesellschaftlich tradierte Rollenverständnis, bestimmen die Wahrnehmung von Gegenwart, aber auch von Geschichte. Auch erinnern wir uns nicht so gern an die dunklen Kapitel der Geschichte wie an die strahlenden. Wir verdrängen alles, dessen wir uns nicht erinnern wollen. Nun ist das nicht von vornherein problematisch, weil eine allzu negative Erinnerung unsere Handlungen lähmen könnte, aber unser alltägliches Harmoniestreben darf auch nicht ganze Teile der Vergangenheit auslöschen, verharmlosen oder glorifizieren. Diesen Vorgang können wir beispielsweise beobachten, wenn in Stammtisch–Atmosphäre Kriegserinnerungen ausgetauscht werden. Entweder wird in der Erinnerung alles Schmerzvolle, alles Leid umgedeutet, indem man das heroische Tragen dieses Leids zum besonderen Ausweis menschlicher Größe und Fähigkeit hochstilisiert. Diese Form der Erinnerung erreicht zynische Formen, weil sie das Leid verherrlicht; die Folge ist, daß die Bedingungen und Strukturen, die dem Leid zugrundeliegen, nicht in Frage gestellt werden und fortbestehen. Oder in der Erinnerung ist alles Schmerzvolle, alles Leid fein säuberlich herausgefiltert. Vergangenheit erscheint so als geglückt, sie erscheint in einem angenehmen Licht und bietet sich an als scheinbare Möglichkeit, aus dem gegenwärtigen Leiden herauszufliehen.

Es gibt jedoch auch eine Form der Erinnerungen, die die als selbstverständlich und absolut betrachteten Einsichten der Gesellschaft in Frage stellen kann, weil sie frühere Erfahrungen aufblitzen läßt, die einen Kontrast zu den Selbstverständlichkeiten der Gegenwart darstellen. Solche Erinnerungen fordern heraus, werden gefährlich für jedes starre, auf Stabilisierung bestehender Verhältnisse angelegte Denken; dadurch sind sie aber auch in der Lage, zukunftsgestaltende Funktion anzunehmen. In unserer Sprache haben wir den Vorgang an einer Stelle fast unbemerkt erhalten: wir sprechen von Re–formen und meinen damit zumeist geschichtliche Situationen der Rückerinnerung, die zu einem neuen In–Form–Bringen einer bestimmten Institution geführt haben.

Erinnerungen, die den Schmerz der Vergangenheit in unserer heutigen, das Leid weithin verdrängenden Zeit wachrufen, lassen Erfahrungen der Vergangenheit zu Erfahrungen der Gegenwart werden; weil diese Erzählungen das Interesse und die Rücksichtnahme auf das menschliche Leiden wecken, erreichen sie eine Verhaltensänderung der Gesellschaft, lassen sie fragen, welche Entwicklungen menschliches Leid tatsächlich mindern und mehr Freiheit bringen. In diesem Sinne sind solche Erinnerungen dann 'gefährliche Erinnerungen' für den Status quo einer Institution oder der Gesellschaft insgesamt.

Kirchengeschichte darf nicht der Gefahr erliegen, ausschließlich den Blick der Durchgekommenen und Arrivierten nachzuvollziehen, also eine regelrechte Siegergeschichte zu schreiben, zumal in der Auseinandersetzung die späteren Sieger die ihnen oppositionelle Position als pathologisch und als Ursache von Instabilität darzustellen bemüht sind. Die Gründe sind in der konkreten Auseinandersetzung durchsichtig; das stärkt die eigene Position. Blickt man aber später geschichtlich durch die Brille der Sieger, bekommen solche konfliktbedingten, parteiischen Einschätzungen einen 'objektivierten' Charakter und verselbständigen sich als historisch korrekte Bewertung. Die Auseinandersetzungen zwischen dem Lehramt und als Ketzern oder Häretikern Verurteilten zeigen etwa diese Merkmale. So hat lange das Bild, das wir von Girolamo Savonarola oder Martin Luther hatten, massive Züge der Sicht ihres jeweiligen Gegenübers getragen. Kirchengeschichte muß sich daher gerade auch um die Sicht der Verlierer und Vergessenen bemühen, also: Neben den Männern muß sie die Frauen beachten, neben den Heiligen die Ketzer, neben den Päpsten deren Gegenspieler etc. Bei den drei genannten 'Ketzern' ist dies auch sachlich dringend nötig. Bei ihnen kann man zu Recht fragen, ob die Auseinandersetzung mit ihren Gegenspielern nicht eine Kontroverse um die Wahrheit war, in der sie ihre Position so entschieden und sachlich aufrichtig vortrugen, daß sie vor ihrem Gewissen nicht anders konnten, als um der Wahrheit willen zu Ketzern zu werden. Die Kirche selbst hat in dem Prozeß ihres Weges durch die Geschichte auch gelitten; nicht nur Schismatiker und Häretiker sind Opfer dieser Geschichte, auch sie selbst. Täter und Opfer gab es auf beiden Seiten. Auch die Kirche darf das eigene Leid nicht verdrängen; Blut, Tränen, Verbitterung und Wut dürfen nicht einfach als der notwendige historische Preis ihres geschichtlichen Weges abgetan werden.

Unterschiedliche Perspektiven einer Sichtweise von Kirchengeschichte können sich auch ergeben durch den Blickwinkel bestimmter Gruppen und Personen, denn die Zeugnisse der Vergangenheit enthalten ja unterschiedliche perspektivische Sichtweisen und Deutungen. So wird aus dem Blickwinkel der Päpste einiges anders erscheinen als aus dem Blickwinkel der Orden; ebenfalls können so unterschiedliche Blickwinkel wie der spiritualitätsgeschichtliche oder der sozialgeschichtliche andere Perspektiven des historischen Sachverhaltes verdeutlichen. Eine für den gegenwärtig lebenden Menschen sinnvolle Geschichte ergibt sich zumeist erst aus dem Befragen, Analysieren, Interpretieren und In-Beziehung-setzen von Zeugnissen unterschiedlicher Perspektiven.

2.2.3 Die kritische Funktion der Kirchengeschichte

Es ist durchaus verständlich, daß die Kirche einige Blickwinkel nicht einnimmt, daß sie leidvolle Vorgänge immer wieder vergißt, hier hat Kirchengeschichte aber die wichtige kritische Funktion, Erinnerung wachzuhalten. Überhaupt ist es für eine Institution wie die Kirche elementar, daß sie sich ihrer Geschichte erinnert, um deutlich zu machen, wie die Ursprungsintention sich allen gegenläufigen Tendenzen und späteren Manipulationen entgegen bewahren ließ, weil so deutlich wird, wie auch in Situationen scheinbarer Hoffnungslosigkeit und Ohnmacht Zukunftsfähigkeit zu sichern ist. Die Kirchengeschichte leistet diesen Erinnerungsprozeß für die Kirche. Gleichzeitig ist diese Erinnerung ein identitätssteigernder Vorgang, weil die Identität der Kirche geschichtlich ausgeprägt wird. Insofern wirbt die Kirchengeschichte sogar für die Kirche, weil sie Identität schafft und zu Identifikationen einlädt. Um das zu erreichen, darf sie aber nicht blind werden für einzelne Themen; nur eine uneingeschränkte Aufrichtigkeit in der Darstellung der Geschichte der Kirche, also der Verzicht auf ihre apologetische Glorifizierung, kann tatsächlich Identifikation mit der Herkunftsgeschichte sicherstellen. Anderenfalls liefe sie Gefahr, eine Identitätsdiffusion zu programmieren. Für die Kirche und ihre Geschichte gilt hier dasselbe wie für jede einzelne Person: Nur diejenigen, die auch die Schattenseiten ihrer Persönlichkeit annehmen, können zu ihrer Identität finden.

In der Kirche und ihrer historisch erklärbaren Gestalt gibt es Momente, die der Kirchenhistoriker aufgrund kirchengeschichtlicher Kenntnis zwar als historisch gewachsen erklären kann – etwa die heutige Form der sakramentalen Buße –; andererseits kann er aber eben aufgrund seiner kirchengeschichtlichen Kenntnis das Entstandene der Kritik unterziehen, weil es ihm problematisch und theologisch nicht konsequent erscheint. Die kritische Funktion zeigt sich auch in einigen gegenwärtigen Situationen, Differenzen, Konflikten, Problemen und Begriffsverwendungen, die wir als erklärungsbedürftig ansehen, weil sie uns fremd geworden sind oder gar uns befremden. Es sind dies zumeist Beispiele, die in ihrer Fragwürdigkeit nicht anders zu beantworten sind als damit, daß man sie nur historisch erklären kann.

Ein Beispiel:

So fordern etwa viele in unserer pastoralen Situation der Kirche die Aufhebung des Pflicht–Zölibates für Priester und die Einführung der Zulassung von Frauen zum Priestertum. Daß nun in der ökumenischen Diskussion auf Seiten der orthodoxen Kirche die Priester–Ehe überhaupt keine Schwierigkeiten bereitet, die Frauenordination dagegen massive, hat nichts mit der gegenwärtigen pastoralen Situation zu tun, sondern ist ausschließlich historisch erklärbar.

Im ökumenischen Dialog mit den Ostkirchen müßte einen westlichen Befürworter beider Streitfragen ohne entsprechende historische Kenntnisse die schnelle Zustimmung eines Vertreters der Ostkirchen in der einen und die scharfe Ablehnung in der anderen Frage erstaunen. Bedenken wir die Folgen der Trennung von West und Ost, die sich u.a. in einer unterschiedlichen Rechts– und Kulturgeschichte zeigen, können wir uns die Positionen erklären:

(1) Im Osten durfte eine vor der Weihe geschlossene Ehe immer schon fortgesetzt werden. In den Ostkirchen hat es daher immer verheiratete Priester gegeben.

In der römischen Kirche gilt dagegen der Rechtssatz, daß verheiratete Männer am Weiheempfang gehindert sind, solange ihre Ehe besteht, d.h. die Frau nicht gestorben ist oder nicht freiwillig und für immer auf ihre ehelichen Rechte verzichtet hat.

(2) Im Westen hat die sozio–kulturelle Entwicklung für die Frauen zu einer – gegenüber der Antike – deutlichen Verschlechterung ihrer Rechtsstellung geführt; konsequent schlug sich das im Ämter– und Liturgierecht der Kirche nieder. Dennoch konnten Äbtissinen im Mittelalter Lehr– und Jurisdiktionsgewalt ausüben, einige trugen sogar Stab und Mitra.

Die Ostkirchen kannte eine solche Sonderstellung einzelner Frauen nicht. Das byzantinische Recht sah generell eine Reihe von Einschränkungen für Frauen gegenüber den Männern vor; diese galten besonders für das öffentliche Leben.

Aufgrund dieser und anderer Traditionen entstand ein unterschiedlicher, kulturgeschichtlicher Hintergrund, der heute die Frage nach der Rechtsstellung der Frauen auch in der Kirche ganz unterschiedlich stellen läßt.

Diese grundverschiedenen Traditionen erklären die unterschiedlichen Positionen; gleichzeitig verdeutlichen sie, daß eine bestimmte historische Entwicklung nicht die einzig denkbare oder gar die einzig richtige ist.

Grundsätzlich können wir daher festhalten: Wenn wir heutige Phänomene auf ihre geschichtliche Entstehung hin untersuchen, decken wir ihre Gründe auf und stellen sie damit in Frage. Wenn wir nämlich Gründe eines historischen Phänomens nennen, heißt das immer auch, nach Gültigkeit und Fortdauer zu fragen. Es entsteht die Alternative von Annahme oder Ablehnung:

Wir nehmen das historisch Erklärte an, weil uns die Begründung einleuchtet, eignen es uns an und identifizieren uns konsequenterweise damit, oder wir nehmen es an, obwohl wir es uns anders gut vorstellen könnten, verzichten also auf eine Veränderung, weil wir das historisch Gewachsene auch so, wie es geworden ist, akzeptieren können; das gilt sicher in vielen Fällen, wenn das entsprechende Phänomen für uns nicht von entscheidender Bedeutung ist.

Erscheint uns die geschichtliche Begründung nicht akzeptabel, lehnen wir das Erklärte ab; ist uns das Phänomen wichtig, müssen wir konsequenterweise auf eine Veränderung hinarbeiten.

So wird Geschichte zur 'gefährlichen Erinnerung' und ist damit keine esoterische Wissenschaft für den Elfenbeinturm; sie hat eine gesellschaftliche, kirchliche, ja sogar gesellschafts- und kirchenkritische Funktion.

Lesehinweis:

Hans Reinhard Seeliger, Kirchengeschichte – Geschichtstheologie – Geschichtswissenschaft. Analysen zur Wissenschaftstheorie und Theologie der katholischen Kirchengeschichtsschreibung, Düsseldorf 1981, besonders die Abschnitte 1–15 und 24–26.

Die hier favorisierte Art, Kirchengeschichte zu betreiben, und die Funktion, die der Kirchengeschichte damit zukommt, hängen eng zusammen mit dem aufgezeigten Selbstverständnis als einer Disziplin der Theologie.

Neben christlichen Theologen gibt es aber selbstverständlich auch andere Geschichtswissenschaftler und Autoren, die sich mit der Geschichte der Kirche beschäftigen. Es kann und darf der Theologie bzw. der Kirchengeschichte nicht gleichgültig sein, was außerhalb ihrer eigenen Grenzen über ihr ureigenstes Thema gesagt und geschrieben wird.

Anmerkungen:

(1) Joseph Nirschl, Propädeutik der Kirchengeschichte für kirchenhistorische Seminare und zum Selbstunterricht, Mainz 1888, 8.

(2) Ebd., 9.

(3) Johannes Janssen, Culturzustände des deutschen Volkes seit dem Ausgang des Mittelalters bis zum Beginn des dreißigjährigen Krieges. Bd. 4, ergänzt und hg. v. Ludwig Pastor (=Geschichte des deutschen Volkes seit dem Ausgang des Mittelalters 8), Freiburg 1894, 521, 541f., 648.

(4) Georg Längin, Religion und Hexenprozeß. Zur Würdigung des 400jährigen Jubiläums der Hexenbulle und des Hexenhammers sowie der neuesten katholischen Geschichtsschreibung auf diesem Gebiete, Leipzig 1888, 109–112.

(5) Romano Guardini, Das Erwachen der Kirche in der Seele, in: Ders., Vom Sinn der Kirche. Fünf Vorträge, Mainz 1922, 1–19: „Ein religiöser Vorgang von unabsehbarer Tragweite hat eingesetzt: Die Kirche erwacht in den Seelen." ebd., 1.

(6) Vgl. Remigius Bäumer, Das Zeitalter der Glaubensspaltung, in: Bernhard Kötting (Hg.), Kleine deutsche Kirchengeschichte, Freiburg 1980, 53–79; Peter Manns legte seine Sicht u.a. in einer Predigt am 2.11.1980 in der Marktkirche zu Hannover dar; der Text wurde publiziert: Peter Manns, Martin Luther. Ketzer oder Vater im Glauben? (=Vorlagen 4), Hannover 1980.

(7) Unsere Hoffnung. Ein Bekenntnis zum Glauben in dieser Zeit, in: Ludwig Bertsch u.a. (Hg.), Gemeinsame Synode der Bistümer in der Bundesrepublik Deutschland. Beschlüsse der Vollversammlung. Offizielle Gesamtausgabe I, Freiburg 2. Aufl. 1976, 91.

3 Die Kirchengeschichte in nicht–theologischer Sicht

Wie bereits im Abschnitt über die Selbstverständnispositionen deutlich geworden ist, gibt es durchaus Kirchenhistoriker, die sich auch innerhalb der Theologie mit ihrem Forschungs– und Lehrgegenstand 'Kirchengeschichte' nur als Geschichtswissenschaftler verstehen und aus wissenschaftstheoretischen Gründen für eine nicht–theologische Kirchengeschichte plädieren; auch Victor Conzemius etwa lehrte bis zu seinem Ausscheiden 1980 in einer theologischen Fakultät.

Daneben gibt es, wie ein Blick in Vorlesungsverzeichnisse oder entsprechende Publikationslisten zeigt, viele Geschichtswissenschaftler, die Kirchengeschichte zu ihrem Forschungs– und Lehrgegenstand zählen.

Mit nicht–theologischer Sicht meine ich hier also die allgemein–geschichtswissenschaftlichen[1], auch populärwissenschaftlichen und tendenziösen Sichtweisen.

3.1 Zur geschichtswissenschaftlichen Sicht

So wie die Kirchengeschichte über die Grenzen der Kirche hinausgreifen muß, um die Geschichte der Kirche rekonstruieren und darstellen zu können, können Historiker in ihren Versuchen, die Geschichte allgemein zu rekonstruieren, die Kirche und ihre Geschichte nicht einfach ausklammern. Ziel und Erkenntnisinteresse unterscheiden sich aber von denen eines Kirchenhistorikers, der die Ergebnisse seiner Arbeit einbringt in den Gesprächszusammenhang Kirche und Theologie, während es dem Historiker um die Rekonstruktion der Geschichte allgemein und um den gesamtgesellschaftlichen Gesprächszusammenhang geht.

Geschichtswissenschaftliche Arbeiten sind daher in der Regel für die Kirchengeschichte sehr interessant, ihnen fehlt in der Regel aber die spezielle theologische Perspektive.

In der Geschichtswissenschaft gibt es ähnlich wie in der Kirchengeschichte verschiedene wissenschaftstheoretische Grundpositionen. Neben den sogenannten 'bürgerlichen' ist die Gruppe der marxistischen Geschichtswissenschaftler wichtig. Für unseren Zusammenhang ist diese Ausrichtung deshalb von großem Interesse, weil sie, wenn sie sich überhaupt mit der Kirche und ihrer Geschichte beschäftigt, eine sehr kritische Sichtweise vertritt.

3.2 Zur marxistischen Sicht

Für die marxistische Kirchengeschichtsschreibung ergibt sich ein antikirchlicher Akzent aus der Aufgabenstellung der marxistisch–leninistischen Geschichtsschreibung, die sich methodisch bewußt stützt auf die – um es in der entsprechenden Terminologie auszudrücken – Weltanschauung der Arbeiterklasse, auf den dialektischen und historischen Materialismus, der den Ursprung der Gesellschaftstheorie und eine Revolution der Methode darstellt.

Ein Historiker über den Gegenstand der marxistisch–leninistischen Geschichtswissenschaft:

„Sie will, methodisch auf drei miteinander verbundenen Ebenen sich bewegend, Sachverhalte aus der Vielzahl der Quellen erforschen, sie in Begriffen und Gesetzen theoretisch bestimmen und im Erscheinungsreichtum plastisch darstellen – und zwar mit dem letzten Ziel im Auge, historische Grundverhältnisse immer sachgerechter widerspiegeln und zu erklären, nämlich wie die Menschen das von ihnen in der materiellen Produktion ihres Lebens geschaffene grundlegende Bewegungsgesetz der Gesellschaft, die Dialektik von Produktivkräften und Produktionsverhältnissen, d.h. im Struktur– und Entwicklungszusammenhang mit der gesellschaftlichen Totalität von Ökonomie, Kultur und (soweit schon ausgebildet) Politik in den klassenlosen Urgemeinschaften, in den antagonistischen Klassengesellschaften durchsetzen; zugleich erhellen, wie die Menschen im widerspruchsvollen Fortschreiten die Herrschaft über sich selbst, ihre Verhältnisse und die Natur gewinnen, mit dem Übergang zum Kommunismus die Vorgeschichte in der Selbsterzeugung des Menschen abschließen und somit den humanistischen Sinn der Geschichte voll verwirklichen."[2]

Bereits aus dieser Umschreibung geht deutlich hervor, daß Kirchengeschichte mit diesem Ansatz nur unzureichend zu erfassen ist, da hier Geschichtsschreibung von den gesellschafts–politischen Hauptaufgaben der Gegenwart ausgeht und ihren Beitrag zur Lösung der Probleme liefern will, vor denen die marxistisch–leninistische Geschichtswissenschaft und die marxistisch–leninistische Gesellschaftswissenschaft überhaupt stehen. Gegen den Ausgangspunkt eines möglichen Beitrages zur Lösung von Gegenwartsproblemen ist zwar sicher nichts einzuwenden, wenn die einzelnen Historiker dies von ihrem je eigenen Ansatz her betreiben. Für die marxistisch–leninistische Geschichtsschreibung gibt es aber eine allgemeinverbindliche Definierung von Anforderungen an sie, die außerwissenschaftliche Instanzen (etwa die Partei und ihre Gliederungen) formulieren. Diese wiederum haben kaum Interesse an der Lehre der Kirche und an theologischen Entwicklungen, die aber für ein volles Verständnis der Kirchengeschichte unabdingbar sind. Von daher wirft dann auch der Anspruch von marxistisch–leninistischen Historikern ein entsprechendes Licht auf ihre Wissenschaftsposition, wenn etwa der bereits erwähnte Ernst Engelberg auf die selbst gestellte Frage, ob die Historiker der DDR oder die der Bundesrepublik eine wahrheitsgemäße und zukunftsträchtige Antwort auf die Lebensfragen unseres Volkes geben, die quasi–religiöse, offensichtlich auf Jo 14,6 gezielte Antwort gibt: „Wir hier sind auf dem Weg der Wahrheit und des Lebens."[3]

Daher kann es nicht erstaunen, wenn in der marxistischen Geschichtsschreibung die Kirchengeschichte weitgehend verschwiegen wird. Neben diesem Desinteresse läßt sich bei einigen Autoren noch eine pauschale Diffamierung der Kirche als Instrument der herrschenden Klasse finden; zur Untermauerung dieser Sicht werden historische Einzelaspekte herangezogen. Ansonsten bilden andere geschichtliche Vorgänge den Rahmen für ein Aufgreifen kirchengeschichtlicher Themen. Sie werden auf der Grundlage marxistischer Interpretation beurteilt mit dem Ergebnis, daß Kategorien wie Voraussetzungen und Schlüsse zumeist nur für Marxisten nachvollziehbar sind. Man verkürzt die Bedeutung von Vorgängen und Personen, wenn man sie nur unter einem bestimmten Aspekt sieht, man verkürzt damit die historische Wahrheit: Es reicht beispielsweise nicht aus, das Wesen der Reformation unter ökonomischen oder, ihnen nachfolgend, politischen Motiven zu erfassen. Für den Kirchenhistoriker ist die Reformation und der Bauernkrieg nicht einfach eine 'frühbürgerliche Revolution' und Thomas Müntzer 'der Ideologe der ersten revolutionären Massenbewegung unseres Volkes'. Hier fehlt die Sicht innerkirchlicher Vorgänge, die erst die kirchenpolitischen Haltungen bestimmen, es fehlt vor allem eine Sicht und Beurteilung der Theologie.

Das gewählte Beispiel ist recht pointiert, denn in der jüngsten Zeit wird in der marxistisch–leninistischen Geschichtswissenschaft dem ideologischen Überbau, zu dem in dieser Sichtweise selbstverständlich die Theologie gehört, eine durchaus selbständige Rolle zugewiesen. Hier zeigt sich, daß der Satz, das Sein bestimme das Bewußtsein, nicht mehr so doktrinär und einlinig gilt. Gerade neuere Arbeiten zur Reformationsgeschichte machen das deutlich.

Generell wird man aber sagen können, daß die marxistische Geschichtswissenschaft sich vom Ansatz her als integrale Wissenschaft versteht, für die Teildisziplinen allenfalls Hilfsfunktionen haben. In die Interpretation der marxistischen Kirchengeschichtsschreibung geht so auch kaum die Eigengesetzlichkeit der beurteilten Institutionen ein: Motive und Hintergründe, die als theologisch, innerkirchlich oder glaubensbezogen zu kennzeichnen sind, werden weitgehend außer acht gelassen zugunsten einer gesellschaftlich–politischen Wertung der Vorgänge. Insofern muß diese Sichtweise auch von der Kirchengeschichtsschreibung im eigentlichen Sinn abgesetzt werden.

Lesehinweis:

Helmut Dahm/Wilhelm Goerdt, Art. Materialismus, historischer, materialistische Geschichtsauffassung, in: Joachim Ritter u.a.(Hg.), Historisches Wörterbuch der Philosophie. Bd.5, Basel 1980, 859–868

Oswald Schwemmer, Art. Materialismus, historischer, in: Jürgen Mittelstraß u.a. (Hg.), Enzyklopädie Philosophie und Wissenschaftstheorie. Bd.2, Mannheim 1984, 793–795

ferner entsprechende Artikel in anderen einschlägigen Wörterbüchern und Lexika (für erste Hinweise s.u. Abschnitt 7.4).

Neben dieser schon aus methodischen Gründen kirchenkritischen Sichtweise gibt es eine ständig steigende Zahl von Veröffentlichungen, in denen die Kirchengeschichte als eine Kette von Skandalen dargestellt wird.

3.3 Chronique scandaleuse?

Diese Gruppe kirchengeschichtlicher Darstellungen mit antikirchlichem Charakter sind dadurch gekennzeichnet, daß sie bestimmte Einzelfakten und Ereignisse zusammentragen, ohne sich um eine wirkliche Gesamtsicht zu bemühen.

Auffällig an diesen Veröffentlichungen ist nahezu durchweg die selten anzutreffende eigene Forschungsleistung, man referiert häufig nicht wissenschaftlich fundierte Sekundärliteratur, benutzt kaum einmal Quellen und beurteilt historische Vorgänge aufgrund heutiger Einsichten und Erkenntnisse. Deutlich auszumachen ist hier das einseitig gebundene Erkenntnis–Interesse der Verfasser. Darunter sind häufig solche, die der Kirche enttäuscht den Rücken gekehrt haben. Das bringen zum Teil ihre Titel bereits zum Ausdruck, wenn sie etwa das Anliegen einer „Demaskierung des Christentums von den Evangelisten bis zu den Faschisten"[4] formulieren. Diese sich selbst kritisch gebende Kirchengeschichtsschreibung ist genau besehen eher unkritisch, weil sie mit zu vielen Wahrscheinlichkeitsargumenten arbeitet; sie ist daher als pseudokritisch zu bezeichnen. Von anderen wird sie nahezu als ausschließliche Grundlage für eigene Darstellungen herangezogen; so finden sich dann Darstellungen wie „Christus oder Vatikan. Tatsachen aus der Weltgeschichte, die nicht jeder kennt" oder „Von Paulus bis zur Atombombe. Was ist von der Lehre Jesu übrig geblieben?"[5] bei entsprechenden christlichen Sektierergruppen.

Kirchengeschichte kann und darf diese Veröffentlichungen nicht einfach ignorieren, weil sie mehr noch als die anders–religiösen Darstellungen Enttäuschungen über die Kirche sowie die Wünsche an sie spiegeln und weil sie auch auf Lücken der Kirchengeschichtsschreibung hinweisen.

Zu bedenken bleibt, daß im Gegensatz zu einer traditionalistischen Kirchengeschichtsschreibung, die von den als schlimm beurteilten Zuständen der Gegenwart her die Vergangenheit glorifiziert, die pseudokritische vom Standpunkt einer besseren Gegenwart die dunkle Vergangenheit einer radikalen Kritik unterzieht. Theologisch sind beide Richtungen allein deshalb bedenklich, da die eine keine Schuld, die andere keine Vergebung zu kennen scheint.

Die unterschiedlichen Ausrichtungen und Sichtweisen, die hier angesprochen wurden, zeigen deutlich, wie derselbe Stoff völlig verschieden dargestellt und bewertet werden kann. Diese Einsicht darf nicht von einer Beschäftigung mit der Geschichte abschrecken, sondern sollte Anlaß sein, sich mit Möglichkeiten und Methoden zu beschäftigen, wie und wo wir den Stoff, der der unterschiedlichen Geschichtsschreibung zugrunde liegt, erheben können, um ihn dann zu erschließen und zu verstehen.

Anmerkungen:

(1) Mitunter wird diese Sichtweise auch als „profanhistorische" bezeichnet; die Differenzierung Kirchengeschichte – Profangeschichte erscheint mir schon allein aus sprachlogischen Gründen problematisch.

(2) Ernst Engelberg, Theorie, Empirie und Methode in der Geschichtswissenschaft. Gesammelte Aufsätze, hg. von Wolfgang Küttler und Gustav Seeber, Vaduz 1980, 30 (=Lizenzausgabe, Original: Ost–Berlin 1980).

(3) Ders., Politik und Geschichtsschreibung. Die historische Stellung und Aufgabe der Geschichtswissenschaft in der DDR, in: Zeitschrift für Geschichtswissenschaft 6 (1958) 495; nach den Veränderungen der politischen und staatlichen Verhältnisse in Deutschland erscheint die Aussage Engelbergs doppelt fragwürdig.

(4) Vgl. den Untertitel des Buches von Karlheinz Deschner, Abermals krähte der Hahn. Eine Demaskierung des Christentums von den Evangelisten bis zu den Faschisten, Reinbek 1972; dieser erstmals 1962, dann mehrfach neuaufgelegte Titel und eine Reihe weiterer Veröffentlichungen haben Karlheinz Deschner zum bekanntesten Vertreter der pseudokritischen Kirchengeschichtsschreibung in Deutschland gemacht.

(5) Peter Weltner, Christus oder Vatikan. Tatsachen aus der Weltgeschichte, die nicht jeder kennt, Würzburg 1982; Fritz Singer/ Leopold Heinz, Von Paulus bis zur Atombombe. Was ist von der Lehre Jesu übrig geblieben?, Würzburg o.J. Beide Schriften sind Publikationen des „Heimholungswerkes Jesu Christi".

4 Der Stoff der Kirchengeschichte und die historische Methode

In den genannten nicht–theologischen Sichtweisen ging es jeweils um Darstellungen der Kirchengeschichte. Neben den Geschichtsdarstellungen können wir Kenntnis vergangenen Geschehens auch durch andere Überlieferungsformen erhalten. Seit dem Humanismus des 15./16. Jahrhunderts gelten 'Quellen' als die Hauptträger des Überlieferungsprozesses.

4.1 Quellen

Der Humanismus hat bereits, wie sich auch in dem Ruf 'ad fontes', dem Zurück–zu–den–Quellen, zeigt, eine Wertung der Quellen begründet, die sich heute noch in einem ganz allgemeinen Verständnis spiegelt: Bei 'Quelle' assoziiert man zunächst allgemein den Ursprung und das erste Stück eines Wasserlaufes, der hier noch rein und klar ist, weder durch Benutzung noch Zulauf anderen Wassers trübe wird und der scheinbar unerschöpflich nachfließt; nur in seinem weiteren Verlauf verwässert sich das Bild des Ursprungs. Bei der Übertragung auf Geschichtsquellen stellen sich daher aus der Assoziation schnell Urteile über den Wert von Quellen ein: So gelten sie als ursprünglich, ungetrübt und unerschöpflich.

4.1.1 Beispiele

Bleiben wir zunächst bei dem allgemein verbreiteten Verständnis von Quellen und fragen, was denn nun im einzelnen Quellen sind; darauf würden wir schon weniger schnell deckungsgleiche Antworten erhalten. In einigen Fällen ist der Quellencharakter sicher fraglos.

Ein erstes Beispiel für eine Quelle:

In einer berühmt gewordenen Reichstagsrede vom 14. Mai 1872 erklärt der deutsche Reichskanzler Otto von Bismarck:

> „Ich halte es nach den neuerdings ausgesprochenen und öffentlich promulgirten Dogmen der katholischen Kirche nicht für möglich für eine weltliche Macht, zu einem Concordat zu gelangen, ohne daß diese weltliche Macht bis zu einem Grade und in einer Weise effacirt würde, die das Deutsche Reich wenigstens nicht annehmen kann.
>
> (Sehr wahr!)
>
> Seien Sie außer Sorge: *Nach Canossa gehen wir nicht* – weder körperlich noch geistig!
>
> (Lebhaftes Bravo!)"

[Quellenangabe s.u. Abschnitt 9]

Wenn wir davon ausgehen, daß diese Rede allgemein als eine Geschichtsquelle angesehen wird, müßten wir ja auch den Maßstab der genannten Assoziationen anlegen können: Keine Frage, diese Quelle ist ursprünglich und ungetrübt, was ihre historische Echtheit angeht, wie sich leicht durch andere Zeugnisse nachweisen läßt. Der Eindruck des Unerschöpflichen mag sich auch bereits einstellen, wenn man beim ersten Lesen eines solch' kurzen Textes schon Verständnisschwierigkeiten hat. Wir müssen also weiter ausschöpfen und sehen hier sehr deutlich, daß eine Quelle keineswegs immer gleich sprechend ist; zunächst müssen wir Kenntnis haben von der Bedeutung heute kaum oder gar nicht mehr üblicher Wörter (promulgiren/ promulgieren = bekanntmachen bzw. effaciren/ effazieren = auslöschen, tilgen); ebenfalls muß die Bedeutung entsprechender Fachtermini (Dogma = kirchlicher Glaubens-Lehrsatz; Concordat/ Konkordat = Vertrag zwischen einem Staat und dem Papst über Angelegenheiten der katholischen Kirche in dem jeweiligen Staat) gesichert sein und letztlich benötigen wir zum Verständnis des Textes auch weitere geschichtliche Informationen: Welche Dogmen sind gemeint und was hat es mit 'Canossa' auf sich? Schon allein aufgrund des Datums der Bismarckrede liegt es nahe, bei den fraglichen Dogmen einerseits zu denken an das von der Unbefleckten Empfängnis Mariens (1854); dieses Dogma machte im katholischen Raum tiefen Eindruck und unterstrich die Vorrechte des Papstes, während es im protestantisch geprägten Preußen weitgehend auf Empörung und Unverständnis stieß. Andererseits ist selbstverständlich zu denken an die päpstliche Unfehlbarkeit in Glaubens– und Sittenangelegenheiten, die das Erste Vatikanische Konzil zwei Jahre vor der Reichstagsrede (1870) definiert hatte. Offensichtlich sah der deutsche Reichskanzler darin, wie wir aus dem Text herauslesen können, einen unvertretbaren Machtanspruch, der den Abschluß eines Vertrages unmöglich machte: Für Bismarck wäre das ein 'Gang nach Canossa' gewesen; rein aus dem Text können wir nur vermuten, daß ein solcher Gang offensichtlich einer schlimmen Demütigung entsprochen hätte. In dieser Bedeutung gibt es den Terminus auch noch in der Alltagssprache. Der Hintergrund ist wieder einmal nur historisch zu erklären.

Ein zweites Beispiel für eine Quelle:

In einem Brief an die deutschen Fürsten vom Januar 1077 schreibt Papst Gregor VII.:

„Er schickte auch, bevor er den Boden Italiens betrat, demütig bittende Gesandte zu uns voraus, bot an, Gott, dem heiligen Petrus und uns in allem Genugtuung zu leisten, und versprach, zur Besserung seines Lebens allen Gehorsam zu wahren, sofern er bei uns die Gnade der Absolution und des apostolischen Segens zu erlangen verdiene. Als wir das durch viele Anfragen lange hinzögerten und duch alle Boten hin und her heftige Beschuldigungen gegen ihn wegen seiner Vergehen erhoben, kam er schließlich persönlich mit wenigen Leuten, ohne eine feindliche oder verletzende Haltung zu zeigen, zum Ort Canossa, wo wir uns aufhielten. Und dort harrte er drei Tage hindurch vor dem Tor der Burg aus ohne jedes Abzeichen der königlichen Würde in jämmerlichem Aufzug, nämlich ohne Schuhe und in wollenem Gewand; er hörte nicht eher auf, unter vielen Tränen Hilfe und Trost des apostolischen Erbarmens zu erflehen, als bis er alle, die dort waren und zu denen diese Kunde gelangte, zu solcher Teilnahme und solch mitleidigem Erbarmen bewegte, daß sich alle für ihn mit vielen Bitten und Tränen verwandten und sich über die ungewöhnliche Härte unserer Haltung wunderten, einige aber sogar laut klagten, daß wir nicht nur die Schärfe apostolischer Strenge, sondern die Grausamkeit einer gleichsam fast tyrannischen Wildheit zeigten. Schließlich ließen wir uns durch seine inständige Reue und die dringende Fürbitte aller Anwesenden überwältigen, lösten ihn von der Fessel des Bannfluchs und nahmen ihn wieder in die Gnade des Abendmahles und in den Schoß der heiligen Mutter Kirche auf, nachdem er uns die Sicherheiten gegeben hatte, die unten aufgezeichnet sind. Die ließen wir uns auch bestätigen vom Abt von Cluny und von unseren Töchtern Mathilde und der Gräfin Adelheid und von anderen Fürsten, Bischöfen und Laien, die uns dazu von Nutzen schienen."

[Quellenangabe s.u. Abschnitt 9]

Diese Quelle berichtet von einem, der tatsächlich einen Gang nach Canossa gemacht hat, allerdings wird er hier nicht namentlich genannt. Es handelt sich um den deutschen König Heinrich IV., den der Briefschreiber – nach Aussagen der Quelle – von der Fessel des Bannfluchs gelöst hat. Auch hier müssen wir zunächst den Terminus klären: Der Bann ist das schwerste kirchliche Zuchtmittel, das eine Exkommunikation, also den Ausschluß von den Sakramenten mit staatlichen Rechtsfolgen bedeutete und von Mt 18,15–17 abgeleitet wurde. Wenn wir nun die Quelle verstehen wollen, müssen wir fragen, wie es zur Bannung des deutschen Königs gekommen ist. Vorausgegangen war die Besetzung des Mailänder Bischofsstuhles 1075 mit einem deutschen Erzbischof durch den deutschen König Heinrich IV.. Daraufhin hatte Gregor die sogenannte Laieninvestitur, die Einsetzung in ein Kirchenamt durch Laien, verboten. Er wollte damit seine Reform des Papsttums, die auch auf eine Freiheit vom deutschen Königtum zielte, unterstreichen. Heinrich besetzt aber weiterhin Bischofsstühle. Am 22. Februar 1076 verkündet Gregor den Kirchenbann gegen Heinrich und entbindet die Untertanen vom Treueeid gegenüber dem König, denn alle Eide, die einer vom Papst gebannten Person geleistet wurden, galten mit dem Ausspruch des Banns als aufgehoben. Diese Entbindung vom Treueeid war für die mittelalterliche Staatsstruktur ungeheuer und hatte weitreichende Folgen. Die deutschen Fürsten fielen daraufhin im Oktober 1076 von Heinrich ab, indem sie ihn unter Androhung einer Neuwahl aufforderten, sich innerhalb eines Jahres vom Bann lösen zu lassen. Im Januar 1077 kommt es dann zum Gang nach Canossa, der in der Einschätzung unserer ersten Quelle ein Akt demütigender Unterwerfung war. Nach der zweiten Quelle dagegen scheint es dem Papst weniger um die Unterwürfigkeit und politische Besinnung des Königs zu gehen; er betont eher den religiösen Aspekt und dessen Folgen. Fragen wir genauer nach, können wir feststellen, daß eine dreitägige Dauer des Bußaktes vor Canossa überall verbürgt wird. Auch die Mönche, die mitgekommen waren, büßten diese drei Tage. Ebenfalls aus anderen Informationen wissen wir: Der Bußakt begann am 25. Januar, an dem Tag also, auf den man die Bekehrung des Paulus datiert, dem nach drei Tagen Buße eine 'Lossprechung' zuteil wurde (vgl. Apg 9,9). Berücksichtigen wir die Hintergründe der Terminierung und der Motive, erscheinen die Ereignisse in einem anderen Licht, als die erste Quelle es nahelegte. So ging die Initiative nicht vom Papst aus, der den König zur Buße zwang, sondern von Heinrich, der den Papst mit Blick auf Paulus unter Druck setzte, den Bann zu lösen. Von einem Effazieren einer weltlichen Macht, wie Bismarck sich ausdrückte, kann daher keine Rede sein. Bismarck versteht die Vorgänge in Canossa offensichtlich als eine Demütigung durch den Papst; sein Blick ist aber durch die politischen Auseinandersetzungen seiner Zeit verengt und entspricht nicht den historischen Fakten; seine Rede ist dennoch eine wichtige und brauchbare Quelle: Sie besagt zwar nichts mit Blick auf das Geschehen in Canossa, aber sehr viel über die von der nationaldeutschen Geschichtsschreibung der Sturm- und Drangzeit geprägte Auffassung des deutschen Reichskanzlers und vieler Politiker der damaligen Zeit.

4.1.2 Begriffserklärungen

Wenn wir nun nach diesen Beispielen eine Definition des Begriffs 'Quellen' angeben wollten, legte sich eine möglichst offene Angabe nahe. Der Historiker Paul Kirn hat solch' eine offene Definition vorgeschlagen, die in der Fachwissenschaft allgemein akzeptiert ist:

„Quellen nennen wir alle Texte, Gegenstände oder Tatsachen, aus denen Kenntnis der Vergangenheit gewonnen werden kann."[1]

Mit *Texten* meint Kirn jede Art einer geschriebenen oder gedruckten Mitteilung, mit *Gegenständen* jede Art von gegenständlich Vorgefundenem wie Bauten, Bilder etc. und mit *Tatsachen* jede Art nicht schriftlich oder gegenständlich vorfindbarer Phänomene wie Sitten, Riten oder Sprachbestandteile aus der eigenen oder aus anderen Kulturen. Alle Arten von Quellen lassen sich selbstverständlich auch nach anderen Gesichtspunkten einteilen. Paul Kirn schlägt folgende vier Gesichtspunkte zur Quellenbetrachtung bzw. vier Fragehaltungen vor, mit deren Hilfe sich

Quellenarten näher differenzieren lassen:

(1) Ursprung
(2) Inhalt
(3) Zweck
(4) Erkenntniswert.

Für die ersten drei Gesichtspunkte lauten die entsprechenden Leitfragen:

(1) Ist die Quelle zeitgenössisch oder zeitlich entfernt, ist sie einheimisch oder fremd, unmittelbar oder mittelbar, privat oder öffentlich?

(2) Sagt die Quelle etwas aus über die Geschichte der Rechtspflege, der Kunst, der Religion usw.?

(3) Ist die Quelle ein Bericht, eine Chronik, eine Urkunde, ein Brief oder ein Bild, ein Gebäude usw.? Für den vierten Gesichtspunkt gilt eine Unterscheidung, die wir noch näher beleuchten müssen:

(4) Ist die Quelle ein Überrest oder eine Tradition?

Unter *Tradition* versteht man in dieser Unterscheidung diejenigen Quellen, die zum Zweck der Unterrichtung und Überlieferung angefertigt wurden, während wir als *Überreste* alles Quellenmaterial bezeichnen, das unmittelbar von historischen Geschehnissen übrig geblieben ist. Bei den sogenannten Sachüberresten ist diese Definition sofort verständlich; so können wir Kirchen und Gebäude als unmittelbar übrig gebliebenes Material ansehen.

4.1.3 Beispiele für Überrestquellen

An zwei Beispielen soll die Aussagekraft von Überrestquellen nachgewiesen werden. Es handelt sich um zwei Idealpläne für den Bau eines Klosters.

Ein erstes Beispiel:

Der Plan ist ein auf Pergament gezeichnetes Dokument, das in der Stiftsbibliothek St.Gallen erhalten geblieben ist. Die Beschriftung des Plans weist auf die Bodenseeinsel Reichenau hin, aber die Reliquienangaben sprechen eher für den Besitz an Reliquien in St.Gallen. Auf diesen Ort weist auch der Adressat hin: Gerichtet ist der Plan an 'Sohn Gozbert'. In St.Gallen gab es von 816 bis 836 einen Abt Gozbert. Man geht daher allgemein davon aus, daß der Plan auf der Reichenau gezeichnet wurde und an den St.Galler Abt gerichtet war, der um 830 mit dem Bau einer neuen Klosterkirche begann. Eine erste Datierung des Plans ist daher für die Zeitspanne von 816 bis 830 anzusetzen. Der Plan ist hier im Faksimile (lat. fac simile = Mach' gleich!), also in einer originalgetreuen Nachbildung abgedruckt; selbstverständlich sind die kennzeichnenden Zahlen und Buchstaben sowie die Legende für den Druck hinzugefügt. Mit einer Ausnahme ist die Identifizierung des Bestimmungszwecks von Gebäuden, sind selbst die Namen von Bäumen, Kräutern und Gemüse im Klostergarten der Beschriftung des Originalplans zu entnehmen.

Obwohl nicht alle Probleme um diesen Plan erforscht sind, so ist bislang die Differenz von Maßangaben und Maßstab nicht erklärt, bietet er uns einige Informationen direkt.

Die Bauten des Klosterplans. Übersicht

1 Basilika
2 Schreibstube (im Obergeschoß Bibliothek)
3 Sakristei (im Obergeschoß Paramentenkammer)
4 Hostienbäckerei und Ölpresse
5 Kreuzgang im Klaustrum der Mönche (die an die Basilika grenzende Portikus dient als Kapitelsaal)
6 Pisalis / Tagesraum der Mönche (im Obergeschoß Dormitorium)
7 Abtritt
8 Wasch- und Badehaus
9 Refektorium (im Obergeschoß Vestiarium / Kleiderkammer)
10 Küche der Mönche
11 Kellarium (im Obergeschoß Lardarium / Vorräte)
12 Pfortenraum des Klaustrums und Sprechzimmer für Besucher
13 Stube des Pilgermeisters
14 Pilgerherberge
15 Brauerei und Bäckerei der Pilgerherberge
16 Wohnung des Gastmeisters
17 Wohnung des Schulmeisters
18 Wohnung für durchreisende Ordensbrüder
19 Unterkunft der Reisebegleitung vornehmer Gäste
20 Küche mit Speisekammer, Brauerei und Bäckerei des Gästehauses
21 Gästehaus
22 Schule der Oblaten
23 Abtspfalz
24 Bad, Speisekammer und Küche der Abtspfalz
25 Haus für den Aderlaß und die Anwendung von Pugiermitteln
26 Arzthaus mit Apotheke und Zimmer für Schwerkranke
27 Arzneikräutergarten
28 Kapelle des Krankenhauses
29 Krankenhaus
30 Bad und Küche des Krankenhauses
31 Kapelle des Novizenhauses
32 Novizenhaus
33 Küche und Bad des Novizenhauses
34 Obstgarten und Friedhof
35 Gemüsegarten
36 Gärtnerhaus
37 Gänsestall
38 Haus der Geflügelwärter
39 Hühnerstall
40 Kornspeicher mit Dreschtenne
41 Räume des Kamerarius und Werkstätten (Sattler und Schuhmacher, Schildmacher und Schwertfeger/Messerschleifer, Gerber und Drechsler)
42 Werkstätten (Walker, Grobschmied, Goldschmied)
43 Bäckerei und Brauerei der Mönche
44 Mühle
45 Stampfe
46 Darre
47 Werkstätten (Küfer, Holzmechaniker)
48 Kornspeicher für Mühle - Bäckerei und Darre - Stampfe - Brauerei
49 Pferde- und Ochsenstall
50 Schafstall
51 Ziegenstall
52 Kuhstall
53 Gesindehaus
54 Schweinestall
55 Stutenstall

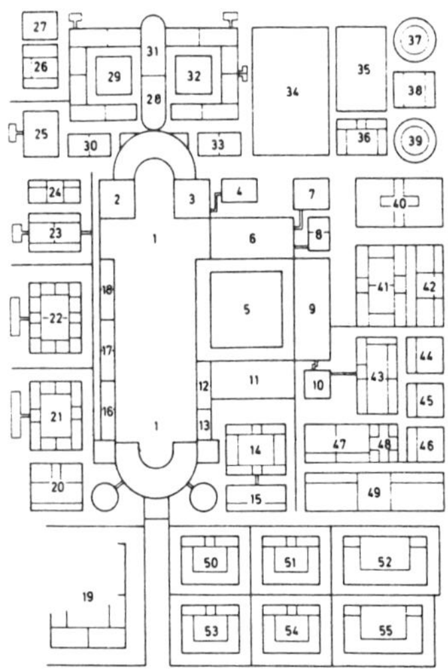

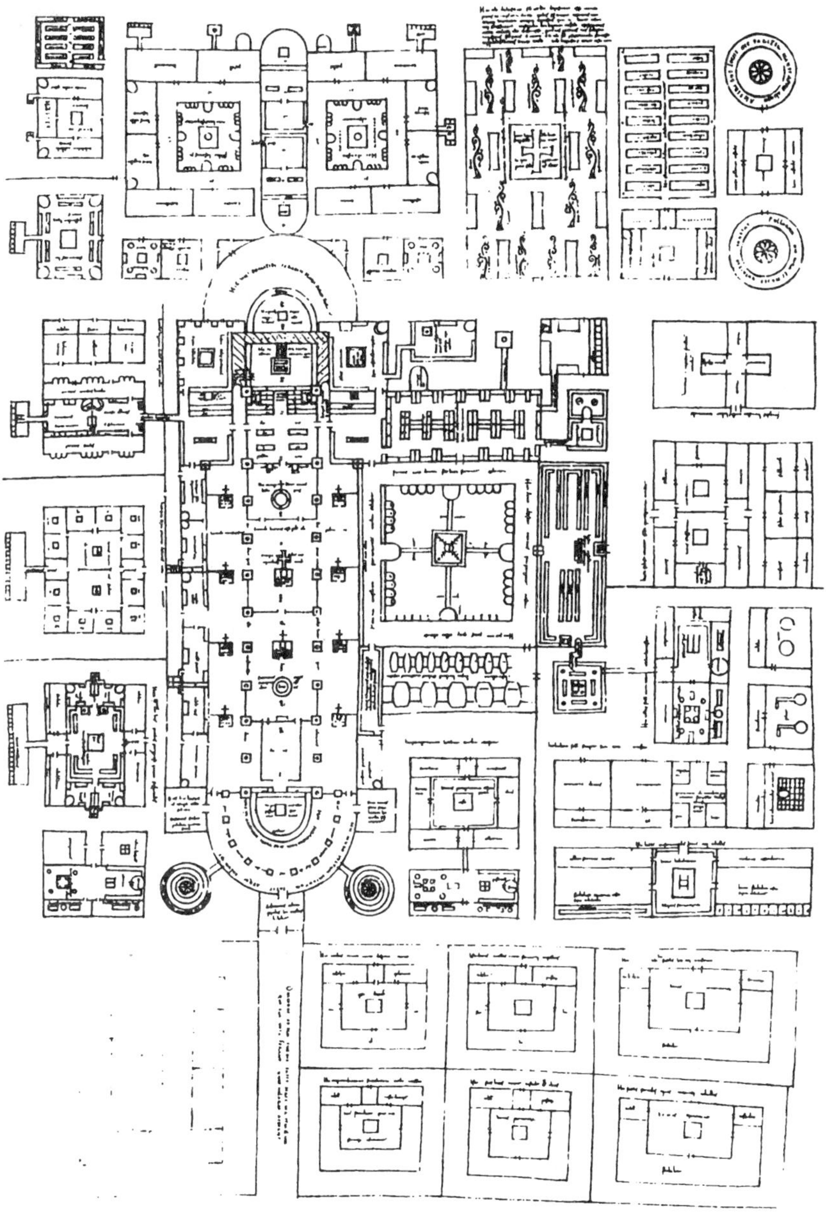

Der Klosterplan. Durchzeichnung nach dem Faksimile

Die innere Organisation des Klosters zur karolingischen Zeit läßt sich zumindest teilweise aus dem Aufbau des Plans ablesen. So wird deutlich, daß es eine Trennung von Mönchen, Novizen und Kranken gegeben hat, denn am südlichen Seitenschiff der Kirche schließt der Kreuzgang an, der von Gebäuden umrahmt wird, in denen die Mönche aßen und schliefen. Die Novizen und Kranken dagegen hatten gleichförmige, aber getrennte Gebäude, die an den Kreuzgang um eine kleine Kirche – im Osten der großen – grenzten.

Die einzelnen Gruppen aßen und schliefen nicht nur getrennt, es gab auch getrennte Küchen, Bäckereien und Brauereien. Die beiden letzteren stehen immer eng zusammen, da sie beide Wärme benötigen; Wärme fördert bekanntlich das Gehen eines Teiges, aber auch die Ferment-Prozesse des Suds. Die Vielzahl der Bäckereien und Brauereien im Plan läßt auch darauf schließen, daß Brot und Bier zu den Hauptnahrungsmitteln einer auf Getreideprodukten basierenden Ernährung zählten. Eine Beschäftigung mit dem Plan löst häufig großes Erstaunen über diese Tatsache aus; genaue Mengenangaben unterstützen das noch: Bei einer vollen Belegung des Klosters wurden täglich 260 Pfund Brot und 300–400 Liter Bier verbraucht; die Biermenge entspricht auch ungefähr dem Pro-Kopf-Pro-Jahr-Verbrauch, allerdings gilt es zu beachten, daß der Alkoholgehalt niedriger als heute war.

Die Anzahl der Ställe im Plan legt den Schluß nahe, daß Fleisch und Milchprodukte durchaus zur Ernährung gehörten. Um auf ihren Anteil an der Ernährung schließen zu können, müssen wir bedenken, daß der Platz für die einzelnen Tiere größer war, als er heute im Zeitalter der Massentierhaltung ist. Ferner müssen wir berücksichtigen, daß sich darunter auch Stallungen für Nutztiere befinden. Schließlich ist zu beachten, daß die Ordensregel des Benedikt im 39. Kapitel vorschrieb, die Brüder sollten auf den Genuß des Fleisches von vierfüßigen Tieren vollständig verzichten; nur die ganz schwachen Kranken waren davon ausgenommen. So können wir schließen, daß der Anteil von Fleisch an der Ernährung der Kranken und Nicht-Mönche nicht zu gering angesetzt werden darf.

In diesem Plan kommt zum Ausdruck, welches Bemühen nach einer kulturellen Einheit in der karolingischen Zeit herrschte. Auch das Kloster spiegelt das Streben nach einer neuen gesellschaftlichen Ordnung. Sie beruhte auf bäuerlicher Selbstversorgung. Die ökonomische Struktur des Klosters schließt daneben aber auch Schulen und Kirchen mit ein.

Sehen wir uns einige Einzelheiten des Plans genauer an, können wir auch Rückschlüsse auf die Entstehungszeit ziehen:

(1) Wir erkennen sofort neben dem klösterlichen Kern Dienstleistungs– und Wirtschaftsbetriebe innerhalb der Klostermauern.

Aus dieser Beobachtung können wir einen Datierungsversuch ableiten, denn die Synode von Aachen (816) beschloß unter der Leitung des ehemaligen Waffengefährten Karls des Großen, des inzwischen zum 'Reichsabt' ernannten Benedikt von Aniane (um 750–821), eine Reihe von Reformen, die den unterschiedlichen Auslegungen der Benediktinerregel ein Ende machen sollte. Dazu zählte, daß die Mönche verpflichtet wurden, die anfallenden Arbeiten im Kloster zu verrichten; außerhalb des Klosters betriebene handwerkliche Tätigkeiten waren damit nicht mehr erlaubt. Diese Bestimmung bestärkte gleichzeitig die Forderung der Benediktinerregel, daß Handarbeit nur innerhalb des Klosters zu verrichten sei.

(2) Unmittelbar an der Kirche liegt die Wohnung für durchreisende Ordensbrüder.

Der Plan entspricht darin einer Forderung, die eine zweite Synode in Aachen (817) aufgestellt hatte; demnach sollte durchreisenden Ordensbrüdern ein Schlafraum zugewiesen werden, aus dem sie unmittelbaren Zugang zur Kirche hätten.

(3) Dem Abt steht nach dem Plan ein eigenes Haus zur Verfügung.

Das entspricht einer Bestimmung der Synode von 817.

(4) Neben den Kranken und Novizen haben nach dem Plan auch die Mönche einen Baderaum.

Die Synode von 816 sah in ihren Bestimmungen vor, das Bad nur an Weihnachten und Ostern zu gestatten; dagegen überließ es die Synode von 817 den Oberen, in ihrem Kloster über den Gebrauch des Bades selbst zu bestimmen.

(5) Im Plan ist neben dem Bereich der Novizen auch eine Schule eingezeichnet.

Die Bestimmungen von 816 nennen weder Schule noch Schüler; die Synode von 817 legte fest, daß es im Kloster keine Schule geben solle – mit Ausnahme der Schule für die Oblaten, also für die zum Klosterleben bestimmten Jungen.

Für den Urheber des Plans scheint die in den karolingischen Klöstern lange umstrittene Frage entschieden, ob die Klöster dem Erziehungsauftrag des Herrscherhauses oder der Rückbesinnung auf die mönchische Tradition des zurückgezogenen Lebens folgen sollten.

Auch in diesem Punkt steht der Plan der Reformsynode von 817 nahe.[2] Daraus läßt sich für die Datierung schließen:

Der Zusammenhang mit den Aachener Synoden von 816/17 ist so deutlich, daß wir die Entstehungszeit des Plans nicht früher ansetzen können. Die erste Beobachtung spricht für 816, die zweite Beobachtung für 817 als frühestmöglichen Zeitpunkt der Entstehung. Die übrigen Beobachtungen unterstützen auf den ersten Blick ebenfalls den späteren Termin, allerdings liegt uns ein Kommentar der Entscheidungen von 816 vor, der diese Punkte bereits anregt. Eine genauere Datierung läßt sich daher nicht erzielen.

Eine weitere Beobachtung könnte hilfreich sein: Der Kirchengrundriß des Plans entspricht mit seiner auffälligen doppelchörigen Anlage und der Doppelturmgruppe ziemlich genau dem des damals gerade im Bau befindlichen Kölner Domes; er stand an derselben Stelle wie der heutige, im gotischen Stil erbaute. Der Bauherr dieses Domes war der Erzkaplan des Hofes und Erzbischof von Köln, Hildebald. Auch hier zeigt sich ein Zusammenhang mit den Synoden von Aachen, denn mit großer Wahrscheinlichkeit hat er neben Benedikt von Aniane dort den Vorsitz gehabt.

Mit diesen Angaben ist aber eine sicherere Datierung als die bereits angegebene ebenfalls nicht zu erreichen.

Die Beispiele für die Aussagekraft dieser Überrestquelle mögen reichen.

Ein zweites Beispiel:

Der zweite Idealplan ist keine alte Zeichnung; er wurde vielmehr mit Rückgriff auf entsprechende Vorlagen, die Marcel Aubert und M.–Anselme Dimier erstellten, von dem Kunsthistoriker Wolfgang Braunfels aus einer Reihe von Grundrissen und Beschreibungen rekonstruiert. Wie genau dieser Idealplan ist, könnte ein Besuch der Klöster Eberbach (Rheingau) und Maulbronn (Württemberg) belegen. Daher können wir ihn auch an dieser Stelle benutzen, um ihn zum Reden zu bringen über die Zisterzienser, einen im 12. Jahrhundert aufkommenden Orden, der sich deutlich von anderen abgrenzt. Ihre Klöster haben fast alle gemeinsam, daß sie an Bachläufen in Tälern liegen; auf höheren Bergen, am

Meer oder auf Inseln dagegen findet man sie niemals. Selbst eine noch genauere Lagebeschreibung, die wir in Maulbronn oder Himmerod noch heute bestätigt finden, ist möglich: Berge oder Hügel umschließen im Norden, Süden und Osten ein Tal, das sich nach Westen öffnet; an der Stelle, an der ein Bach ins offene Gelände tritt, liegt das Kloster.

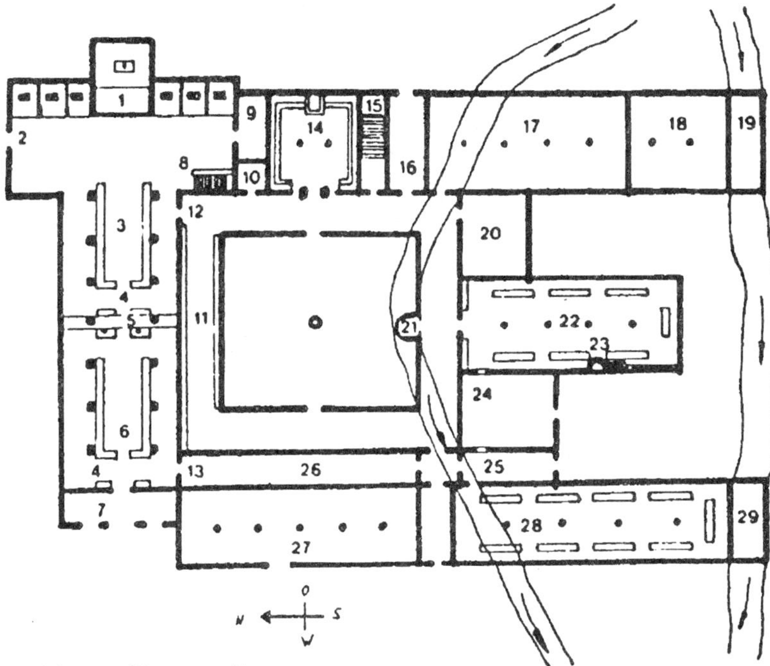

Idealplan eines Zisterzienserklosters
1 Sanktuarium 2 Totenpforte 3 Mönchschor 4 Krankenbänke 5 Lettner 6 Konversenchor 7 Narthex 8 Dormitoriumstreppe 9 Sakristei 10 Armarium 11 Mandatum – Steinbänke zum Lesen und zur Fußwaschung 12 Mönchspforte 13 Konversenpforte 14 Kapitelsaal 15 Dormitoriumstreppe 16 Auditorium 17 Mönchssaal 18 Noviziat 19 Mönchslatrine 20 Wärmeraum 21 Brunnen 22 Monchsrefektorium 23 Lesekanzel 24 Küche 25 Sprechraum des Cellerars 26 Konversengasse 27 Vorratshaus 28 Konversenrefektorium 29 Konversenlatrine

[Quellenangabe s.u. Abschnitt 9]

Bereits ein erster Blick auf diesen Plan stützt die Aussagen über den Unterschied zu anderen Ordensbauten und über den Bachlauf. Auch diesem Plan können wir beispielhaft einige Informationen entnehmen:

Einerseits zeigt sich in dem Plan eine ausgereifte Klosterorganisation, in der für alles gesorgt ist, andererseits entsteht ein Eindruck von Klarheit und Strenge. Die Kirche ist mit ihren großen Ausmaßen auffallend, besticht aber durch Schlichtheit und hat keine Türme.

Der Plan verweist also schon auf den bewußten Verzicht der Zisterzienser, ihre Bauten künstlerisch zu gestalten. In der Bauausführung würde dem Betrachter sofort auffallen, daß sie auch auf Wandputz, Strebepfeiler und Statuetten im Kreuzgang verzichteten, auch die nur grauen Fenster stützen den Eindruck eines bewußten Verzichts auf Überfluß. Allerdings war der Kunstverstand auf Dauer nicht zu unterdrücken: Das zeigt sich dann in der Ausgewogenheit der Proportionen, der exakten Ausführung aller Bauarbeiten, besonders in Stein, und in der dann doch kunstvollen Abstufung der Graufenster.

Die Auffälligkeiten in Plan und Ausführung läßt den Kirchenhistoriker auf ein 'Programm' schließen, das wir ausführlich in den Schriften des wohl bekanntesten Zisterziensers, Bernhard von Clairvaux (1090–1153), finden.

Der Plan sagt auch etwas über die innere Organisation des Klosters aus; allein der Kirchenbau gibt eine Reihe von Informationen: Hier ist kein Platz für Volk und Pilger, die Klostergemeinschaft lebte offensichtlich entsprechend zurückgezogen, es gibt allerdings keine Mauer um das Kloster. Die Trennung von Mönchen und Laienbrüdern (Konversen) ist ebenso auffällig. Eine mit Toren und einer Brüstung versehene Scheidewand, der Lettner, teilt die Kirche in den Chor der Mönche und den der Konversen. Beide Gruppen haben auch getrennte Zugänge zur Kirche vom Kreuzgang aus. Die Mönche können die Kirche ferner direkt vom Schlafraum (dormitorium) über eine Treppe betreten. Auch die weiteren Teile des Klosters sind deutlich für beide Gruppen getrennt, wobei auffällt, daß der Bereich der Mönche im Osten liegt, während der Teil der Konversen im Westen liegt. Der Grund ist offensichtlich: Durch die handwerkliche Tätigkeit waren die Konversen mehr auf die Kontakte zur Umwelt angewiesen. Diese Öffnung konnte nach der beschriebenen Lage nur im Westen erfolgen. Der Osten bedeutete einen stärkeren Rückzug. Gemeinsam war beiden Gruppen die Küche, vor allem aber die Totenpforte an der Nordseite der Kirche. Im Tod waren die Vertreter beider Gruppen gleich.

Wie dem ersten Plan können wir auch diesem neben kirchengeschichtlichen Informationen ebenfalls alltagsgeschichtliche entnehmen. Das wird deutlich, wenn wir uns den Verlauf des Baches näher ansehen; er wurde extra vor dem Kloster geteilt und ein Arm durch die Küche, der andere durch die Latrinen geleitet. Diese scheinbare Kleinigkeit führte zu neuen Wegen der Abfallbeseitigung und hatte für die Hygieneentwicklung entscheidende Bedeutung.

Ergebnis:

Wenn wir die Pläne miteinander vergleichen, stellen wir eine Reihe von Unterschieden fest: Der erste Plan vermittelt einen Eindruck von Autarkie der Klostergemeinschaft, der zweite dagegen ist eher von einer gewissen Bescheidenheit geprägt; Detailunterschiede – wie bei den Türmen oder der Umgrenzungsmauer – unterstreichen diesen Eindruck. Erklären kann man diese Differenzen aber nicht einfach mit dem Hinweis auf eine andere Bautradition, denn auch diese hat ihre Wurzeln. Die beiden Pläne sind für unterschiedliche Orden mit unterschiedlichen theologischen Konzeptionen entworfen und spiegeln diese. Sie sind also gegenüber den Konzeptionen, die wir in theologischen Texten verbal ausgeführt finden, sekundär, aber aufschlußreich, da sie deren Rezeption zeigen.

Ein drittes Beispiel:

Die bildliche Rezeption einer theologischen Konzeption kann ein weiteres Beispiel noch einmal verdeutlichen. Das Bild ist ein Teil des Flügelaltars in der Wittenberger Stadt- und Pfarrkirche St.Marien. Der Maler Lucas Cranach d.Ä. hat diesen Altar 1547, wie die Lokaltradition behauptet, oder aber schon 1531, wie Wittenberger Kämmereirechnungen nahelegen könnten, für die Wittenberger Kirche geschaffen.

[Quellenangabe s.u. Abschnitt 9]

Die Bildkomposition ist so auffällig, daß sie gleich die entscheidenden Aussagen verdeutlicht. Wir erkennen rechts auf der Kanzel Martin Luther, der vor der Gemeinde predigt. In der Mitte steht – im doppelten Sinn – der gekreuzigte Christus, auf den der predigende Luther hinweist und auf den die zuhörende Gemeinde blickt.

Wenn wir es noch nicht wüßten, würden wir im Bild sofort erkennen, daß der Maler ein 'evangelisches' Bild malen wollte. Luther steht auf der Kanzel und hat sympathische Züge, nichts deutet auf eine kritische Sicht dieses Mannes hin. Unterstrichen wird das noch durch die Zuhörer in der Gemeinde, deren Hören deutlich herausgestellt wird. Hinzu kommt, daß wir die Gesichter der Reformationszeit auch von anderen Bildern kennen; so können wir in der Gemeinde bestimmte Personen ausmachen: Vorn in der ersten Reihe sitzt Luthers Frau, an ihrem Knie sein Sohn Hans; die junge Frau dahinter, die den Betrachter ansieht, ist möglicherweise eine Tochter Luthers. Als sicher gilt, daß sich auch Cranach in die Gemeinde eingereiht hat; er trägt einen langen Bart und steht vorne an der Wand; er selbst ist also als Gemeindemitglied ein Hörer des Wortes. Luther predigt, indem er das Evangelium auslegt. Das verdeutlicht das vor ihm liegende Buch, in dem die linke Hand liegt; mit der rechten – und rechts galt, wie u.a. Mt 25,31–46 belegt, nicht nur in der Kunstgeschichte immer mehr als links; ein Relikt dessen dürfte unsere Verkehrsregel 'rechts vor links' sein – mit der rechten Hand also weist er auf den Gekreuzigten.

Ergebnis:

Cranach stellt klar heraus, daß das Zentrum reformatorischer Predigt das Kreuz ist. Selbstverständlich könnten wir das auch den Ausführungen Luthers zur Kreuzestheologie entnehmen; denen gegenüber ist das Bild sekundär, aber hier haben wir eine authentische Quelle, die dies unmittelbar schon den Menschen der Reformationszeit vermittelte, und wir können an ihr theologische Erkenntnisse leicht verifizieren. Obwohl Lukas Cranach eindeutig in diesem Bild Partei ergreift, greift er die andere Seite nicht an. Es gibt aber gerade aus der Reformationsszeit auch derartige Darstellungen, die man eher als Bild–Satiren bezeichnen muß. Ein Holzschnitt von Sebald Beham zeigt dies exemplarisch.

[Quellenangabe s.u. Abschnitt 9]

Wiederum ist der Bildaufbau sehr klar. In der Mitte ist ein Mönch dargestellt, links von ihm drei Personen, die anhand von lateinischen Beischriften zu identifizieren sind, und rechts zwei Personen, von denen die eine ebenfalls eine Beischrift trägt und die andere anhand der Kleidung als Bauer zu erkennen ist. Die beiden äußeren Teile sind eindeutig. Links sehen wir drei der seit Gregor dem Großen so benannten sieben Ausstrahlungen des erbsündlichen Hochmutes, also drei der sieben sogenannten Todsünden: erstens Überheblichkeit, Hoffart (superbia) zweitens Wollust (luxuria; wegen der leichten Bekleidung muß man wohl mit Wollust statt Üppigkeit übersetzen) und drittens Habgier, Geiz (avaricia); diese drei könnten auch als die personifizierten Gegenspieler der drei Mönchsgelübde Keuschheit, Armut und Gehorsam verstanden werden. Sie halten den Mönch am Gängelband, während rechts die Armut (paupertas) den Bauern antreibt. Nicht ganz so eindeutig ist die Darstellung in der Mitte: Der Bauer faßt den Mönch an der Stirn und zwingt ihn, ein aufgeschlagenes Buch zu essen; ein zweites Buch liegt auf dem Boden, es könnte dem Mönch gerade aus den Händen gefallen sein. Entweder will Sebald Beham hier an Apk 10,8–11 erinnern, daß der Mönch das Buch verschlingen soll, oder er spielt auf den alten Brauch an, daß ein Bote schlechter Nachrichten vom Empfänger gezwungen wird, die Botschaft aufzuessen; dann dürfte es sich bei dem

Buch um ein theologisches Werk handeln, das die reine Lehre des Evangeliums nach Auffassung reformatorischer Kreise nicht mehr korrekt wiedergibt, also aus der Guten Botschaft (Evangelium) eine schlechte gemacht hat. Welche historischen Informationen bietet der Holzschnitt für uns?

Ergebnis:

Wir können ihn ansehen als Klage über Bildungsstand und Sittenverfall der Geistlichen und zugleich als Anklage sozialer Ungerechtigkeit, die in bäuerlicher Armut und klösterlicher Habgier schon fast eine Pervertierung früherer christlicher Vorstellungen zeigt. Selbstverständlich können wir den Holzschnitt nicht als hinreichenden Beleg dafür heranziehen, daß alle Einzelaussagen des Bildes stimmen, daß etwa alle Mönche sich so gängeln ließen, aber wir können zumindest sagen, daß hier offensichtlich ein Grundproblem der Zeit lag, oder noch vorsichtiger, daß zumindest Beham und seine Freunde dies so sahen.

Die Bild–Satiren der Reformationszeit tragen in ihrer Darstellungsart Züge, die wir heute vielleicht nur in Karrikaturen finden; es gibt diese Tradition noch und auch aus derartigen Darstellungen lassen sich Informationen gewinnen. Ich greife zwei heraus, die aus der jüngsten Vergangenheit stammen, aber aus unterschiedlichen Ländern und Systemen.

Ein fünftes Beispiel:

Selbst ohne Übersetzung der chinesischen Beischrift können wir sofort erkennen, wie in den 50er Jahren unseres Jahrhunderts die Volksrepublik China die Kirche, speziell den Vatikan einschätzte: Die Priester sind eine Hilfstruppe im Dienste der Aggressions–Politik des amerikanischen Imperialismus. Sie scheuen nicht davor zurück, sich unter der Aufsicht des amerikanischen Geheimdienstes auch in übelsten und verwerflichsten Praktiken ausbilden zu lassen, wie die Packung mit dem Gefahrenzeichen des Totenkopfes und der Totenschädel unter der Hand des 'Ausbilders' nahelegen sollen. Die Reaktionäre mit ihren finsteren Gesichtern tragen wohl nur noch zur Tarnung ihre schwarzen Roben, denn längst ist im Zentrum des Kreuzes, wie man an dem Wandkreuz erkennen kann, das Hakenkreuz angebracht als Zeichen menschenver-

梵蒂岡表示將特別訓練一批神父準備來到東歐去做
間諜工作・美國特務將監督這項訓練工作・

„Der Vatikan erklärte sich bereit, eine Gruppe Priester für Spionagedienste in Osteuropa auszubilden. Amerikanische Geheimagenten sollten diese Ausbildung überwachen."

[Quellenangabe s.u. Abschnitt 9]

achtenden Machtstrebens. Der Vatikan galt als das Bollwerk der Reaktion schlechthin.

Ergebnis:

Indirekt können wir dieser Darstellung auch die schwierigen Bedingungen entnehmen, denen sich zu dieser Zeit Priester in China, besonders ausländische Missionare, zu stellen hatten.

Ein sechstes Beispiel:

[Quellenangabe s.u. Abschnitt 9]

Diese zweite Darstellung aus der jüngsten Zeit ist eine Karikatur, die wieder eine Anspielung auf die USA zeigt.

Die historische Information in ihr ist nicht ganz offensichtlich, aber der geringe Zeitabstand zu den Ereignissen erleichtert das Verständnis. Sicher können wir erkennen, daß ein Amerikaner, der an seinem Hut (stars and stripes) als solcher zu identifizieren ist, eine Nonne vor politischen Aktivitäten warnt. Da der Amerikaner den Hammer noch in der Hand hält, unterstreicht er die Warnung, daß politische Unruhestifter wie Jesus am Kreuz enden können. Wenn man genau hinsieht, stellt man fest, daß das Kreuz anstelle der historischen Inschrift INRI ein LA trägt, die allgemein–verbreitete Abkürzung für Lateinamerika. Der Karikaturist sieht in der amerikanischen Lateinamerika–Politik offensichtlich eine Kreuzigung des Subkontinentes.

Ergebnis:

Daß der Amerikaner eine Nonne vor der politischen Einmischung warnt, ist ein Beleg für das Engagement von Ordensleuten in Lateinamerika und für die Kritik, die Teile der amerikanischen Öffentlichkeit daran übten. An diesem Beispiel können wir auch sehen, daß ein geringerer historischer Abstand vieles leichter verstehen läßt, während spätere Generationen mit einer solchen Zeichnung allein vermutlich nicht die Rolle von Ordensleuten in Lateinamerika erschließen können.

4.1.4 Zum Erkenntniswert von Überrestquellen

Die angeführten Beispiele vermitteln unter Umständen den Eindruck, Überrestquellen seien nahezu ausschließlich Sachüberreste; das liegt nicht nur an den Beispielen, sondern hat einen Grund in der Definition einer Quelle als Überrest. So bezeichnet man nämlich die Quellen, die vornehmlich Informationen über Bedingungen menschlichen Geschehens in der Vergangenheit liefern, aber nicht absichtlich mit dem Ziel einer solchen Information verfaßt wurden. Um es noch einmal an einem Beispiel zu verdeutlichen: Die Darstellung aus der Volksrepublik China liefert uns Informationen über die Bedingungen menschlichen Geschehens in der Vergangenheit, speziell der Religionsausübung von Katholiken und der Missionstätigkeit, wurde aber nicht zu diesem Zweck angefertigt, sondern war Teil einer anti–kirchlichen Propaganda. Wenn wir diese Intention der Quelle herauslösen, erhalten wir die gewünschte historische Information; machten wir dies nicht, könnte die Aussage nur lauten, daß die dargestellte Situation der historischen Wirklichkeit entspricht. Das wiederum wäre wohl kaum als historisch wahr, als historisch objektive Aussage zu erweisen. Die 'objektive' Aussage von Überrestquellen erreichen wir daher nur, wenn wir die Informationen von den Intentionen der Quelle lösen.

Damit dürfte auch deutlich geworden sein, warum die Sachüberreste wie Bauten, also Kirchen oder Klöster, Geräte, etwa Gefäße und Gewänder aus der liturgischen Praxis, künstlerische Darstellungen, Schreine und dergleichen einen großen Teil der Überrestquellen ausmachen. Es gibt aber auch sogenannte abstrakte Überreste; dazu zählen Institutionen und Gruppen von Menschen, religiöse Gemeinschaften und Orden, auch Orte, Kirchspiele und Bistümer, Sprachen, Sitten, Riten und dergleichen, weil auch sie Auskunft über Bedingungen menschlichen Geschehens in der Vergangenheit geben können. Schließlich gibt es noch die Gruppe der schriftlichen Überreste; dazu zählen insbesondere Urkunden, Protokolle und Briefe. Für die beiden Quellen am Anfang dieses Kapitels können wir daher festhalten: Der Brief des Papstes zu den Vorgängen von Canossa gehört in die Gruppe der Überrestquellen. Gregor VII. hatte ihn zwar zum Zweck der Information über die Vorgänge geschrieben, aber nicht im Sinne eines Historikers, sondern weil er den Deutschen Fürsten berichten wollte. Die Rede Otto von Bismarcks bereitet bei der Zuordnung schon mehr Schwierigkeiten. Dazu müssen wir zunächst näher auf die bereits genannte zweite Gruppe von Quellen, die Traditionen eingehen.

Ich greife wiederum einige Beispiele heraus.

4.1.5 Beispiele für Traditionsquellen

Ein erstes Beispiel:

In Deutschland gibt es eine weit verbreitete Meinung über die Missionierung der Sachsen; diese Ansicht finden wir bereits in der Zeit der Aufklärung. Ein wichtiger Hintergrund dafür ist die Sicht der Aufklärer vom Mittelalter als einer dunklen Epoche; die Erläuterungen zur Dreiteilung der historischen Zeit im nächsten Kapitel werden das verdeutlichen. Der bedeutendste Vertreter der französischen Aufklärung, der Schriftsteller, Historiker und Philosoph Voltaire (1694–1778), nennt Karl den Großen wegen seiner Missionspraktiken den 'Sachsenschlächter'. In die Geschichtsdarstellung besonders der ehemals sächsischen Teile Deutschlands ist diese Sicht vielfach eingegangen. So sprach Hermann Löns vom 'Schlachter–Karl'; die Nationalsozialisten, besonders Joseph

Goebbels und Alfred Rosenberg, sprachen vom 'artfremden Eindringling auf germanischem Boden', während sie Karls Gegenspieler Widukind zum Nationalheros erhoben. Das hatte übrigens politische Folgen, denn seit 1914 beschäftigte die Frage der Schuld am Ersten Weltkrieg die Gemüter. Auf allen politischen Flügeln sprach man vom 'Versailler Friedensdiktat' und unterstrich damit, daß ein den Deutschen abgenötigtes Schuldanerkenntnis nicht das Ende der Spannungen zwischen Franzosen und Deutschen war. In diesen Auseinandersetzungen konnten die Franzosen dann sogar zu dem politisch propagandistischen Hilfsmittel greifen und Karl, dem die Nazis das negative Image verpaßt hatten, als Charlemagne einvernehmen und damit auch ihre Rheinpolitik argumentativ unterstützten. Als die Nazis das feststellten, wurde aus dem 'Sachsenschlächter' schnell wieder 'Karl der Große'. Daraus ergibt sich für uns wieder die Frage, ob geschichtliche Fakten so willkürlich beurteilt werden können, bzw. wie wir uns der historischen Wahrheit annähern können.

Wir suchen dazu eine Reihe von möglichst frühen zeitgenössischen Quellen, die uns Aufschluß geben können. Bei der Suche ergibt sich, daß wir angewiesen sind auf sogenannte Annalen, Jahrbücher, die von Mönchen in der damals üblichen Schriftsprache Latein aufgezeichnet wurden. Zu einem Ereignis innerhalb des Missionierungswerkes Karls, dem bekannten Tag von Verden – die Lokalisierung ist nicht so sicher, wie häufig angenommen, spielt aber für unseren Zusammenhang keine Rolle – schreiben die folgenden drei Quellen im lateinischen Original (eine möglichst wortgetreue Übersetzung ist angegeben):

Annales S. Amandi: „Saxones rebellantes plurimos Francos interfecerunt: et Karlus congregatos Saxones, iussit eos decollare... " „Die rebellierenden Sachsen haben sehr viele Franken getötet, und Karl befahl, die zusammengetriebenen Sachsen zu enthaupten..."

Annales Petaviani: „... et caederunt Franci de Saxones multitudo hominum, et multos vinctos Saxones adduxerunt in Francia." „... und die Franken haben eine Menge Menschen von den Sachsen getötet und viele besiegte Sachsen haben sie nach Franken gebracht."

Annales Mosellani: „...(Karlus) rursum abiit in Saxoniam, et vastavit eam, et ingentem Saxonum turbam atroci confodit gladio." „... wiederum ist er nach Sachsen weggezogen, hat es verwüstet und hat eine ungeheure Schar Sachsen mit scharfem Schwert niedergemacht.

[Quellenangabe s.u. Abschnitt 9]

Leider wissen wir über die Quellen nicht sehr viel. Die erste stammt aus dem Hennegau in Belgien, die zweite ist benannt nach Petavius, der latinisierten Form des Namens von Denis Petau (1583–1652; er hat nicht nur diese Quelle ediert, sondern auch eine Reihe von Texten frühchristlicher Schriftsteller herausgegeben und Arbeiten zur Chronologie veröffentlicht), und die dritte stammt, wie der Name bereits nahelegt, aus dem Moselraum. Das Hauptproblem ist, daß sie zeitlich schwer bestimmbar sind.

Daneben haben wir zwei Quellen, über die wir mehr wissen:

Reichsannalen (Annales regni Francorum) „Tunc omnes Saxones iterum convenientes subdiderunt se sub potestate supradicti domni regis (= Caroli) et reddiderunt omnes malefactores illos, qui ipsud rebellium maxime terminaverunt, ad occidendum IIII D; quod ita et factum est, excepto Widochindo, qui fuga lapsus est partibus Nordmanniae." „Dort sammelten sich wieder alle Sachsen und unterwarfen sich der Gewalt des obengenannten Königs und lieferten alle die Übeltäter aus, die diesen Aufstand vor allem durchgeführt hatten, zur Bestrafung mit dem Tode, 4500, und dies ist auch so geschehen, ausgenommen Widochind, der ins Gebiet der Nordmannen entfloh."

Einhardsannalen (Annales qui dicuntur Einhardi): „...(Carolus) collecto festinanter exercitu in Saxoniam proficiscitur accitisque ad se cunctis Saxonum primoribus de auctoribus factae defectionis inquisivit. Et cum omnes Widokindum huius sceleris auctorem proclamarent, eum tamen tradere nequirent, eo quod is re perpetrata ad Nordmannos se contulerat, ceterorum, qui persuasioni eius morem gerentes tantum facinus peregerunt, usque ad quattuor milia D traditi et super Alaram fluvium in loco, qui Ferdun vocatur, iussu regis omnes una die decollati sunt." „... mit einem in Eile gesammelten Heer bricht er (Karl) nach Sachsen auf und hat sämtliche führende Köpfe der Sachsen, die er zu sich kommen ließ, nach den Urhebern des Aufstandes befragt. Und obwohl alle Widukind als Urheber dieses Verbrechens benennen, konnten sie ihn dennoch nicht ausliefern, weil er sich nach vollendeter Tat zu den Nordmannen begeben hatte; von den übrigen, die durch Überredung seinen Willen befolgend das so große Verbrechen begangen haben, wurden bis zu 4500 ausgeliefert und alle oberhalb des Flusses Aller an dem Ort, der Verden genannt wird, auf Befehl des Königs an einem Tage hingerichtet."

[Quellenangabe s.u. Abschnitt 9]

Die Reichsannalen stammen aus dem Kloster Lorsch in der Nähe von Worms und sind vermutlich um 788, also etwa sechs Jahre nach dem Tag von Verden geschrieben. Diese Quelle ist, wenn wir auch den Kontext der Stelle beachten, die ausführlichste und bestorientierte.

Die Einhardsannalen sind vermutlich um 820 entstanden, ob sie alle dings, wie ihr Name nahelegt, von dem Hofbeamten Einhard stammen, der eine Biographie Karls verfaßt hat, erscheint fraglich. Bereits der Titel „Annales qui dicuntur Einhardi"signalisiert Vorsicht; wörtlich übersetzt: Die Annalen, die Annalen des Einhard genannt werden, freier übersetzen kann man auch: Die angeblichen Einhardsannalen. Vergleichen wir diese beiden letzten Quellen, dann stellt sich heraus, daß die Einhardsannalen gegenüber den Reichsannalen eindeutig sekundär sind; sie bieten eine Bearbeitung und verbessern an einigen Stellen den Inhalt der Reichsannalen. Das haben wir bei der Bewertung des Textbefundes zu beachten; den aber müssen wir zunächst feststellen: Was sagen die Quellen über die Tötung?

Der Textbefund:

Alle berichten von der Tötung, allerdings unterschiedlich scharf, während zwei von einer Tötung (caedere – atroci gladio confodere) sprechen, nennen zwei andere den Vorgang eine Enthauptung (decollare) und eine weitere geht von einer Hinrichtung aus (reddere ad occidendum).

Ein weiterer Textbefund:

Eine Zahl der Getöteten nennen nur zwei Quellen; die Reichsannalen geben in sehr ungewöhnlicher Weise 4500 an: IIII D; IIII, zumeist IV geschrieben, entspricht dem römischen Zahlzeichen für vier und D dem für 500. Die Einhardsannalen bieten dieselbe Zahl in etwas gebräuchlicherer Form: quattuor milia D. Bedenken wir allerdings, daß die Einhardsannalen nur eine verbesserte Bearbeitung der Reichsannalen wiedergeben, kann sich die Zahlenangabe nur auf eine Quelle stützen, und das in einer ungebräuchlichen Angabe.

Damit sind bereits auch schon Bedenken gegen eine vorschnelle Übernahme der Aussagen über eine Hinrichtung von 4500 Sachsen geltend gemacht. Diese Bedenken wachsen aber noch bei einer weiteren Beschäftigung mit dem Text.

Zweifel:

Die Reichsannalen sprechen von „maxime terminare" (in besonderem Maße durchführen, beschließen); wenn nur die, auf die dies zutrifft, hingerichtet wurden, also in der Sprache der Kriminalistik: die Rädelsführer, dann ist die Zahl unwahrscheinlich. So viele können es kaum gewesen sein. Dazu kommt, daß Sachsen damals etwa eine halbe Million Einwohner hatte; die Rädelsführer hätten also 1% der Bevölkerung ausgemacht. An diesem Vergleich wird auch deutlich, daß die Zahl in jedem Fall kaum stimmen kann, weil die Verluste bei den Sachsen dann in einem kleinen Gebiet ungeheuer gewesen sein müßten – und das alles aus Anlaß dieser relativ unbedeutenden regionalen Rebellion.

Weitere Zweifel:

Die Zahl ist nicht nur in ungewöhnlicher Form angegeben, sondern steht auch noch überraschend am Ende des Satzes. Beides könnte für eine spätere Einfügung sprechen. Solche Interpolationen sind im Mittelalter nicht selten. Überhaupt hielt man es mit der Exaktheit der Zahlenangaben nicht so genau; die meisten Zahlen des Mittelalters übertreiben. Das Mittelalter ist eben noch nicht geprägt vom neuzeitlichen Wissenschaftsideal, das gerade in der Meßbarkeit und Exaktheit der Zahlen seinen Ausdruck findet.

Ergebnis:

Wir können daher schon einmal festhalten, daß wir den Quellen die Tatsachen von Hinrichtungen entnehmen können, eine genaue Zahlenangabe ist aber, auch wenn die bestorientierte Quelle sie bietet, nicht möglich. Wollen wir diesen Quellenbefund nun konfrontieren mit den genannten Beurteilungen Karls, müssen wir beachten, daß wir bislang versucht haben, Fakten zu erheben, an dieser Stelle aber zu einer Wertung übergehen. Damit sind Historiker und Kirchenhistoriker zumeist sehr vorsichtig, vor allem deshalb, weil man sich hüten muß, historische Realitäten aus ihrem Geschichtskontext zu reißen und mit heutigem Rechts- oder Humanitätsbewußtsein zu vergleichen; in dieser Sicht müssen sie primitiv, unsozial oder inhuman erscheinen. Historische Schuld muß genannt werden, die Beurteilung einer Handlung kann aber nicht einfach von heute her erfolgen, wenn wir also etwa die urteilende bzw. wertende Frage stellen, ob eine bestimmte Handlung schuldhaft war. So müssen wir im Falle der Sachsenmissionierung festhalten, daß Karl das Recht der Todesstrafe bei Aufruhr anwenden durfte. Auch hatten sich die Sachsen vorher nach eigenen Erzählungen gegenüber anderen Volksstämmen noch sehr viel grausamer benommen. Das damalige Kriegsrecht war ein anderes als das heutige; ausschließlich aus unserer Sicht erscheint uns ein solches Blutbad ethisch als schreckliche Tat.

Unter heutigen ethischen Gesichtspunkten kann man sicher auch die Tatsache kritisieren, daß die Missionierung durch Karl nicht nur ein Glaubenswerk, sondern Dienst an seinem Reich war; historisch ist dabei zu beachten, daß der gemeinsame Glaube die Eingliederung der unterworfenen Stämme förderte und sicherte. Das Einbeziehen des historischen Kontextes ist nicht eine Relativierung von Schuld oder eine Entschuldigung. Die Beurteilung einer Handlung kann nur gerecht ausfallen, wenn sie den Kontext der Handlung berücksichtigt – das erwartet auch jeder für sich, wenn er sich schuldig gemacht hat.

Das Absehen vom historischen Kontext erscheint mir sogar gefährlich für die Gegenwart, denn heutige Zustände können dann schnell als besser bewertet und damit auch bestehende ungerechte Verhältnisse stabilisiert werden.

In der Darstellung dieser Traditionsquellen ist sicher bereits deutlich geworden, daß eine gewisse Skepsis gegenüber diesem Quellentypus angebracht sein kann. Ich möchte das noch einmal an einem berühmten Beispiel unterstreichen.

Ein zweites Beispiel:

Zum fast überall anzutreffenden Geschichtswissen gehört das Datum des 31.10.1517; Martin Luther schlägt seine 95 Thesen gegen die Ablaßpraxis der damaligen Zeit an die Tür der Wittenberger Schloßkirche. Suchen wir die älteste Quelle, die das belegt, so stoßen wir auf Philipp Melanchthons Vorrede zum zweiten Band der lateinischen Schriften in der Weimarer Lutherausgabe von 1546.

Die erste Quelle:

„Als Luther hiermit beschäftigt war, wurden von dem Dominikaner Tetzel, einem ganz unverschämten Betrüger, in dieser Gegend Ablaßbriefe feilgeboten. Durch dessen gottlose und schändliche Predigten wurde Luther, der vor Eifer für den Glauben brannte, erzürnt, und er veröffentlichte die Thesen vom Ablaß, die (in der Wittenberger Ausgabe) im ersten Bande seiner (lateinischen) Schriften stehen. Und diese schlug er am Tage vor dem Feste Allerheiligen (am 31. Oktober) im Jahre 1517 öffentlich an der Kirche an, die an das Schloß zu Wittenberg stößt."

[Quellenangabe s.u. Abschnitt 9]

Luther selbst berichtet nie über einen Anschlag. Das älteste Selbstzeugnis über die Ereignisse am 31.10.1517, das uns vorliegt, ist ein Brief Luthers von diesem Tag an Erzbischof Albrecht; der Stil, Ton und Inhalt spricht nicht für eine spektakuläre Aktion.

Die zweite Quelle:

„Gottes Gnade und Barmherzigkeit, und was ich vermag und bin. Hochwürdigster Vater in Christus, durchlauchtigster Kurfürst wollen mich verschonen, daß ich, der Geringsten einer, so sehr vermessen bin und es gewagt habe, einen Brief an Eure über die Maßen erhabene Hoheit überhaupt in Erwägung zu ziehen. Der Herr Jesus ist mein Zeuge, daß ich im Bewußtsein meiner Niedrigkeit und Unansehnlichkeit lange Zeit aufgeschoben habe, was ich jetzt unverschämterweise vollbringe.

...Aber was kann ich anderes tun, hochwürdigster Bischof und durchlauchtigster Kurfürst, als daß ich Ew. Hochwürden durch den Herrn Jesus Christus bitte, ... die Ablaßinstruktion ganz aufzuheben, auch den Ablaßpredigern eine andere Predigtweise zu befehlen, damit nicht vielleicht doch einer auftrete, der durch die von ihm veröffentlichten Bücher sowohl sie als auch jenes Buch (die Ablaßinstruktion) widerlege, zur höchsten Schmach Eurer durchlauchtigsten Hoheit...

Diesen treuen Dienst meiner Wenigkeit wollen Eure durchlauchtigste Gnade geruhen, auf fürstliche und bischöfliche Art, d.h. gnädigst anzunehmen, wie ich ihn mit ganz treuem und Ew. Hochwürden ganz und gar ergebenem Herzen erweise. Denn auch ich bin ein Teil Eurer Herde. Der Herr Jesus behüte und bewahre Ew. Hochwürden in Ewigkeit, Amen. Wittenberg, 1517, am Abend vor Allerheiligen. Wenn es Ew. Hochwürden gefällt, können diese meine Disputationen angesehen werden, auf daß deutlich werde, eine wie zweifelhafte Sache die Lehre vom Ablaß sei, die jene als absolut sicher verbreiten."

[Quellenangabe s.u. Abschnitt 9]

Danach stellt sich die Situation so dar: Luther schickt seine Thesen an den zuständigen Erzbischof, um auf eine Änderung der Ablaßinstruktion zu drängen. Etwas anderes kann er nach eigenem Bekunden nicht tun. Von einem aufsehenerregenden Thesenanschlag ist keine Rede.

Wir müssen daher fragen, was die Aussage der Melanchthon-Quelle wert ist und wie sie einzuschätzen ist.

Der Textbefund:

Zunächst ist auffällig, daß sie aus dem Todesjahr Luthers stammt. Wenn wir uns den Lebenslauf Melanchthons ansehen, stellen wir fest, daß er im Jahre 1517 nicht in Wittenberg, also kein Augenzeuge des Geschehens war. Das spricht zwar nicht grundsätzlich gegen die Darstellung Melanchthons, provoziert aber die Frage nach ihrem Zustandekommen. Ein älteres Zeugnis, auf das er hätte zurückgreifen können, ist uns nicht bekannt. Demnach hat er entweder eine mündliche Tradition vorgefunden, oder ist selber Urheber dieser Darstellung. Wenn wir davon ausgehen, daß Melanchthon seine Leser nicht täuschen wollte, muß es einen Grund dafür geben, daß er diesen Ablauf nahezu selbstverständlich voraussetzte. Rein chronologisch fällt auf, daß Melanchthon Luther erst später kennenlernte, der späte Luther aber viel entschiedener war als der frühe. Der späte Luther hätte so einen Thesenanschlag an der Schloßkirchentür vermutlich nicht gescheut, zumal es üblich war, akademische Thesen an 'Schwarze Bretter' der Universität zu heften; die Funktionen der heute üblichen Bretter hatten damals die Kirchentüren der jeweiligen Universitätskirche. Wenn das aber keine so aufregende Sache war, warum sollte Melanchthon nicht davon ausgehen, daß Luther das auch getan hat? Zumal am Allerheiligentag besonders viele zum Patronatsfest kamen und es hätten lesen können; die thematische Verbindung von Bußtheologie und Allerheiligentag spräche ebenfalls *für* diese Annahme.

Der Quellenbefund spricht *gegen* die Annahme vom Thesenanschlag, aber auch in diesem Fall hat wohl die nationalgeschichtlich orientierte Darstellung (Luther trotzt seinem römischen Widersacher) und konfessionelle Voreingenommenheit (Luther der entschiedene Reformator, nicht der theologische Zögerer, den die Antwort seiner Gegner zum Reformator werden läßt) deutliche Spuren im allgemeinen Geschichtsbild hinterlassen.

Ein drittes Beispiel:

Die Reformation bedeutete für die römisch–orientierte Kirche einen tiefen Einschnitt. Aus dieser Krisensituation hat sie sich in einer Gegenbewegung zu befreien versucht; man bezeichnete diese Bewegung seit Leopold von Ranke (1795–1886), einem der bekanntesten deutschen Historiker, als *Gegenreformation*. Der Begriff ist aber problematisch, weil er zu leicht eine konfessionelle Wertung der Tatsache beinhalten kann, daß hier der Reformation etwas entgegen gesetzt wurde; zugespitzt: Mit etwas mehr Geduld auf protestantischer Seite wäre eine Kirchenspaltung unnötig gewesen, oder: diese reaktionäre Gegenbewegung verdeutlicht die Notwendigkeit der Reformation. Die Untertöne des Begriffs habe ich selbstverständlich extrem formuliert, aber sie machen darauf aufmerksam, daß wir in der Kirchengeschichte auch bei der Begriffsbildung Vorsicht walten lassen müssen. Es herrscht heute kein Zweifel mehr, daß die Kirche der Vorreformationszeit dringend reformbedürftig war, daß die Reformation die Kirche aus einem tiefen (strukturellen) 'Kirchenschlaf' gerissen hat, und daß in der Nachreformationszeit Änderungen in der katholischen Kirche eintraten. Wir differenzieren heute daher die 'Gegenreformation' als äußere Auswirkungen und die 'Katholische Reform' als innere Erneuerung der katholischen Kirche. Mit dieser Bewegung ist der Name eines Mannes sehr eng verknüpft; von ihm handelt die nächste Quelle.

Eine Biographie:

„Bis zum Alter von sechsundzwanzig Jahren war er den Eitelkeiten der Welt ergeben, und hauptsächlich fand er aus einem unbändigen und eiteln Verlangen, sich Ruhm zu gewinnen, sein Gefallen in Waffenübungen. Er gehörte damals zur Besatzung einer Zitadelle, welche die Franzosen berannten; und während nun alle andern der Meinung waren, man solle sich unter der Bedingung freien Abzuges ergeben, da sie die Unmöglichkeit einer Verteidigung klar einsahen, redete er dagegen mit so viel Gründen auf den Befehlshaber ein, daß dieser sich trotz allem zur Verteidigung entschloß entgegen der Ansicht aller anderen Offiziere, die sich aber dann doch durch seinen Mut und seine Tapferkeit mitreißen ließen. Als nun der Tag anbrach, an dem man mit dem Beginn der Beschießung rechnen mußte, beichtete er bei einem seiner Waffengefährten. Als die Beschießung eine gute Zeitlang gedauert hatte, traf ihn ein Kanonenschuß an einem Bein und brach es vollständig; und da die Kugel auf der Innenseite des Beines durchging, wurde dabei auch das andere Bein schwer verwundet.

Nachdem er ausgefallen war, ergab sich die Besatzung der Zitadelle alsbald den Franzosen. Sie behandelten den Verwundeten nach der Eroberung der Festung ausgezeichnet und erwiesen ihm alle Höflichkeit und Aufmerksamkeit. Nach zwölf oder fünfzehn Tagen, die er noch in Pamplona verblieb, ließen sie ihn in einer Sänfte in seine Heimat bringen. Dort erwies sich sein Zustand als äußerst schlecht. Deshalb ließ er aus vielen Orten alle möglichen Ärzte und Chirurgen kommen. Ihre Meinung war, man müsse das Bein noch einmal brechen und die Knochen ein zweites Mal einrenken; denn, so erklärten sie, beim erstenmal seien sie schlecht eingerichtet worden oder sie hätten sich während des Transportes verschoben, deshalb seien sie nun nicht in der rechten Lage und so sei eine Heilung unmöglich. Daher machte man sich nun erneut an die 'Schlächterei'. Dabei – wie auch bei allen andern Eingriffen, die er zuvor schon durchgemacht hatte und später noch duchmachen sollte – kam kein Laut über seine Lippen, und er ließ sich den Schmerz nur dadurch anmerken, daß er seine Fäuste fest ineinander verkrampfte...

Aber unser Herr schenkte ihm die Genesung. Und so gründlich war die Heilung, daß er sich sonst ganz wohlauf fühlte, bloß konnte er sich nicht gut auf dem Bein aufrecht halten. So war er gezwungen, zu Bett zu bleiben. Da er auf die Lektüre von Büchern mit weltlichem und erfundenem Inhalt schon immer versessen war – man nennt sie gewöhnlich Ritterromane – und da er sich nun gesund genug fühlte, bat er um einige solcher Bücher, um sich damit die Zeit zu vertreiben. Jedoch fand sich in jenem Haus nichts von seiner üblichen Lektüre. Deshalb gab man ihm ein Leben Christi und eine Sammlung von Heiligenleben in spanischer Sprache...

Bei der Lektüre des Lebens unseres Herrn und der Heiligen machte er sich nämlich Gedanken und überlegte bei sich: Wie wäre es, wenn ich all das täte, was der heilige Franziskus getan hat, oder das, was der heilige Dominikus tat? Solche Überlegungen stellte er über vielerlei an, was ihm gerade gut erschien. Dabei nahm er sich immer schwierige und mühsame Aufgaben vor; und wenn er sich solche vornahm, meinte er, in sich Kraft genug zu finden, um sie auch wirklich durchzuführen. Seine ganze Überlegung bestand darin, daß er zu sich selber sagte: Der heilige Dominikus hat dies getan, also muß auch ich es tun; der heilige Franziskus hat jenes getan, also muß auch ich es tun. Auch diese Gedankengänge dauerten geraume Zeit an...

Da er bei dieser Lektüre nicht wenig Erleuchtung erhielt, fing er an, ernster über sein vergangenes Leben nachzudenken, und er erkannte, wie notwendig es für ihn wäre, Buße dafür zu tun. Hier drängte sich ihm das Verlangen auf, die Heiligen nachzuahmen, wobei er nicht so sehr auf Einzelheiten einging, sondern sich einfachhin vornahm, mit der Gnade Gottes das zu tun, was jene getan hatten. Was er aber sofort nach seiner Genesung zu unternehmen plante, war bloß die Wallfahrt nach Jerusalem... mit so viel Bußübungen und Entsagungen, wie nur eine großmütige Seele, die von Gott entflammt ist, auf sich zu nehmen wünschen kann."

[Quellenangabe s.u. Abschnitt 9]

Berichtet wird uns in dieser Quelle von Ignatius von Loyola, dem späteren Gründer des Jesuiten–Ordens. Da der Bericht in der dritten Person geschrieben ist, klingt er für uns zunächst so, als habe ihn ein anderer geschrieben. Dieser Lebensbericht stammt aber von Ignatius selber; er hat ihn seinem Mitbruder Gonçalves da Câmara diktiert. Der entstehende distanzierte, objektiviertere Klang des Berichtes war durchaus beabsichtigt; es ist aber keineswegs unüblich gewesen, seinen Lebensbericht in der dritten Person zu schreiben. Erasmus von Rotterdam etwa, der nicht diktiert, sondern selber geschrieben hat, faßte seinen Lebensbericht auch in dieser distanziert klingenden Form ab, um nur ein weiteres Beispiel anzugeben. Wir kennen das auch heute noch; es kommt durchaus noch vor, daß Lebensläufe in der dritten Person abgefaßt sind, auch wenn sie von der betreffenden Person selber stammen – in Parlamentshandbücher oder Universitätsverzeichnissen ist diese Form durchaus noch anzutreffen.

Der Textbefund:

An diesem Bericht fällt auf, daß er in einem bestimmten inhaltlichen Spannungsbogen steht, dem auch die Überschrift „Bericht eines Pilgers" entspricht: Hier werden eigene Erfahrungen religiöser Art in einer bekenntnishaften Sprache geschildert. Das Entscheidende ist das Moment der Lebenswende, man könnte dieses Moment geradezu als 'Damaskus–Motiv' bezeichnen, also als eine Anspielung betrachten auf die Lebenswende des Paulus (vgl. Apg 9,1–9 par 22,5–11 und 26,12–16), der so enorm wichtig für die frühe Christenheit wurde. Auch dieses Element findet sich in sehr vielen Viten.[3]

Die Wende im Leben des Ignatius erfolgt fast zufällig: Weil er nicht die Lektüre erhält, die er gewohnt war, liest er die Bibel und Heiligenleben. Die erwünschte Literatur entsprach seinem ursprünglichen Lebensziel, die erhaltene dem nach der Lebenswende:

Er bleibt, wenn man so will, ein Ritter, aber das weltliche, militärisch–amouröse Ideal wendet sich in ein religiöses. Dieses Ereignis ist aber nicht einfach ein punktuelles, sondern ein längerer Prozeß – die Selbstbezeichnung als 'Pilger' deutet das nachdrücklich an.

Welchen Erkenntniswert haben Lebensbeschreibungen?

Wenn wir bei Viten die Frage nach dem Erkenntniswert für die Kirchengeschichte stellen, dürfen wir nicht übersehen, daß sie keine geschichtswissenschaftliche Werke sein wollten, wir dürfen daher die historische Wahrheit nicht als historisch korrekt beschriebene Faktizität aus ihnen lösen wollen. Eine Vita wollte in erster Linie erbauen, zum praktisch gelebten Christentum anregen und auch werben für die Orte oder Klöster, deren Patron der Beschriebene war, denn dorthin kamen Pilger. Aus dem Mittelalter liegen uns daher eine ganze Reihe Viten vor, besonders von Bischöfen, Klostergründern, Äbtissinnen und Äbten.

Eine weitere Form der Lebensbeschreibungen sind die Biographien. Aus der Zeit Ottos des Großen bis ins 12. Jahrhundert haben wir einige Biographien von Reichsbischöfen vorliegen, die auch als allgemeine Geschichtsquellen hochinteressant sind, da diese Bischöfe ja ganz verwurzelt sind im ottonisch–salischen Reichskirchensystem, jener mittelalterlichen Rechtsordnung, in der die Kirche das Zentralinstitut des Reiches bildete. In der engen Verzahnung von Reichs– und Kirchenorganisation bestimmte faktisch der König über die Kirche; auch die Einsetzung von Bischöfen erfolgte zumeist nach staatspolitischen Gesichtspunkten. Da der theokratisch regierende Herrscher ein religiös–politisches Ziel verfolgte, hatte das System für die Kirche in einer Zeit, in der es keine freie Kirche gab, durchaus positive Folgen. Im Episkopat der damaligen Zeit gab es eine Reihe herausragender Persönlichkeiten. Als Beispiele dafür und für die Bischofsbiographien nenne ich nur Bruno von Köln, Bernward und Godehard von Hildesheim und Albero von Trier. Geschichtsforscher des 19. Jahrhunderts haben sie neben vielen anderen Quellen, so auch neben den genannten Annalen aus der Karolinger–Zeit, in der wichtigen Sammlung der „Monumenta Germaniae Historica" zusammengetragen. Als ein Beispiel der früheren Zeit verweise ich auf das „Commemoratorium vitae S. Severini", um 511 verfaßt, das uns die Zustände im Donauraum zur Zeit des Zusammenbruchs der Römerherrschaft schildert. Bei aller quellenkritischen Problematik sind Viten und Biographien, vor allem für die Zeit, aus der nur wenige Quellen vorliegen, von großer Bedeutung. Biographien der Neuzeit haben zwar eher einen geringeren Erkenntniswert, sind daher eher verzichtbar, aber häufig zeigen sie Motive und Hintergründe bestimmter Entscheidungen; das gilt besonders für Autobiographien, die aber selbstverständlich auch nicht frei sind von der Gefahr der Typisierung oder Geschichtsklitterung zur eigenen Rechtfertigung. Als eine für die neuere Kirchengeschichte wichtige Quelle verweise ich auf die Memoiren des ungarischen Kardinals József Mindszenty (1892–1975), der sich als ebenso entschiedener Antifaschist wie Antikommunist kompromißlos mit der Regierung Ungarns auseinandersetzte, in einem Schauprozeß in Budapest zu lebenslanger Haft verurteilt wurde und sich der vatikanischen Ostpolitik scharf widersetzte. Seine eigene Sicht der Vorgänge ist so wichtig, daß man sie für eine Beurteilung dringend heranziehen muß, wenn sie auch noch so einseitig ist.

Gehen wir also bei diesem Quellentypus von vornherein davon aus, hier keine um objektive Sichtweise bemühte Darstellung zu finden, legen wir diesen Anspruch aber zumeist an, wenn wir Geschichtsdarstellungen von Historikern lesen. Die folgende Quelle ist ein Auszug aus der zweibändigen „Geschichte der christlichen Kirche für christliche Leser aus allen Ständen", die 1781/82 im Verlag Johann Philipp Reiffenstein, Frankfurt und Leipzig, erschien. Der Kontext unserer Stelle ist die Darstellung der katholischen Kirche nach der Reformation.

Eine Geschichtsdarstellung:

„Man konnte es ihnen nicht verdenken, daß sie alles thaten, um sich wieder emporzuheben. Ein bequemes Mittel, sich das verlohrne Ansehn einigermassen wieder zu verschaffen, schien ihnen zu seyn, wenn sie ausserhalb *Europa* sowohl unter den heidnischen Voelkern, als unter den christlichen Sekten ihre Herrschaft auszubreiten sich angelegen seyn liessen. Zum Werkzeuge, ihren vorgesetzten Endzweck zu befoerdern, bedienten sie sich kluger und verschmizter Geistlichen. Besonders traten hier die *Jesuiten* aufs Theater, und es ist noethig, etwas von ihrem Ursprunge hier zu sagen.

Ignatius Loyola, der Stifter dieses Ordens ward im Jahre 1491 in dem kleinen Laendchen *Guiposcoa,* welches zu der *spanischen* Provinz Biscaya oder Kantabrien gehoert, geboren. Er stammt aus einem alten adelichen Hause von *Ignaz* und *Loyola* ab; als der juengste unter seinen Bruedern konnte er zur vaeterlichen Erbschaft, und zum Besiz der Gueter des Vaters nicht gelangen. Er versuchte also sein Gluek im Kriege. Da er an dem Hofe *Ferdinands* des *Katholischen* unter den jungen Adelichen erzogen worden war, so erhielte er bald eine Stelle in der Armee. Er diente unter dem *Antonius Manriquez,* dem Herzoge von *Najara,* und bewies sich ungemein tapfer. In der Belagerung der Hauptstadt in *Naxarra, Pampelona,* die im Jahre 1521 unternommen wurde, legte er ein entscheidendes Zeugnis seiner Unerschrokenheit ab. Er stellte sich gerade an den Ort, wo der Angriff am staerksten war, hatte aber hier das Ungluek, daß eine feindliche Stuekkugel sein rechtes Bein zerschmetterte, und ein durch die Kugel von der Mauer gerissener Stein ihm an die linke Huefte dermassen anschlug, daß auch diese sehr gefaehrlich verlezt wurde. Die Feinde begegneten ihm nach der Uebergabe des Schlosses mit der groeßten Freundlichkeit, liessen ihn in einer Saenfte nach *Loyola* tragen, damit er sich daselbst koenne heilen lassen. Die Kur gieng langsam von statten; indessen wurde er endlich glueklich wieder hergestellt, ausser daß ihm das eine Bein seine ganze Lebenszeit hindurch etwas kuerzer, als das andere blieb.

In dieser Krankheit, bei den ausserordentlichsten Schmerzen seines Koerpers, und dem Gefuehle von Langeweile nahm er seine Zuflucht zur Lektuere, und mußte, weil man ihm seine Lieblingsschriften, *Romanen* nicht geben wollte, zu geistlichen Buechern seine Zuflucht nehmen. Unter andern Andachtsschriften gab man ihm eine, welche die *Bluete der Heiligen* hieß. Ich weiß nicht, was die grosse Veraenderung bei ihm hervorbrachte, – genug, sie war mehr als abentheuerlich. Er sympathisirte gar bald mit den Heiligen, deren Lebensgeschichten er las. Dazu kamen vorgegebene Wunderwerke, die ihn in seinem Vorsaze bestaerkten. Er entschloß sich nemlich, den Heiligen aehnlich zu werden, und, wie sie, die Welt zu verlassen, die Einsamkeit zu suchen, und daselbst durch Fasten, Wachen und Beten alle Versuchungen zu ueberwinden.

Er entschloß sich nunmehro, den Soldatenstand zu verlassen, ein anders weit strengeres Leben zu fuehren, ja so gar nach des heiligen *Dominikus,* und *Franziskus* Beispiel, einen besondern Orden unter den geistlichen Bruedern zu stiften.

Ueberhaupt kann man hier die Bemerkung machen, daß *Ignatius* mit dem beruehmten Ritter *Don Quixote* sehr viele Aehnlichkeit gehabt habe. Dieser ward durch Lesung vieler Fabeln, Romanen und Abentheuer ein irrender Ritter, und jener durch Lesung der heiligen Legenden ein Heiliger.

[Quellenangabe s.u. Abschnitt 9]

Wir brauchen an dieser Stelle kaum zu kommentieren. Der Text läßt die protestantische Konfession des Verfassers ebenso deutlich werden wie seine Beurteilung des Ignatius; eine gewisse Achtung läßt der Text erkennen, andererseits spricht der Vergleich mit der berühmten Romanfigur von Miguel de Cervantes für sich. Inzwischen wird jeder Leser hinreichend eingelesen sein in die Kirchengeschichte und Quellenkunde, um den Text selber beurteilen zu können.

In seiner Vorrede betont der Verfasser: „Ich muste also auch darauf Rueksicht nehmen, daß ich weder der Wahrheit etwas vergab, noch unbillig genug war, unsere Brueder aus der roemisch–katholischen Kirche irgend wodurch zu aergern oder gar zu kraenken.“ Aus heutiger Sicht repräsentiert diese Geschichtsdarstellung tendenziell einen Extremtypus; wir kennen allerdings auch erheblich gröbere Darstellungen – auf beiden Konfessionsseiten. Die weniger extremen Positionen haben vielleicht den Vorzug größerer Genauigkeit, dafür aber auch den Nachteil, daß der Standpunkt des Verfassers weniger deutlich wird.

4.1.6 Zum Erkenntniswert von Traditionsquellen

Vorteile und Nachteile von Traditionsquellen liegen recht klar auf der Hand. Ihr Vorteil besteht darin, daß sie eine Unterrichtung über Zustände der Vergangenheit bieten. Aus Traditionsquellen müssen Zusammenhänge also nicht erst erschlossen werden, denn sie zeigen uns von sich aus die Erkenntnis des Zusammenhangs auf. Im Gegensatz zu Überrestquellen bieten sie eine in sich verständliche Sicht, diese ist allerdings einseitig, allerdings kann das Maß an Einseitigkeit von Quelle zu Quelle sehr unterschiedlich sein.

Die Nachteile hängen eng mit den Vorzügen zusammen: Die Informationen sind an die Subjektivität des Berichtenden gebunden.

Ein erster Nachteil:

Der Berichtende nimmt eine Auswahl vor, berichtet nicht alles, sondern nur das, was ihm berichtenswert erscheint. Einseitigkeiten kommen nicht nur durch Täuschungsabsicht zustande. Jeder Verfasser hat sein subjektives Raster aus Wichtigkeit, Interesse, Folgen und anderem, das letztlich die Auswahl begründet. Warum sollte jemand auch über etwas berichten, das ihm unwichtig, uninteressant und folgenlos erscheint?

Ein zweiter Nachteil:

Der Berichtende nimmt nicht nur eine subjektive Auswahl, sondern auch eine Wertung vor. Eine völlig tendenzlose Geschichtsdarstellung wäre auch sehr blutleer; der Berichtende nimmt bewußt oder unbewußt Identifikationen und Parteinahmen vor, die die Quelle färben. Naturgemäß gilt das ganz besonders für die Darstellung von Personen, wie auch die angeführten Beispiele verdeutlicht haben.

Ergebnis:

Zusammenfassend können wir die Quellenarten der Tradition bezeichnen als Berichte, die ausdrücklich und beabsichtigt geschaffen wurden, um über bestimmte Vorgänge zu berichten. Beispiele für Traditionsquellen sind etwa Chroniken, Annalen, Geschichtsdarstellungen, Biographien, Viten, Memoiren oder Zeitungsartikel, Radio– und Fernsehsendungen etc. Die Interpretation einer Quelle als Tradition zielt dann auf die

Absicht des Urhebers, weil sie nur so wirklich aussagekräftig wird. Informationen, die wir aus einer Traditionsquelle erhalten, sind durch menschliche Erfahrung und Auffassung hindurchgegangen und daher notwendig 'subjektiv'. Wenn es möglich ist, sollten deshalb unmittelbar gegebene, unwillkürliche diese vermittelten, willkürlichen Informationen absichern.

4.1.7 Quelleneinteilung

Die Einteilung der Quellen in Traditionen und Überreste ist nicht ganz problemlos; das sei am Schluß wenigstens kurz angemerkt. Bestimmte Quellen können in sich beide Elemente haben. Mitunter kann sogar die Frage, unter der wir eine Quelle betrachten, erst entscheiden, ob wir den Gesichtspunkt des Überrests oder der Tradition erheben. Deutlich ist das auch am Beispiel der Bismarck-Rede (S. 139): Grundsätzlich wäre sie unter die Überreste zu zählen, aber dadurch, daß sie – wie erwartet – gedruckt wurde, gab sie der Mit- und Nachwelt Kunde von dem Geschehen; eine Folge, die Bismarck einkalkuliert haben dürfte, denn die Rede hatte einen politischen Hintergrund: Bismarck wollte mit dieser Äußerung an das für ihn große Ärgernis erinnern, daß Rom es abgelehnt hatte, jemanden als Gesandten beim Vatikan zu akzeptieren, der zuvor gegen die Definition der päpstlichen Unfehlbarkeit aufgetreten war.

Der entscheidende Grund, trotz mancher Probleme an einer Unterscheidung in Überrest und Tradition festzuhalten, liegt darin, daß sich der Historiker von daher die Frage nach dem Nutzwert der jeweiligen Quelle und ihrer Bewertung stellen kann.

Eine solche Quelleneinteilung kann im Kirchengeschichtsunterricht innerhalb des Religionsunterrichts nur in einzelnen Fällen vorgenommen werden. Für den Unterricht bietet sich daher analog zur Geschichtsdidaktik ein engerer Quellenbegriff an: Die Geschichtsdidaktik kategorisiert nur verbale, ikonische und haptische Quellen, d.h. sie unterscheidet lediglich historische Texte, Bilder und Gegenstände; allerdings kann eine Unterscheidung verbaler Quellen in Traditions- und Überrestquellen auch im Unterricht sinnvoll und erhellend sein.

Im Gegensatz zu den Einteilungsversuchen der Geschichtswissenschaft macht die Zuordnung der Geschichtsdidaktik weniger

Probleme, denn sie zielt rein auf äußere Kriterien, während die geschichtswissenschaftlichen Differenzierungen immer schon die Fragen nach dem Verstehen und Deuten der Quellen beinhalten. Wie alle Beispiele von Quellen gezeigt haben, wäre es ein arges Mißverständnis anzunehmen, Quellen würden sich selbst erschließen und interpretieren. Quellenarbeit erfordert ein methodisches Vorgehen.

4.2 Das methodische Vorgehen

Bereits bei der Darstellung der verschiedenen Quellenarten habe ich den geschichtlichen Stoff nicht nur zu erheben, sondern auch schon zu erschließen versucht. Bei der Darstellung des methodischen Vorgehens greife ich nun auf einzelne Momente zurück.

Die erste Frage, die sich ein Historiker beim Lesen oder Betrachten einer Quelle stellt, ist die nach der Zuverlässigkeit der Quelle: Hat sich das Berichtete tatsächlich zugetragen? Erst dann fragt er, welche Bedeutung und Folgen das Berichtete historisch hatte.

Das Beispiel der Bildquelle, die die amerikanische Politik karikiert (S. 156), kann verdeutlichen, wie schwierig es ist, nur auf der Grundlage dieser einen Quelle ihren Inhalt zu erschließen; das Beispiel der beiden Klosterpläne hat gezeigt, daß nur im Vergleich der beiden miteinander sich der zweite als relativ bescheiden erweist. Diese Einsichten, daß eine Quelle allein zumeist nicht ausreicht und ein Quellenvergleich häufig notwendig und erhellend ist, gelten aber nicht nur wegen der Verständnis- und Deutungsvoraussetzungen, sondern auch für die Beurteilung äußerer Kriterien.

4.2.1 Arbeitsschritte der Quellenarbeit

An Hand einiger bereits angeführter Beispiele nenne ich die entscheidenden Fragen, die wir uns stellen müsen, um den historischen Stoff erschließen zu können.

Die erste Frage lautet: Was erbringt die Quellenkritik?

Wir fragen uns also zunächst, ob es verschiedene voneinander abweichende Handschriften gibt; in der Regel können wir erst nach diesem Arbeitsschritt den von uns benutzten Text als gesichert ansehen. Die philologische Methode der Textkritik hat eine Reihe von Kriterien entwickelt; dazu zählen in erster Linie:

(1) Die ältesten Textzeugen sind gewöhnlich die zuverlässigsten, es kann aber auch durchaus ein jüngerer Textzeuge den ursprünglichen Text bieten.

(2) Die Textzeugen sind daher auch nicht einfach nach der Zahl ihrer Belegung, sondern nach der Qualität der Fassung zu werten.

(3) Eine 'schwierigere', sprachlich oder inhaltlich 'anstößigere' Textfassung ist gewöhnlich die ältere, weil beim Abschreiben eher geglättet als verkompliziert wurde.

(4) Weil ebenfalls beim Abschreiben eher ergänzt als gekürzt wurde, ist auch der kürzere Text in der Regel der ursprüngliche.

(5) Eine Änderung oder sinngemäße Korrektur sollte nur selten zur Klärung des Textes herangezogen werden.

Wie ernst die letzte der genannten Regeln zu nehmen ist, kann das Beispiel der Quellen zum 'Tag von Verden' (S. 159–160) verdeutlichen: Einige Historiker haben zu dieser Möglichkeit gegriffen und das vom Text eindeutig bezeugte 'decollare' (enthaupten) als nicht ursprünglich angesehen; statt dessen müsse es 'delocare' (wegbringen) heißen. Wie problematisch dieser Vorschlag ist, kann man daran erkennen, daß wir zwar Berichte von Deportationen aus der Zeit Karls des Großen kennen, darin aber das Verb 'delocare' nie benutzt wird.

Die Quellen zu diesem Beispiel zeigen auch, wie wir mit Hilfe der Quellenkritik feststellen können, daß eine Quelle gegenüber der anderen sekundär ist. Die Zahlenangabe (IIII D) in den Reichsannalen ist gegenüber der Angabe (quattuor milia D) in den Einhardsannalen nach diesen Regeln als die ältere Version anzusehen, denn die Änderung ist als Glättung der 'schwierigeren' Angabe gut zu erklären. Eine Reihe solcher Beobachtungen kann dann auch die Aussage absichern, daß die Einhardsannalen insgesamt eine Bearbeitung der Reichsannalen wiedergeben. Quellenkritik schließt also auch ein, die Abhängigkeiten der Quellen untereinander aufzuzeigen.

Die zweite Frage lautet: Mit welcher Gattung von Quelle haben wir es zu tun?

Es geht hierbei nicht einfach um eine Unterscheidung etwa zwischen Bild, Gegenstand oder Text, sondern um die genauere Angabe der Gattung, d.h. zunächst müssen wir festlegen, ob es sich um eine Überrest- oder Traditionsquelle handelt. Die Unterschiede und die Folgerungen daraus sind ja bereits durch die Darstellung der Beispiele deutlich. Auch innerhalb der Quellengruppen gibt es dann entsprechende Differenzen zu beachten. Gattungsbestimmung beinhaltet also nicht nur, etwa zwischen Protokoll oder späterer Geschichtsdarstellung zu unterscheiden, sondern auch zwischen Klein-, Gebrauchs- und gehobener Literatur. Bei Bildern können wir ähnliches feststellen: Eine Bild-Satire, wie die von Sebald Beham (S. 153), und ein Altarbild, wie das von Lukas Cranach (S. 151), müssen als Gattungen auseinandergehalten werden, weil die künstlerische Differenz nicht zuletzt die unterschiedlichen Intentionen spiegelt.

Die dritte Frage lautet: Ist das Wort-, Zahlen-, Zeichen- oder Symbolverstehen gewährleistet?

Bereits bei der Darstellung der ersten Quelle (S. 139) haben wir gesehen, daß die Rede Bismarcks heute nur noch schwer verständlich ist, weil wir einige Worte nicht mehr kennen. Mangelndes Wortverständnis läßt sich an Hand einschlägiger Handbücher relativ schnell beheben. Schwieriger kann das schon bei der speziellen Bedeutung von Zahlen, Zeichen und Symbolen sein, aber auch dafür gibt es entsprechende Nachschlagewerke. Elemente aus der christlichen Kunst sind häufig in Quellen anzutreffen und nur ikonographisch zu erklären, d.h. aus der Kenntnis christlicher Bildtypen, ihrer Entstehung und Wandlung, ihres Zwecks und des geistesgeschichtlichen Hintergrunds.

Neben der direkten Bedeutung einzelner Zahlen ist es aber auch möglich, daß eine entsprechende Angabe nur ein Größenverhältnis andeuten will; bei den 4500 Sachsen aus den Quellen zum sogenannten Blutgericht oder 'Tag von Verden' (S. 159-160) handelt es sich um solch eine tendenzielle Aussage, die nur eine große Menge andeuten soll. Im Mittelalter gibt es häufiger derartige Angaben, die sich dann nur aufgrund einer Erfahrung in der Beschäftigung mit dem Sachverhalt erklären lassen und nicht mit Hilfe von Nachschlagewerken. Das gilt ebenso für die Bedeutung des Zeitraums von drei Tagen als Zeit des Büßens vor

Canossa (S. 140–141). Auch hier ist die Erfahrung und das Wissen des Historikers entscheidend; auf den ersten Blick können wir die Bedeutung kaum ergründen.

Die vierte Frage lautet: Ist das Sachverständnis gesichert?

Es ist nahezu selbstverständlich, daß vor einer Interpretation der Sachverhalt klar sein muß. Das gilt jedoch nicht nur oberflächlich. Zum Sachverständnis der Bismarck–Rede (S. 139) gehört es, daß wir wissen: Bismarck spricht zwar von Dogmen, meint aber in erster Linie die dogmatische Definition der Unfehlbarkeit des Papstes; die Vor– und Nachgeschichte hatte nicht nur im Deutschen Reichstag auch einen politischen Akzent, den nicht zuletzt die Gruppierung der Befürworter dieser Definierung vor und während des Ersten Vatikanischen Konzils bewußt in Kauf nahmen; theologisch ist der Satz anders zu fassen als Bismarck ihn offensichtlich versteht; für ihn ist das Dogma die kirchliche Omnipotenzerklärung ihres höchsten Vertreters.

Der Übergang von der Sicherung des Sachverständnisses zum nächsten Punkt ist fließend.

Die fünfte Frage lautet: In welches historische Umfeld gehört unsere Quelle?

In dem ersten Beispiel ist es zum Verständnis der Bismarck–Rede (S. 139) wichtig zu wissen, daß sie aus der Zeit des Kulturkampfes stammt und damit ein Teil dieses Konfliktes zwischen dem preußischen Staat und der katholischen Kirche ist; er ist als preußische Antwort auf die Dogmatisierung der päpstlichen Unfehlbarkeit und die Verurteilung des Liberalismus durch die katholische Kirche anzusehen. Preußen ergriff Kampfmaßnahmen gegen den 'politischen Katholizismus', besonders gegen die Zentrums–Partei. Benannt wird diese Auseinandersetzung nach einer Formulierung des bekannten Arztes, Anthropologen und linksliberalen Politikers Rudolf Virchow (1821–1902), dem angesichts dieser katholischen Aussagen ein 'Kampf für die Kultur' notwendig erschien.

Ebenso ist es zum Verständnis der Darstellung aus der Volksrepublik China (S. 155) und damit zum Verständnis der Haltung gegenüber der Kirche durch den Maoismus vor der Kulturrevolution von Bedeutung, sich den dialektischen Materialismus und militanten Atheismus chinesischer Prägung zu vergegenwärtigen. Eine Rekonstruktion des historischen Umfeldes ist somit eine wesentliche Erleichterung für die Einschätzung der Quelle.

Die sechste Frage lautet: Wer ist der Urheber und wer ist der Adressat der Quelle?

Diese Frage ist nicht bei allen Quellen relevant; aber selbst bei liturgischem Gerät kann es durchaus interessant sein, der Frage nachzugehen, wer der Auftragggeber ist und warum gerade er gerade dieses Gerät anfertigen ließ.

Für das Verständnis der Canossa–Rede (S. 139) ist es entscheidend, daß sie von Bismarck stammt, also von einem entschiedenen 'Kulturkämpfer', und daß sie an den Reichstag gerichtet ist, in dem die Mehrheit seine Position gegenüber der katholischen Kirche teilt, d.h. die Rede ist in großem Maße auf Appellation angelegt. Noch interessanter ist diese Frage bei der zweiten Canossa–Quelle (S. 140–141): Zur Einschätzung des Briefes ist es entscheidend, daß er vom Papst stammt, weil wir dann die Frage beantworten müssen, ob er als Beteiligter an diesem Ereignis eine wirklich zuverlässige Sichtweise der Vorgänge schildert. Neben einigen anderen Punkten spricht für diese Darstellung Gregors auch die Adressatengruppe: Der Brief ist an die Deutschen Fürsten gerichtet, also an die, die vorher während des Fürstentages von Tribur von Heinrich abgefallen waren und die Lösung vom Bann gefordert hatten. Sie nahmen Gregors Brief mit der Aufhebung des Bannes zwar zur Kenntnis, wählten aber dennoch einen Gegenkönig. Obwohl Heinrich ihre Bedingungen erfüllt hatte, war das Ereignis von Canossa offensichtlich für die Deutschen Fürsten nicht überzeugend genug, ihren Abfall von Heinrich zurückzunehmen.

Bei den Adressaten einer Quelle muß man gegebenenfalls auch mehrere Gruppierungen unterscheiden. So sollte die Darstellung aus der Volksrepublik China (S. 155) sicher die Linientreuen in ihrer Haltung gegenüber der katholischen Kirche bestärken, die Katholiken dagegen verunsichern.

Die siebte Frage lautet: Was sagt die Quelle aus und welche Intentionen verfolgt sie?

Aussage und Intention einer Quelle gehören unbedingt zusammen. Lukas Cranach (S. 151) sagt aus, daß in der Theologie Luthers das Kreuz in der Mitte steht, der Prediger darauf verweist, wenn er das Evangelium verkündet, und die Gemeinde Hörer des Wortes ist. Seine Intention ist es, diese Aussage den Kirchenbesuchern vor Augen zu führen, deshalb ist dieser Teil des Altarbildes auch in der Predella dargestellt, dem Bereich über dem Altartisch und unter Schrein und Flügeln; dieser Teil ist immer sichtbar, gleichgültig, ob die Flügel geöffnet oder geschlossen sind. Der Holzschnitt Sebald Behams (S. 153) dagegen gibt nicht nur eine Aussage der Reformationstheologen wieder, etwa über die Zustände im Mönchtum, sondern er hat eine eher kämpferische Intention. Die Darstellung hat mit dem genannten Bild Cranachs weniger gemeinsam als mit einer 'Agit–Prop–Kunst' unseres Jahrhunderts, mit einer Gebrauchskunst also, deren agitatorischer und propagandistischer Grundzug nicht zu übersehen ist. Die Agitation ist ein eminent wichtiges Interpretament dieses Bildes.

Die Bismarck–Rede (S. 139) zeigt, daß die Intention mit dem genannten historischen Ereignis sogar nichts zu tun haben muß, denn angezielt ist die gegenseitige Bestärkung in einer ablehnenden Haltung gegenüber der Kirche; Canossa wird nur als Bild einer unvertretbaren Position gebraucht.

Die achte Frage lautet: Wie zuverlässig ist die Quelle, wie groß ist ihr Geltungsbereich, und wie verallgemeinerungsfähig sind ihre Aussagen?

Ein Beispiel für eine solche Frage nach der Zuverlässigkeit haben wir bereits oben behandelt, als es um die Zahl der getöteten Sachsen ging. Ein zweites Beispiel ist die Darstellung Gregors von den Ereignissen vor Canossa (S. 140–141). Als ganz entscheidendes Argument ist festzuhalten, daß es keine widersprechende Tradition gibt, d.h. alle Textzeugen, die uns vorliegen, stützen diese Angaben. Die Sichtweise, wie wir sie bei Bismarck und heute im sprichwörtlichen Gebrauch vom 'Gang nach Canossa' finden, können wir erst sehr spät nachweisen und sie ist dann nur in Geschichtsdarstellungen zu finden, deren nationalhistorische Ausrichtung auffällig und deren Sicht leicht als voreingenommen zu identifizieren ist.

Die Darstellung aus der Volksrepublik China (S. 155) macht alle drei Punkte dieser Frage deutlich: Die Quelle ist echt, keine Fälschung; sie stammt aus der rotchinesischen Presse, deren Linientreue und Gleichschaltung uns die Verallgemeinerungsfähigkeit bestätigt für den Geltungsbereich der Volksrepublik China. Für andere Staaten Asiens oder andere kommunistisch regierte Staaten ist aufgrund dieser Quelle keine Aussage möglich.

Die Beantwortung der genannten Fragen versetzt uns in die Lage, die Quelle zu kommentieren, zu erklären, auszulegen, zu deuten und zu diskutieren, sie einzuordnen in den historischen Kontext und den Forschungsstand.

Daraus ergeben sich für eine seriöse Quellenarbeit gewöhnlich folgende Arbeitsschritte:

(1) Quellenkritik,

(2) Gattungsbestimmung,

(3) Gewährleistung des Wort–, Zahlen–, Zeichen– oder Symbolverstehens,

(4) Sichtung des Sachverständnisses,

(5) Rekonstruktion des historischen Umfeldes,

(6) Bestimmung der Urheber und Adressaten,

(7) Erfassung der Aussagen und Intentionen,

(8) Ermittlung von Zuverlässigkeitsgrad, Geltungsbereich und Verallgemeinerungsfähigkeit der Quellenaussagen,

(9) Kommentierung, Erklärung, Auslegung, Deutung und Diskussion,

(10) Einordnung der Quelle in den historischen Kontext und den Forschungsstand.

Im folgenden will ich diese Form der Quellenarbeit noch einmal exemplarisch demonstrieren.

4.2.2 Quellenarbeit konkret

Der Text unserer Beispiel–Quelle lautet:

„26. Am sechsten Januar, dem Tag des Erscheinungsfestes, betraten sie den Palast von Ponticone (Ponthion/ Champagne). Da bat nun Papst Stephan alsbald flehentlich den allerchristlichsten König, daß er sich den Schutz des Friedens und die Sache des heiligen Petrus angelegen sein lasse; und der König versprach dem heiligen Vater eidlich, allen seinen Befehlen und Wünschen mit ganzer Kraft nachzukommen und die Rückgabe des Exarchats von Ravenna und des übrigen

Rom zugehörigen Gebiets zu bewirken.

27. Da es jedoch Winter war, so führte Pippin den Papst und dessen ganze Begleitung nach Paris und wies ihm das Kloster des heiligen Dionysius zur Wohnung an. Und hier war es, daß nach einiger Zeit König Pippin und seine beiden Söhne vom heilgen Vater zu Königen der Franken gesalbt wurden.

29. Hierauf zog König Pippin nach dem Orte, der Carisiacus (Quierzy) heißt und versammelte daselbst alle Großen seines Reichs. Und was er bereits mit dem Papste verabredet hatte, darüber wurde jetzt ein förmlicher Beschluß gefaßt.

46. Als nun aber Pippin der Frankenkönig die Stadt Pavia belagerte, da sah sich Aistulf genöthigt, die Städte, die schon in dem früheren Vertrag bezeichnet waren, herauszugeben; und außer ihnen räumte er auch noch die Burg Comiaclum (Comacchio). Und über diese ganze Schenkung stellte Pippin eine Urkunde aus, die noch im Archiv unserer Kirche aufbewahrt wird. 47. Zur Empfangnahme der Städte ließ der König, während er selbst ins Frankenreich zurückkehrte, den Abt Fulrad zurück, der sich nun mit dem Bevollmächtigten König Aistulfs nach dem Exarchat begab und sich die einzelnen Städte der Pentapolis und der Provinz Aemilia ausliefern, Geißeln von denselben stellen ließ und dann mit den angesehensten Einwohnern und den Schlüsseln der verschiedenen Städte nach Rom zurückkehrte. Hier legte er die Schlüssel und die von seinem König ausgestellte Schenkungsurkunde beim Grab des heiligen Petrus nieder und übertrug dessen Stellvertreter, dem Papst und allen seinen Nachfolgern auf dem römischen Stuhl für ewige Zeiten den Besitz der nachfolgenden Städte: Ravenna, Ariminum (Rimini), Pisaurum (Pesaro), Conca, Fanum, Cesina, Senogallia (Sinigaglia), Aesis (Jesi), Forum Populi, Forum Livii (Forli) mit der Burg Sassubium, Mons Feltri, Acerres, Agiomons, Mons Lucati, Serra, das Kastell St. Marini, Bobium, Urbinum, Callis, Luciolis, Eugubium (Gubbio) und Comiaclum. Außerdem kam auch die Stadt Narnia, die früher von dem Herzog von Spoletum erobert worden war, wieder in den Besitz von Rom."

[Quellenangabe s.u. Abschnitt 9]

Eigentlich handelt es sich bei diesem Text gar nicht um die Quelle selber, sondern um eine Übersetzung. Der Text ist ein Auszug aus dem „Liber pontificalis", also dem Papstbuch, das die Geschichte des Papsttums in

Biographien darstellt. Im Original ist sie in lateinischer Sprache abgefaßt und liegt in einer Edition von Louis Duchesne vor (Paris 1892). Diese Quellenausgabe wurde damit betreut von einem der hervorragendsten Fachleute. Sie bietet in einem kritischen Apparat alle Varianten der verschiedenen Handschriften zum edierten Text. Wir können auf die vorgelegte Fassung zurückgreifen und in diesem Fall *die erste Frage,* nämlich die nach der Quellenkritik, recht schnell beantworten, da sie uns keine neuen Erkenntnisse bringt. Es ist für unseren Zusammenhang ohne Belang, um ein Varianten–Beispiel anzuführen, ob die Urkunde aufbewahrt wird „in archivo sancte nostrae ecclesiae"oder „in arcybo" bzw. „archibo", ob der im Mittelalter ebenfalls gebräuchliche Genitiv „sancte" zu „sanctae" korrigiert wurde, ober ob eine Handschrift sogar noch „Romanae" ergänzt; dafür, daß es sich in diesem Fall um eine Ergänzung handelt, spricht nicht nur die Mehrzahl der Textzeugen, sondern auch die Wahrscheinlichkeit, daß Abschreiber eher ergänzt als gekürzt haben. Wenn wir also auch bei guten kritischen Editionen zumeist nicht sehr viel von einer eigenen Quellenkritik erwarten dürfen, können wir dennoch auf Fehler und Unstimmigkeiten stoßen. In erster Linie gilt es zu überprüfen, ob die Quelle in der Übersetzung korrekt wiedergegeben ist. In unserem Text stellen wir dann beispielsweise fest, daß der im Original häufig gebrauchte Superlativ nur in einem Fall in der Übersetzung wiedergegeben ist: Nach Abschnitt 26 bat „Papst Stephan" (im Original: „beatissimus papa"; ohne Namensangabe) den „allerchristlichsten König" („christianissimum regem") um Hilfe; dafür versprach er dem „heiligen Vater"(„beatissimum papam") Gebietsschenkungen. Nach Abschnitt 27 führte Pippin „den Papst" („sanctissimum papam") nach Paris; dort sei – so wörtlich übersetzt – der allerchristlichste König Pippin von eben diesem allerheiligsten Papst, nach Christi Gnaden, zusammen mit seinen Söhnen zu Königen geweiht worden („christianissimus Pippinus rex ab eodem sanctissimo Papa, Christi gratia, cum duobus filiis suis"). Noch deutlicher verschiebt sich der Akzent, wenn die Übersetzung in Abschnitt 46 nur noch von dem Frankenkönig Pippin und Aistulf spricht, während das Original einen auffälligen Gegensatz von einerseits 'mild, gütig' („benignissimus Pippinus Francorum rex") und andererseits 'gräßlich, wild' („Aistulfus atrocissimus rex Langobardum") bietet. Hier wird die Quelle in der Übersetzung 'neutralisiert', sie wird stilistisch Urkunden aus der Neuzeit angepaßt; für den Leser wird so die klar vorgetragene Position der Quelle verschleiert.[4]

Die zweite Frage der Quellenarbeit, die nach der Gattung, ist aus dem Ausgeführten bereits schnell zu beantworten: Es handelt sich eindeutig um eine Traditionsquelle, die auch die entsprechenden Probleme dieser Quellengattung aufweist. Der Kontext unseres Quellentextes ist die Biographie des Papstes Stephan II., die wiederum einem regelrechten Schema mit stereotypen Formeln folgt, das wir im ganzen „Liber pontificalis" ausmachen können. Die Fragen nach dem Urheber, den Intentionen und nach der Zuverlässigkeit der Quelle sind daher für diese Quellengattung besonders wichtig.

Die dritte Frage, die nach den Verständnisschwierigkeiten bei Zahlen, Zeichen und Symbolen, ist in diesem Fall auch schnell zu beantworten. Außer einigen unbekannten Namen dürften nur zwei Begriffe auf Verständnisschwierigkeiten stoßen: Pentapolis und Exarchat. Pentapolis heißt Fünfstädteverband und bezeichnete ursprünglich (Weish 10,6) die in Gen 14,2 genannten Städte Sodom, Gomorra, Adma, Zebojim, Bela–Zoar, die sich zu einem Verband zusammengeschlossen hatten und nahe am Salzmeer lagen (Gen 14,3). In unserem Fall bezeichnet Pentapolis das Gebiet von Rimini über Ancona hinaus mit den Städten Rimini, Pesaro, Fano, Senigallia und Ancona. Die italienische Pentapolis war Teil des Exarchats von Ravenna. Der Begriff Exarch entstammt ursprünglich dem militärischen Bereich und war der Titel für einen Verwaltungsbevollmächtigten über ein bedrohtes oder von der Zentralregierungsgewalt entferntes Gebiet. Kirchlich wurde der Titel ähnlich verwandt und bezeichnete einen Bischof eines wichtigen größeren Bezirks, der vom Sitz des Patriarchen abgelegen war. Das Exarchat von Ravenna entsprach bis 751 dem byzantinischen Herrschaftsbereich in Italien. 750/751 eroberte der Langobardenkönig Aistulf dieses Gebiet und nahm den letzten Exarchen, Eutychios, gefangen.

Damit haben wir schon einen Teil der Antwort auf *die vierte Frage,* die nach dem Sachverständnis, angeschnitten, denn die zeitgeschichtliche Situation ist eine wichtige Verstehenshilfe: Die Herrschaft im spätrömischen Reich war geteilt. Im Osten und Westen herrschten je ein Augustus und ein Caesar. Die weströmischen Herrscher residierten seit 303 in Mailand. Nach dem Rücktritt Maximians und Diokletians (305) gab es langanhaltende Wirren, die erst durch die Alleinherrschaft Konstantins (324–337) beendet wurden. Er erhob 326 Byzanz zum zweiten Rom. Nach seinem Tod wechselten wieder die Herrschaftsformen. Zwar konnte Theodosius (394) die römische Reichseinheit noch einmal herstellen, aber nach seinem Tod (395) erfolgt die endgültige Teilung des Reiches in Ostrom und Westrom. Der Regierungssitz Westroms wird 402 von Mailand nach Ravenna verlegt. Das italienische Gebiet verlor so immer mehr seine Bedeutung als Machtzentrum des Römischen Reiches und sank nach dem faktischen Untergang des Weströmischen Reiches (476) immer mehr zur Provinz herab. Danach entstand ein politisches und militärisches Machtvakuum, das zunächst Germanen unter dem Heerführer Odoaker (476–493), dann die Ostgoten (493–540) und schließlich die Langobarden (568–774) anzog. Im Norden Italiens lag daher das Königreich der Langobarden, deren König Aistulf seinen Herrschaftsbereich noch weiter ausdehnen wollte. Rom und das umliegende Gebiet gehörten zum Römischen Reich. Papst Stephan II. konnte daher keinen Schutz vom fernen Kaiser in Byzanz erwarten und wandte sich zum Schutz vor der Expansionspolitik der Langobarden an den König der Franken. In Franken waren die Merowinger seit Generationen zu 'Schattenkönigen' entmachtet, während die Karolinger die tatsächliche Herrschaft ausübten. Die Nachfolge der Merowinger konnten sie allerdings nicht antreten, weil ihnen das 'Geblütsrecht' fehlte. Diesem sakralen Herrschaftsanspruch der Merowinger wollten die Karolinger die kirchliche Autorität des Papsttums entgegensetzen. Papst Zacharias, dem Vorgänger von Stephan, hatte Pippin daher 750 durch den Würzburger Bischof Burchard und Abt Fulrad von St. Denis die Frage vorlegen lassen, ob es gut sei, daß die tatsächlich regierenden Könige in Franken nicht die königliche Macht besitzen. Der Papst wertete die Amtseignung für höher als die dynastisch begründete Legitimität und antwortete, um die Ordnung nicht zu erschüttern, sei es besser, daß derjenige König genannt werde, der auch die Macht besitze, als der, der ohne Königsmacht dastehe. Ferner befahl er kraft apostolischer Autorität, Pippin solle König werden. Im Jahre 751 erfolgte dann auch die Wahl Pippins zum König der Franken. Da ihm das Geblütsrecht selbstverständlich nach wie vor fehlte, kam ihm eine andere Sakralwürde zu, indem er von den fränkischen Bischöfen gesalbt wurde. Pippin bezog damit die Legitimation seiner Königswürde nicht aus dem Geblüt, sondern wie im Alten Testament der gesalbte David, der an die Stelle Sauls trat, aus der Gnade Gottes; er war König von Gottes Gnaden.

Als sich nun Stephan II. nach der Eroberung des Exarchats von Ravenna durch die Langobarden bedroht fühlte, wandte er sich an Pippin, der dem Papsttum wegen der Legitimierung seines Königstums zu Dank verpflichtet war, während im byzantinischen Reich das Papsttum eine unbedeutende Rolle spielte. Daher war von dort keine Hilfe zu erwarten. Der Streit um die Verehrung von Bildern, die Byzanz verwarf, an der Rom aber festhielt, verschärfte die Situation. Daher reiste der Papst zu Pippin und traf mit ihm am 6. Januar 754 in Ponthion zusammen. Der Frankenkönig erklärte sich bereit, dem Papst zu helfen; außerdem muß er später große Gebietsschenkungen versprochen haben. Der Papst unterstützte Pippin, indem er seine Stellung bestätigte durch die Salbung Pippins und seiner zwei Söhne. Die Langobarden wurden in zwei Feldzügen besiegt; die von ihnen herausgegebenen Gebiete übertrug Pippin dem 'Stellvertreter des Hl.Petrus'.

Auch an diesem Beispiel zeigt sich, daß der Übergang *zur fünften Frage* der Quellenarbeit, der nach dem historischen Umfeld der Quelle, fließend ist; hier ist lediglich noch darauf zu verweisen, daß der Bericht mit einem relativ geringen Abstand zu den Ereignissen aufgezeichnet wurde. Autor dieser offiziellen Papstbiographie, die möglicherweise noch zu Lebzeiten des Papstes begonnen wurde, ist ein unbekannter Kurialbeamter.

Damit ist auch *die sechste Frage* nach Urheber und Adressat der Quelle hinreichend klar. Es handelt sich bei der Quelle um ein Beispiel päpstlich offizieller Geschichtsschreibung, die an einen nicht eng zu umgrenzenden Leserkreis gerichtet ist.

Die Antwort auf *die siebte Frage,* die nach den Aussagen und Intentionen der Quelle, kann jetzt nach der Rekonstruktion des historischen Umfeldes recht kurz erfolgen:

(1) Papst Stephan bittet Pippin eindringlich um Hilfe.

(2) Pippin verspricht, dem Papst die gewünschte Hilfe zu leisten und ihm bestimmte Gebiete zu überlassen.

(3) Papst Stephan salbt Pippin und seine Söhne zu fränkischen Königen.

(4) Pippin überläßt dem Papst die von den Langobarden geräumten Gebiete und stellt eine Schenkungsurkunde darüber aus.

(5) Pippin überträgt die Gebiete in einem formellen Akt an den Papst als Stellvertreter des Hl. Petrus.

Damit werden auch die Intentionen der Quelle deutlich: Der Papst bittet gerade diesen König um Hilfe, weil er als der „allerchristlichste" König das Gefüge der Kirche anerkennt und sich selbst in dieses Gefüge einordnet; unter dieser Voraussetzung kann der Hilferuf des Papstes nicht als Unterordnung erscheinen.

Die Bitte erfolgt auch nicht nur aus politischen Gründen („Schutz des Friedens"), sondern auch aus theologisch motivierten Gründen („Sache des Hl.Petrus"). Außerdem verspricht Pippin, allen Befehlen (!) und Wünschen (lat.: „mandatis et ammonitionibus") des Papstes nachzukommen. Die Stellung und Bedeutung des Papstes wird zusätzlich dadurch betont, daß der bereits gesalbte Pippin sich mit seinen Söhnen vom Papst noch einmal salben läßt.

Der Autor nennt den Papst und seine Nachfolger auf dem römischen Stuhl ausdrücklich Stellvertreter Petri und läßt auch den Papst das eigene Schutzbedürfnis mit der „Sache Petri" identifizieren. Damit, wie auch mit dem formellen Akt der Schlüsselübergabe, soll die enge Bindung von Papst und Petrus betont werden. Gleichzeitig legt die Quelle nahe, daß das Petrusamt durch den Papst nur dann richtig ausgeübt werden kann, wenn er auch über weltliche Macht in einem eigenen Staatsgebiet verfügt. So begründet die Quelle die Rechtmäßigkeit und Notwendigkeit des Kirchenstaates, denn sie bringt die Überzeugung zum Ausdruck, die geistliche Gewalt des Papstes sei nur dann effektiv auszuüben, wenn ihr dieser Kirchenstaat zugeordnet sei, in dem der Papst auch die weltliche Gewalt ausübe.

Die Intentionen der Quelle werden noch durchsichtiger, wenn wir in Rechnung stellen, daß der Autor ein päpstlicher Kurialbeamter ist. Er legt Wert darauf, deutlich zu machen, daß

(1) die Franken die übergeordnete Autorität des Papstes anerkennen

und

(2) die geistliche Autorität des Papstes als des Inhabers des Petrusamtes weltlicher Gewalt, d.h. eines eigenen Territoriums bedarf.

Für *die achte Frage*, die nach der Zuverlässigkeit, könnte der Quellentext bereits selber einen wichtigen Hinweis enthalten, denn er benennt mit der Urkunde, die im Archiv der Kirche aufbewahrt sei, ein paralleles Quellenzeugnis. Leider trifft diese Angabe aber nicht – zumindest nicht mehr – zu, und wir sind auf andere parallele Quellenzeugnisse angewiesen: Ebenfalls im „Liber pontificalis" finden wir auch die Vita Hadriani, die Biographie also des Papstes Hadrian I., der Karl den Großen während dessen Romaufenthalt an die Schenkung seines Vaters Pippin erinnert. Er läßt sie sich sogar ausdrücklich bestätigen und erweitern. Wenn man darüber hinaus bedenkt, daß der Papst in einer für ihn sehr prekären Situation Pippin zu Hilfe rief, während dieser die Unterstützung des Papstes brauchte, um trotz des fehlenden 'Blutrechtes' die Königswürde zu erreichen, erscheint der in unserem Quellentext berichtete Sachverhalt historisch verständlich. Das Hauptgegenargument kann demgegenüber nur ein Verdacht sein: Der Autor unseres Textes könnte als päpstlicher Kurialbeamter stärker davon geleitet worden sein, Interessen des Papstes festzuschreiben, als historische Vorgänge korrekt zu beschreiben. In diesem Fall müssen wir also abwägen, ob wir die historische Zuverlässigkeit des Quellentextes aufgrund des genannten Verdachts bezweifeln oder aufgrund des parallelen Quellenzeugnisses und der Situation von Papst und Karolingern nicht in Frage stellen.

Auch wenn hier die Entscheidung bereits vorweggenommen wurde, darf man es sich nicht leicht machen mit dieser Frage. Immerhin haben wir es mit dieser Quelle mit dem historisch und juristisch fixierten Anfangspunkt des Kirchenstaates zu tun, der zwar nicht mehr besteht, aber durch den Vatikanstaat ist eine gewisse historisch politische Kontinuität bis heute gegeben. Wenn auch der Kirchenstaat zu den Zeiten seiner größten territorialen Ausdehnung unter Papst Julius II. Anfang des 16. Jahrhunderts sehr viel größer war, das kleine Territorium der Città del Vaticano ist ein souveräner Staat. Selbst die Aufhebung des Kirchenstaates im 19. Jahrhundert änderte nur wenig, denn im Zuge der Einigung Italiens kam es zwar zu dieser Aufhebung, dem Papst wurde aber der Vatikan und der sogenannte Sommersitz in Castelgandolfo als Wohnsitz zugesprochen. Papst Pius IX. hat diesen Status abgelehnt und damit die sogenannte 'römische Frage' offengehalten; sie wurde zum dauernden Spannungsherd zwischen der Kirche und der italienischen Regierung, bis Papst Pius XI. 1929 mit Mussolini in den Lateranverträgen die rechtliche Stellung festschrieb. Ein politischer Vertrag regelte die Gründung des Vatikanstaates und dessen völkerrechtliche Beziehungen zu Italien; danach erhielt der Papst die volle Souveränität über die Vatikanstadt, während er seinerseits Rom als Hauptstadt des italienischen Staates anerkannte. Ein Konkordat regelte die staatskirchenrechtlichen Fragen zwischen den beiden Staaten und ein Finanzabkommen sah eine einmalige Abfindung für den größten Teil des 1870 annektierten Gebietes des alten Kirchenstaates vor. Die Lateranverträge wurden 1947 auch in die Verfassung der Republik Italien übernommen.[5]

Bei der Lösung der 'römischen Frage' hat die Kirche großen Wert darauf gelegt, die Souveränität über ein Territorium, sei es auch noch so klein, zu erhalten, um eine unstreitige Souveränität zu sichern. Papst Pius XI. brachte das am Tag der Unterzeichnung der Lateranverträge in einer Ansprache an die Fastenprediger Roms zum Ausdruck, als er betonte, die geistliche Souveränität des Papstes als Haupt der Kirche sei ohne einen „civilis principatus Sanctae Sedis“[6] nicht zu begreifen. Der Status des Vatikanstaates als ein souveränes Völkerrechtssubjekt ist unumstritten; denselben Status besitzt aber auch der Apostolische Stuhl als die völkerrechtliche Verkörperung der römisch–katholischen Kirche. Die Zuordnung beider zueinander ist zwar in der juristischen und kirchenrechtlichen Diskussion noch nicht endgültig geklärt, wir können aber von einer doppelten internationalen Rechtspersonalität ausgehen. Auch ist die Völkerrechtssubjektivität des Apostolischen Stuhles nach herrschender Ansicht in Völkerrechtslehre und –praxis nicht an die Existenz eines souveränen Kirchenstaates bzw. des heutigen Vatikanstaates gebunden, historisch aber daraus entstanden. Die römisch–katholische Kirche ist die einzige Religionsgemeinschaft der Welt, die ein dauerndes und aktives Völkerrechtssubjekt ist.

Wenn wir also sehen, wie stark das Entstehen und die Existenz des Kirchenstaates noch bis in die Gegenwart hineinreichen, ist die Frage nach der Zuverlässigkeit unserer Quelle besonders interessant und wichtig: Haben wir hier den Anfangspunkt weltlicher Herrschaft der Päpste vorliegen, oder liegen uns noch ältere Quellen vor?

4.2.3 Eine heuristische Fragestellung

Greifen wir diese suchende Fragestellung auf, können wir schnell feststellen, daß es tatsächlich eine Quelle gibt, die zeitlich weiter zurückreicht, denn als Urheber gibt sie Kaiser Konstantin an und ist der Form nach *die Abschrift einer Urkunde;* auch hier wird eine vielbenutzte Übersetzung wiedergegeben:

„Wie Uns eine irdische Kaisermacht zusteht, so haben Wir bestimmt, daß ihre hochheilige römische Kirche achtungsvoll geehrt und daß mehr als Unsere Kaisergewalt und Unser irdischer Thron der hochheilige Stuhl Petri glorreich verherrlicht werde, indem Wir ihm die Macht, den Ehrenrang, die Kraft und die Ehrenbezeugungen verleihen, die einem Kaiser zukommen.

Und Wir beschließen und setzen fest, daß er die Vorherrschaft sowohl über die vier Hauptbischofssitze von Antiochia, Alexandria, Konstantinopel und Jerusalem als auch über alle Kirchen Gottes auf dem ganzen Erdkreis innehabe; und der jeweilige Papst dieser hochheiligen römischen Kirche soll erhabener und ein Fürst für alle Bischöfe der ganzen Welt sein, und durch seinen Urteilsspruch soll geordnet werden, was in bezug auf den Gottesdienst und für den festen Bestand des Christenglaubens zu versorgen ist. Denn es ist gerecht, daß dort ein geheiligtes Gesetz die Oberherrschaft erhalte, wo, wie der Stifter der heiligen Gesetze, unser Heiland, anordnete, der heilige Petrus den Stuhl des Apostolates innehaben sollte. (...)

Wir übertragen den Päpsten von jetzt an Unseren kaiserlichen Lateranpalast, der allen Palästen auf dem ganzen Erdkreis voransteht und voranleuchten wird, sodann das Diadem, nämlich die Krone Unseres Hauptes, und zugleich die Mitra und den Schulterschmuck, nämlich das Pallium, das den Hals des Kaisers zu umgeben pflegt, aber auch den Purpurmantel und das scharlachfarbene Untergewand und alle Teile der kaiserlichen Tracht oder auch den Rang der kaiserlichen vorsitzenden Ritter, indem Wir ihnen auch die kaiserlichen Zepter zuerkennen und zugleich Siegel, Banner und verschiedene kaiserliche Zierate, den ganzen Aufzug kaiserlicher Majestät und den Glanz Unserer Macht. (...)

Eine Mitra von weißem Glanze, die glänzende Auferstehung des Herrn bezeichnend, setzten Wir mit Unsern Händen auf seinen hochheiligen Scheitel und leisteten ihm den Dienst des Reitknechtes, indem Wir den Zügel seines Pferdes aus Ehrfurcht vor dem seligen Petrus hielten.

Zur Nachahmung unserer kaiserlichen Gewalt, damit durch diese die päpstliche Tiara nicht in den Schatten gestellt, sondern vielmehr noch als die Würde und Machtherrlichkeit der irdischen Gewalt geschmückt werde, – siehe, dazu haben Wir sowohl, wie vorher gesagt, Unsern Palast als auch die zur Stadt Rom, alle zu Italien oder dem Abendland gehörigen Provinzen, Orte und Städte dem oftgenannten hochseligen Oberpriester, Unserm Vater Silvester, dem Universalpapst, übertragen und seiner oder seiner Nachfolger im Papsttum Gewalt und Botmäßigkeit überlassen.

Wir haben es deshalb auch für angemessen erachtet, Unsere Gewalt und Unsern Herrschersitz in den Osten zu verlegen und in der Provinz Byzanz an wohlgelegenem Orte Unserm Namen eine Stadt zu bauen und dort Unsern Thron aufzurichten. Denn wo der Fürst der Priester und das Haupt der christlichen Religion von dem himmlischen Kaiser hingesetzt worden ist, da kann billigerweise der irdische Kaiser keine Herrschaft ausüben."

[Quellenangabe s.u. Abschnitt 9]

Bei diesem Quellentext verzichte ich darauf, alle Schritte der Quellenarbeit zu demonstrieren, einige Hinweise reichen:

Die Quellenkritik ist für dieses Dokument besonders schwer zu erstellen; Horst Fuhrmann hat eine Ausgabe in der Reihe der „Monumenta Germaniae Historica"betreut und benennt in der Einleitung die Schwierigkeiten der Edition, die im wesentlichen in der Handschriftenlage begründet sind. Die Gattungsbestimmung erscheint unproblematisch, da die Quelle unmittelbare Aussagen über die Geschichte der Kirche und des römischen Staates macht und damit als Urkunde zu den schriftlichen Überresten gehört.

Verständnisschwierigkeiten dürften höchstens bei den Wörtern Mitra und Tiara aufkommen. Letztere nennt man eine außerliturgische Kopfbedeckung des Papstes, auf deren Verwendung seit Paul VI. allerdings verzichtet wird. Diese konische, dreifachgestufte, kronenartige Kopfbedeckung war lange sowohl eine priesterliche als auch eine herrscherliche. Ihre Form hat sie von der sogenannnten 'phrygischen Zipfelmütze'. Gleichen Ursprungs ist die Form der Mitra, die heute allgemein liturgische Kopfbedeckung und ein Würdezeichen von Bischöfen ist.

Beide Begriffe stehen allerdings nur in der Übersetzung. Im lateinischen Text steht zum einen „frygium", das auf die Herkunft der Form verweist und besser mit 'phrygischer Mütze' zu übersetzen wäre. Zum anderen steht im lateinischen Text „apex", mit dem man allgemein Kopfbedeckungen bezeichnet, die in eine kegelförmige Spitze zulaufen. Ursprünglich nannte man wohl ein Filzbarrett von Priestern „apex"; der Begriff war aber auch üblich als Bezeichnung der in Kegelgestalt zulaufenden Kopfbedeckungen von Königen und Fürsten, besonders in der Gestalt und Form, wie sie von den persischen Königen getragen wurde. Als griechischer Begriff für dieses Zeichen königlicher Würde war zwar „Tiara" gebräuchlich, aber wegen des bis zum 11. Jahrhundert mehrdeutigen Gebrauchs des Begriffes „Tiara" und seiner heutigen Identifikation mit der bereits genannten päpstlichen Kopfbedeckung ist die Übersetzung hier problematisch.

Aus dem allgemeinen Gebrauch der beiden Begriffe können wir davon ausgehen, daß in unserer Quelle das lateinische „frygium" wohl das Gegenstück bezeichnet zu einem kaiserlichen Würdezeichen – hier „apex" genannt.

Alle übrigen Worte dürften bekannt oder aus dem Text hinreichend verständlich sein.

Unserem Quellentext voraus geht ein Bericht über die Bekehrung Konstantins; der römische Kaiser litt an Aussatz und auf ein Traumgesicht von Petrus und Paulus hin wandte er sich an Papst Silvester, durch dessen Taufspendung er geheilt wurde. Dann folgt unsere Quelle, die Silvester und seinen Nachfolgern Rechte und Herrschaftszeichen zugesteht.

Die Frage nach dem Urheber der Quelle ließe sich schnell beantworten, wenn diese Urkunde echt wäre; dann wäre es Konstantin. Ist sie es nicht, gibt es Probleme, denn ein 'Fälscher' hat selbstverständlich kein Interesse daran, seinen Namen preiszugeben. Fragen wir also zunächst nach der Zuverlässigkeit unseres Dokumentes: Ist die Urkunde echt oder handelt es sich um eine Fälschung?

4.2.4 Eine kritische Fragestellung

Um eine Quelle kritisch beurteilen zu können, müssen wir möglichst andere Quellen heranziehen. In diesem Fall liegen uns aber keine Textparallelen vor. Selbst bei vorsichtigster Datierung einzelner Quellen gibt es kein Quellenzeugnis aus der Zeit vor 750, das von einer solchen Schenkung berichtet. Dabei ist zu berücksichtigen, daß es gerade über Papst Silvester und Kaiser Konstantin eine Menge von Berichten und Legenden gibt. Gegen die Zuverlässigkeit der Quelle spricht auch der zeitgeschichtliche Kontext: Die Verlegung des Herrschersitzes nach Byzanz hatte andere Gründe und andere Folgen, als sie die Quelle angibt. Eine neue Hauptstadt im Osten zu gründen, war kein neuer Gedanke; seit Augustus wurde bereits darüber nachgedacht. Unter Konstantin sprachen aufgrund entsprechender Bedrohung politisch–strategische und wirtschaftliche Gründe für diese Verlegung, hinzu kam aber auch der Gedanke, dem heidnischen Rom eine neue, christliche Hauptstadt entgegenzusetzen. Diese so motivierte Gründung eines 'neuen Roms' widerspricht der Quellenaussage aber ebenso wie die Fakten, daß Konstantin sich keineswegs aus kirchlichen Angelegenheiten heraushielt; so berief er etwa das Konzil von Nizäa (325) ein, griff in die Verhandlungen ein und bestätigte Beschlüsse, ohne die Stellungnahme des nicht anwesenden römischen Bischofs Silvester abzuwarten. Ferner übte er weiterhin die weltliche Herrschaft im Westen des Reiches aus. Auch seine Nachfolger verfuhren zunächst nicht anders.

Vergleichen wir den Text der Quelle stilistisch mit Urkunden aus dem achten bzw. neunten Jahrhundert und mit Urkunden aus der konstantinischen Zeit, legt sich eine Datierung im achten/neunten Jahrhundert nahe. Gestützt wird das auch durch einzelne Worte in der Quelle; so kamen die genannten Insignien und Gewänder erst im Laufe der Zeit nach der sogenannten konstantinischen Wende in Gebrauch.

Humanistische Gelehrte wie Lorenzo Valla und Nikolaus von Cues haben die Schenkungsurkunde aufgrund philologisch genauer Untersuchungen bereits als Fälschung bezeichnet.

Betrachten wir aus den genannten Gründen das „Constitutum Constantini", wie die Rechtssammlung, die den Text enthält, ihn nennt, als eine Fälschung, sind wir in der Frage des Urhebers auf Vermutungen angewiesen. Ist er ein Angehöriger einer bischöflichen Kanzlei im Frankenland, verfolgt er sicher andere Intentionen als ein Angehöriger einer römischen Kanzlei um Papst Stephan. In diesem zweiten Fall könnten wir Rückschlüsse auf die päpstliche Politik ziehen, die damit auch den Hintergrund der Pippinischen Schenkung neu beleuchten würde. Ist der Text bereits noch früher in Rom entstanden, etwa wie viele Forscher meinen zur Zeit Pauls I., also zwischen 757 und 767, dann sollte damit ein Anspruch auf weltliche Macht angemeldet werden.

Entstehungszeit, –ort und Intention dieser Quelle sind wissenschaftlich nicht hinreichend geklärt. Wahrscheinlich ist eine Entstehungszeit zwischen der Mitte des achten und der Mitte des neunten Jahrhunderts und eine Beteiligung römischer Kleriker an dieser Entstehung. Daher ist auch nicht sicher zu sagen, ob es die Absicht dieser Fälschung war, die mit der Pippinschen Schenkung beginnende weltliche Herrschaft der Päpste im Gebiet um Rom und im Exarchat Ravenna zu erklären. Dieser bislang nicht geübten Praxis hätte man so durchaus etwas von ihrer Ungewöhnlichkeit nehmen können. Zugrunde läge dieser Argumentation dann der Versuch, etwas Neues als etwas eigentlich bereits Altbekanntes darzustellen und ihm so den Anschein von Richtigkeit zu verleihen. Wenn dies auch nicht die Entstehungsabsicht des Constitutum Constantini gewesen ist, so konnte es doch in diesem Sinne herangezogen werden.

Lesehinweis:

Horst Fuhrmann, Einladung ins Mittelalter, München 3. Aufl. 1988, besonders: 121–134 und 195–236.

4.2.5 Zusammenfassung: Schritte der historischen Methode

Am Beispiel haben wir zwei Schritte der historischen Methode nachvollzogen. Der Historiker beginnt nämlich zunächst mit einer heuristischen Fragestellung, d.h. er klärt zunächst, was er wissen will und wissen kann. Die heuristische Fragestellung beinhaltet, relevante Quellen zu sammeln und ihren Informationsgehalt einzuschätzen. Damit ist die Rekonstruktion der Vergangenheit kontrollierbar und konkretisierbar.

Auf die *Heuristik* folgt als zweiter Schritt die *Kritik*. Diese Fragestellung beinhaltet, die in den Quellen vorhandenen Daten vergangenen menschlichen Handelns auf ihre Richtigkeit zu überprüfen, d.h. wir müssen untersuchen, inwieweit die in den Quellen vorhandenen Informationen plausibel sind. Dabei können uns besonders spezielle Kenntnisse in Schriftarten–, Münz–, Wappenkunde und in anderen sogenannten historischen Hilfswissenschaften nützlich sein, weil sie den Grad der Plausibilität zu erhöhen vermögen.

Der dritte Schritt der historischen Methode besteht dann in der *Interpretation*. Die in der Kritik erhobenen Informationen können ja nicht einfach disparat nebeneinander stehen bleiben, sondern müssen in einen schlüssigen Zusammenhang gebracht werden. Wenn für diesen Schritt auch das Kriterium der Verständlichkeit gilt, d.h. daß die Vorgänge in den Voraussetzungen, Bedingungen und Folgen verständlich erklärt werden müssen, gehen wir damit dennoch deutlich über zweifelsfrei festgestellte Fakten hinaus und kommen zu Aussagen die nicht unbedingt von allen geteilt werden müssen.

4.3 Zum historischen Verstehen

In Quellen schlägt sich menschliches Handeln nieder; die Beispiele haben gezeigt, wie unterschiedlich das sein kann. Quellen sind aber nicht nur Objektivationen menschlichen Handelns, sondern enthalten auch Intentionen, die es zu verstehen gilt. Es kann nicht ausreichen, ein historisches Phänomen nur zur Kenntnis zu nehmen. Wir würden dann darauf verzichten, seinen Sinn verstehen zu wollen; wir könnten das Phänomen nicht in Lebenszusammenhänge einordnen.

Verstehen geht immer aus von der aktuellen Lebenserfahrung dessen, der sich um das Verstehen bemüht; daher ist auch historisches Verstehen nicht möglich ohne den Ausgangspunkt unserer eigenen aktuellen Lebenserfahrung, d.h. wir bringen in die verstehende Interpretation ein Vor–Verständnis ein. Dieses Vor–Verständnis bringt uns leicht in die Gefahr, an vergangene Handlungen Vorstellungen und Motive der Gegenwart heranzutragen und sie ihnen möglicherweise sogar zu unterlegen. Diese Gefahr muß uns bewußt sein.

Die erste und einsichtigste Weise eines solchen Versuchs, einen historischen Vorgang verständlich zu machen, geht von der Frage nach dem 'Warum', also nach den Ursachen, aus, um die Antwort eines 'Weil' oder 'Deshalb' zu erlangen.

4.3.1 Das Prinzip der Ursächlichkeit

Wenn wir von einem Prinzip der Ursächlichkeit oder der Kausalität sprechen, setzen wir voraus, daß es ein Verhältnis von Ursache und Wirkung als ein Nacheinander in der Zeit in Geschichtsabläufen gibt. In unserem Alltag legen wir dieses Prinzip ebenfalls zugrunde, wenn wir von einer – zumindest begrenzten – Berechenbarkeit des Geschehens ausgehen, denn ohne kausale Verknüpfung wäre das undenkbar.

Bei historischen Phänomenen besteht nun das Hauptproblem zumeist nicht darin, überhaupt mögliche Ursachen für diese Erscheinungen zu finden, zumeist bieten sich gleich mehrere an; das Beispiel der Pippinschen Schenkung kann das verdeutlichen:

Als historisches Faktum haben wir erhoben, daß Pippin gegen die Langobarden gezogen ist. Fragen wir nach dem 'Warum', bietet sich eine Reihe möglicher Ursachen an:

(1) Eine psychologische: Pippin fühlt sich dem Papst wegen der Königssalbung zu Dank verpflichtet.

(2) Eine theologische: Er handelt aus Achtung vor dem Stuhl Petri.

(3) Eine (außen–) politische: Er wollte die Langobarden an einer weiteren Expansion hindern.

(4) Eine (innen–) politische: Er suchte einen militärischen Erfolg, um seine erst neu festgeschriebene Königsstellung in Franken zu bekräftigen.

Die Schwierigkeiten bestehen also viel eher darin, *die* Ursachen unter den vielen möglichen auszumachen, die das höchste Maß an Wahrscheinlichkeit für sich beanspruchen können. Das wiederum können am ehesten die, die es am besten ermöglichen, das einzelne historische Phänomen kausal in den gesamten historischen Geschehensablauf zu integrieren.

In unserem Beispiel gilt das sicher eher für die beiden politischen Ursachen, dennoch ist die psychologische – und selbst die theologische – nicht völlig außer Acht zu lassen. Eine weitere Expansion der Langobarden wäre Pippin ungelegen gewesen; zwar hatte sein Vater Karl Martell noch den Langobardenkönig Luitprand 739 beim Zug gegen die Araber unterstützt, aber Karl Martell war auch noch fränkischer Hausmeier; ihm fehlte also die Legitimität seiner Herrschaft. Pippin dagegen brauchte den Beweis seiner faktischen Herrschaft nicht mehr mit militärischen Erfolgen zu erbringen, da er inzwischen ja zum König geweiht war. Das bedeutete aber auch, daß er keine Rücksicht auf andere germanische Stämme nehmen mußte; vielmehr hätte umgekehrt eine größere Bedeutung der Langobarden seine Position eher geschwächt. Auch konnte ein militärischer Erfolg am ehesten eventuelle Zweifel an der Rechtmäßigkeit seiner Königsstellung und an seinem Vorgehen verstummen lassen. Immerhin hatte Pippins Bruder Karlmann – sicher in Absprache mit Pippin – 743 den letzten Merowinger Childerich als Schattenkönig eingesetzt; 751 setzte ihn Pippin aber wieder ab und wies ihn in ein Kloster ein.

Aus reiner Achtung vor dem Stuhl Petri oder aus reiner Dankbarkeit gegenüber dem Papst dürfte Pippin dagegen wohl kaum die Gefahr eines Zugs gegen die Langobarden eingegangen sein.

Das Beispiel des Constitutum Constantini macht deutlich, daß auch in der Einschätzung der verschiedenen Ursachen eines historischen Phänomens unser Vor–Verständnis wieder von entscheidender Bedeutung ist; so ist es bezeichnend, daß uns heute eine mögliche Ursache für die Fälschung der Konstantinischen Schenkung besonders einleuchtet:

Der wichtigste Teil der Verfassungsordnung des Mittelalters war das Lehnswesen, dessen Wurzeln aus zwei Bereichen kamen: Zum einen konnte ein Mann bereits in der Spätantike durch die Unterwerfung unter einen Herrn wirtschaftlichen und politischen Schutz erlangen, ohne in Unfreiheit zu geraten. Diese institutionelle Beziehung wurde unter dem Einfluß des germanischen Gefolgschaftswesens zu einem Verhältnis gegenseitiger Treue. Zum anderen wurde bei den Franken Land als Lehen zur Nutzung und nicht zum Eigentum weitergegeben. So verband das Lehnswesen ein Verhältnis gegenseitiger Treue von Lehnsherr und Lehnsmann: Ein Mann bekam sein Lehen, weil er Dienst und

Treue leistete. Leistete er aber Dienst und Treue, weil er ein Lehen bekam, wenn sich das Verhältnis also umgekehrt hatte, minderte das die Herrschaft. Das Lehnswesen, das auf Grund und Boden bezogen war, bildete so die Grundlage der Verfassungsordnung, d.h. Herrschaft war daran gebunden. Besaßen die Päpste aber keinen Grund und Boden, konnten sie nicht einmal ihre geistliche Autorität gegenüber dem Lehnsherrn durchsetzen, weil dieser auch die Herrschaft über Kirchen und Geistliche beanspruchte. Aus dieser Sicht erscheint es sehr verständlich, daß die Päpste ein Interesse an den in der gefälschten Konstantinischen Schenkung zugestandenen Rechten gehabt haben müssen.

Uns erscheint eine solche Argumentation zwar einsichtig, wir dürfen aber nicht vergessen, daß die Frage nach Gesellschaftsstrukturen, nach soziologischen Ursachen eine Frage gerade unserer Zeit ist. Bezeichnend ist daher auch, daß eine Auseinandersetzung von Historikern zumeist nicht um Fakten entbrennt, sondern um deren Interpretation. Selbst hinter der Frage nach dem Faktum, ob Luthers Thesenanschlag nun stattgefunden hat oder nicht, steht die Frage nach der verstehenden Interpretation Luthers. Näherhin geht es um das Verstehen von Luthers Intentionen und des auf dieses Ereignis folgenden Geschehens: Das nachfolgende Geschehen ist kausal jeweils anders zu verstehen, wenn ich von einer Faktizität oder von einer Nicht–Faktizität ausgehe. Faktizität heißt, daß der Thesenanschlag stattfand; diese Position findet ihre einseitige Zuspitzung im Bild des 'Hammerschwingenden' Luther. Seine Intentionen wären dann zu verstehen als die eines kompromißlos zur Reformation Entschlossenen.

Nicht–Faktizität dagegen heißt, daß keine spektakuläre Aktion stattfand; diese Position betont den aus der Ruhe seiner bisherigen Lehrtätigkeit aufgeschreckten Theologen, der im Interesse der Sache auf eine Fehlentwicklung aufmerksam machen will.

Auffällig an diesen beiden Positionen ist, daß das erste Verständnis vom weiteren Verlauf der Geschichte geprägt ist – Reformation als nahezu zwangsläufige Folge des Thesenanschlags –, während nach dem zweiten Verständnis das Ereignis Reformation nur eine der möglichen Folgen von Luthers Handlungen am 31.10.1517 ist.

Wenn also auch diese Auseinandersetzung über die Frage der Faktizität letztlich eine Auseinandersetzung um das historische Verstehen ist, kann auch deutlich werden, daß fast alle derartigen Auseinandersetzungen von Historikern darauf beruhen, daß es zu viele Ursachen für die einzelnen historischen Phänomene gibt. Zumeist sind diese Ursachen auch noch unterschiedlicher Art: Sie können psychologischer, auch physischer, theologischer, überhaupt ideeller, politischer, sozialer und anderer Art sein. Wägen wir Ursachen ab, sind wir immer abhängig von unserem Vor–Verständnis und gesellschaftlichen Tendenzen, in die wir – zumeist nur noch kaum bemerkt – involviert sind. Es gehört daher zu den Aufgaben des Historikers, sich zu bemühen, möglichst viele Ursachen zu erkennen, ihre Bewertung zu relativieren und mitunter auch – in einem methodischen Sinn – sich von eigenen Überzeugungen zu distanzieren; damit kann der Gefahr einer unreflektierten und unbemerkten Abhängigkeit des Verstehens vom eigenen Vor–Verständnis am ehesten vorgebeugt werden. Ein Wandel oder Verlassen unseres lebenspraktischen Standortes zieht daher unter Umständen auch einen Fortschritt im Verständnis der Geschichte nach sich, weil er möglicherweise einen neuen Blick für andere Motivationen und Kausalitätsbeziehungen öffnen kann.

Es wäre ein völliges Mißverständnis dieses Prinzips, wenn wir davon ausgingen, historische Phänomene damit restlos aufklären zu können. Ein Blick auf die eigene Lebensgeschichte kann das schnell erläutern. Der Zufall spielt im Leben und in der Geschichte eines Menschen und dann auch in der Geschichte überhaupt eine nicht zu unterschätzende Rolle.

4.3.2 Das Prinzip des Zufalls

Dieses Prinzip des Zufalls oder der Imponderabilität geht davon aus, daß nicht alles Geschehen durch Ursachen festgelegt ist, sonst könnte es auch weder menschliche Spontaneität geben, noch etwas wirklich Neues. Der Mensch ist nicht vollkommen determiniert, sondern macht von seiner Entscheidungsfreiheit Gebrauch. Das Neue läßt sich daher nicht voraussagen; der Historiker hat es aber mit dem Vorhandenen zu tun, blickt rückwärts und kann daher auch Umstände und Momente benennen, die zu einer neuen Situation geführt haben. Gerade im Rückblick kann es gelingen, auch die menschlichen Entscheidungen, die sich nicht rational ableiten lassen, so zu sehen, daß wir sie verstehen, wenn auch nicht rational nachvollziehen können.

Die Lebensgeschichte des Ignatius kann diese Sicht des Zufalls in der Geschichte verdeutlichen: Ignatius wird von einer Kugel getroffen; kann man diese Tatsache noch ursächlich erklären, weil er sich eben dort befand, wo der Angriff am stärksten war, müssen anschließend aber Fragen offen bleiben: Warum kommt ausgerechnet er zur Genesung ausgerechnet in ein Haus, in dem man ihm auf seinen Wunsch nach Lektüre ausgerechnet Lebensbeschreibungen von Heiligen gibt.

Der Zufall und seine Erklärungsmöglichkeiten werden in der Geschichtswissenschaft unterschiedlich beurteilt. Entweder sucht man den Zufall logisch zu beseitigen oder erkennt seine Unerklärbarkeit an. Beim Versuch, den Zufall logisch zu beseitigen, sind drei Argumente für Historiker besonders wichtig:

(1) Der Zufall wurde als Stilmittel bzw. Klischee vom Autor einer Geschichtsdarstellung benutzt.

(2) Der Zufall umschreibt nur die Unwissenheit über das Zustandekommen eines Phänomens.

(3) Der Zufall besteht im rational nicht ableitbaren, aber faktischen zeitlichen Zusammentreffen zweier Kausalketten.

Im ersten Fall läßt sich die Absicht häufig schnell erkennen, im zweiten Fall kann eine mangelnde Überlieferung zugrunde liegen oder die Resignation, Ursachen zu suchen, weil man sich mit der Erklärung 'Zufall' abgefunden hat. Beides kommt sicherlich vor, macht aber deutlich, daß der – zumindest theoretisch – interessantere Fall der dritte ist.

Am Beispiel der Pippinschen Schenkung lassen sich exemplarisch zwei Kausalketten ausmachen, die ursächlich nichts miteinander zu tun haben:

(1) Die Entwicklung bei den Franken mit den merowingischen Königen und den faktisch herrschenden Karolingern ist in sich verständlich; daß Pippin die Sakralwürde anstrebt, weil ihm das Geblütsrecht fehlt, ist konsequent.

(2) Die Politik der Langobarden samt ihrer militärischen Aktivitäten und ihrem Expansionsstreben ist in sich ebenfalls rational erklärbar.

Die Verküpfung beider Vorgänge, daß nämlich der Papst sich in einem Moment von den Langobarden bedroht sah, in dem er sich zu Recht von Pippin Hilfe versprechen konnte, hat nicht den Charakter einer abzuleitenden Notwendigkeit, ist aber ein zeitliches Faktum.

In der Betrachtung der eigenen Lebensgeschichte neigen wir sehr schnell dazu, günstige oder ungünstige Entwicklungen als ein Zusammentreffen von verschiedenen Kausalketten zu betrachten. Wir müssen dabei aber bedenken, daß sich unsere Wirklichkeit – und damit auch die geschichtliche – als ein regelrechtes Netz von Kausalverbindungen darstellt, so daß jedes historische Ereignis im Grunde aus einer Überschneidung von derartigen Kausalverbindungen resultiert. Kausalität und Zufall sind daher nicht einfach gegenüberzustellen; alle Geschichten sind dem Kausalitätsverhältnis unterworfen *und* zufällig.

Hier wird noch einmal deutlich, wie wichtig das bereits am Anfang dieses Abschnitts genannte Vor–Verständnis des einzelnen ist, denn er kann den Zufall auch als das Unberechenbare ansehen, ihn zur Lapalie, zum Wunder oder zum Schicksal erklären. Von der Einschätzung des einzelnen hängt damit sein Gesamtbild der Geschichte ab. Je nach Gewichtung erscheint die Geschichte eher rational oder irrational, scheint in ihr Sinn auf oder bleibt verborgen. Dem Kirchenhistoriker kann dieser Aspekt nicht gleichgültig sein, weil er sich nicht nur der genannten Grundprinzipien zur Erklärung der geschichtlichen Wirklichkeit bedient, sondern Geschichte auch in theologischer Perspektive betrachtet.

4.3.3 Das geschichtstheologische Prinzip

Geschichte ist eine Grundkategorie des christlichen Glaubens, dessen Ausgangspunkt die eschatologische Selbstmitteilung Gottes an den Menschen im Christusereignis ist. Bemühungen, die Geschichte der Kirche auch unter geschichtstheologischer Perspektive verstehen zu wollen, eignen sich nicht als Abgrenzungs– und Unterscheidungskriterium zwischen Kirchen– und allgemeiner Geschichte. Wir können zwar auf der einen Seite die Selbstverständnisposition der Kirchengeschichte als Wissenschaft weder heilsgeschichtlich noch hermeneutisch begründen, wie oben aufgezeigt, auf der anderen Seite aber durchaus ein geschichtstheologisches Prinzip heranziehen. Kirchengeschichtliche Vorgänge lassen sich auch ohne dieses Prinzip verstehen; bringt die Kirchengeschichte ihre Ergebnisse in den Gesprächszusammenhang Kirche ein, kann gerade ein Verständniszugang in theologischer Sicht besonders interessant sein.

Im Gesprächszusammenhang Kirche werden die Ergebnisse der Kirchengeschichte konfrontiert mit der Glaubensüberzeugung an den Gott der Lebenden und der Toten sowie mit den daraus resultierenden Konsequenzen; danach kann es nicht gleichgültig sein, wie die Frage nach Sinn und Unsinn in der Geschichte beantwortet wird. Im Gesprächszusammenhang Kirche wird so auch die Frage wachgehalten, wie es um die Gerechtigkeit der vergangenen Generationen bestellt ist, ob auch den Toten und Opfern der Geschichte Gerechtigkeit zukommt. Die spezifisch theologische Sichtweise ist daher eschatologisch geprägt.

Da die christliche Eschatologie zwei verschiedene grundsätzliche Positionen ausgeprägt hat, ist auch die geschichtstheologische Sicht grundsätzlich offen für eine mehr optimistische und eine eher kritische Auslegung.

Die kritischere Auslegung orientiert sich stärker an der theologia crucis; Jesu Tod am Kreuz bewirkte die Erlösung der Menschheit und hat offenbart, daß sich im Kreuz Gottes Heil ereignet. Das Kreuz steht somit dafür, wie sich die objektive Erlösung ereignet hat, dann aber auch dafür, wie subjektive Anteilnahme daran ermöglicht wird. Daraus resultiert die eher kritische geschichtstheologische Sichtweise: Im Scheitern des Menschen ereignet sich Gottes Heil. Um Ansätze einer geschichtstheologischen Sichtweise aufzuzeigen, greife ich auf das Beispiel der Pippinsche Schenkung zurück. Verstehen wir sie allein unter diesem Aspekt, ergibt sich eine negative Einschätzung; zugespitzt formuliert: Die menschlichen Inhaber der geistlichen Gewalt sind gescheitert an den Versuchungen, die im Streben nach der weltlichen Gewalt zum Ausdruck kam. Dieses menschliche Scheitern hält andererseits – wie das scandalon crucis – die Hoffnung auf Gottes Heil wach, und an diese Hoffnung wird immer wieder erinnert, wenn wir geistliche Gewalt von der konkreten Ausprägung weltlicher Gewalt entstellt sehen.

Die optimistischere Auslegung orientiert sich stärker an der Theologie der Auferstehung; das Kreuz war nicht der Endpunkt. Die Auferstehung Jesu steht als Hoffnungszeichen, daß der Tod und das Scheitern nicht das letzte Wort Gottes sind, und daß sich in der Geschichte Heil verwirklichen wird. Verstehen wir die Pippinsche Schenkung allein unter diesem Aspekt, ergibt sich eine positivere Einschätzung; wiederum zugespitzt formuliert: Das Streben nach weltlicher Gewalt ist demnach eine notwendige Folge des Bestrebens, der geistlichen Gewalt den erforderlichen Rückhalt zu verschaffen und sie so effektiv ausüben zu können. Diese Position legt also ein ganz anderes Denken nahe: Etwas ehemals Richtiges kann sich in Relikten erhalten, aber es erscheint problematisch und ist vielleicht sogar zu beseitigen; dennoch liegt darin langfristig kein Scheitern, sondern die Hoffnung auf Umwandlung der menschlichen unheilvollen Wirklichkeit.

Wenden wir die möglichen Grundpositionen als theologisches Prinzip jeweils einseitig exklusiv an, so kann das zur Verengung des Blickwinkels führen. Die Gefahr eines einseitig negativen oder positiven Verständnisses, das entweder Momente des Leids oder der Hoffnung nicht richtig wahrnimmt, ist groß. Geschichte kann ihre Erfüllung nur erreichen auf dem Weg des Kreuzes; die Erfüllung ist dann aber, wie die Auferstehung verdeutlicht, eine in Gnade ermöglichte Selbstüberschreitung. Ich meine, in der Geschichtstheologie sollte das Bemühen um eine Synthese optimistischer und kritischer Sicht im Vordergrund stehen; die eschatologisch orientierten Prinzipien des Leids und der Hoffnung darf man daher m.E. ebensowenig trennen wie Kreuz und Auferstehung.

Die Ausführungen zur Quellenarbeit, besonders die zum historischen Verstehen, haben einerseits sicher verdeutlicht, daß wir uns nicht auf das Wissen um die reine Faktizität beschränken dürfen. Unsere historische Bemühung hätte dann keinen Bezug zu unserem eigenen Leben; bloßes Faktenwissen ist zumeist wenig lebensrelevant. Andererseits läßt diese Sicht aber die bereits im Abschnitt über die Aufgaben der Kirchengeschichte angesprochene Frage der Objektivität wieder aufkommen. Ich kann hier nur noch einmal wiederholen: Geschichtsschreibung ist notwendig hypothetisch und fragmentarisch, die von ihr konstruierten Folgen und Ursachen sind nur mögliche; der Eindruck von Zwangsläufigkeit entsteht nur beim Rückblick vom späteren zum früheren – die Geschichte hat sich aber nun einmal anders herum abgespielt. Die Geschichtswissenschaft kann auch kein objektivistisches Wissen anbieten. Das Objektivitätsbemühen besteht in dem Versuch, sie für alle zustimmungsfähig zu erzählen. Das vorgestellte Instrumentarium historischer Methoden bietet dazu Hilfsmittel, sichert aber keineswegs bereits Objektivität.

Neben dem in diesem Kapitel vorgestellten, ist, wie wir am Beispiel der Textkritik bereits gesehen haben, für den Kirchenhistoriker auch das historisch–kritische Methoden–Instrumentarium nutzbar, das den meisten aus der Exegese vertraut sein dürfte und von der Philologie entwikkelt wurde. Auch bei anderen Beispielen wurden die Fragestellungen, wie sie für Literar–, Form– und Redaktionskritik kennzeichnend sind, deutlich. Die Traditionskritik möchte ich an dieser Stelle noch einmal gesondert herausheben, weil mit ihrer Methode nach dem 'Sitz im Leben' gefragt wird. Für kirchengeschichtliche Texte ist an dieser Stelle nämlich auch unmittelbar die Frage nach den gesellschaftlichen, kulturellen und politischen Hintergründen zu stellen. Wie wichtig mir diese Fragen erscheinen, habe ich im Abschnitt über das Selbstverständnis der Kirchengeschichte erläutert.

Lesehinweis:

Ahasver von Brandt, Werkzeug des Historikers. Eine Einführung in die historischen Hilfswissenschaften (=Urban Taschenbücher 33), Stuttgart 9. Aufl. 1980

Paul Kirn, Einführung in die Geschichtswissenschaft. Neu bearbeitet von Joachim Leuschner (=Sammlung Göschen 270), Berlin 6. Aufl. 1972

Richard Schaeffler, Art.Verstehen, in: Hermann Krings u.a. (Hg.), Handbuch philosophischer Grundbegriffe. Bd. III, München 1974, 1628–1641.

Bei der Darstellung der Quellenarten und den Ausführungen zur historischen Methode war sehr oft bereits vom Mittelalter die Rede. Ohne daß ich nun angegeben hätte, was ich genau mit diesem Begriff meine, wird jeder Leser ihn verstanden und in der rechten Weise eingeordnet haben. Er ist Ausdruck unseres Versuches, die Zeit zu gliedern; diese Einteilungsversuche folgen aus der praktischen Unmöglichkeit, immer den Ablauf von fast 2000 Jahren insgesamt überblicken und nachzeichnen zu können, wie auch aus der praktischen Notwendigkeit, einzelne wichtige Entwicklungen genauer in den Blick nehmen zu müssen. Wir gliedern daher die Kirchengeschichte in Perioden und Epochen.

Anmerkungen:

(1) Paul Kirn, Einführung in die Geschichtswissenschaft. Neu bearbeitet von Joachim Leuschner (=Sammlung Göschen 270), Berlin 6. Aufl. 1972, 29.

(2) Ausführungen zu den Beschlüssen der Aachener Synoden von 816 und 817 sind in der Fachliteratur mitunter recht abweichend. Die schwierige Quellenlage wurde durch die Arbeiten von Joseph Semmler überzeugend geklärt; vgl. seine Edition der Beschlüsse in: Kassius Hallinger (Hg.), Corpus Consuetudinum Monasticarum. Tomus I: Inita Consuetudinis Benedictinae. Consuetudines saeculi octavi et noni, Siegburg 1963, 451–481.

(3) Der Begriff 'Viten' ist eine Eindeutschung der Quellenform Lebensbeschreibung, die häufig lateinisch als 'curriculum vitae' (Lebenslauf) oder einfach 'vita' (Leben) bezeichnet wurde.

(4) Die Übersetzung erschien zuerst im 19. Jahrhundert in der bedeuten-

den Reihe „Die Geschichtsschreiber der deutschen Vorzeit“ und wird bis heute in den meisten Quellenbänden und Schulbüchern nachgedruckt.

(5) Die Lateranverträge sind in einer zweisprachigen Ausgabe erschienen: Die Lateran-Verträge zwischen dem Heiligen Stuhl und Italien vom 11.Februar 1929. Italienischer und deutscher Text. Autorisierte Ausgabe mit einer Einleitung des Päpstlichen Nuntius Eugenio Pacelli in Berlin, Freiburg 1929; neben dem eigentlichen Vertrag (8/9–32/33) sind auch das Finanzabkommen (32/33–34/35) und das Konkordat (38/39–76/77) abgedruckt. Die Verfassung der Republik Italien (Constituzione della Repubblica Italiana) erschien: Gazzetta Ufficiale (27.12.1947) Nr. 298; am 1.1.1948 trat die Verfassung in Kraft. – Art. 7 lautet: „Lo stato e la Chiesa cattolica sono, ciascuno nel proprio ordine, indipendenti e sovrani. I loro rapporti sono regolati dai Patti Lateranensi. Le modificazioni dei Patti, accettate dalle due parti, non richiedono procedimento di revisione costituzionale.“

(6) Vgl. Acta Apostolicae Sedis 21 (1929) 105.

5 Periodisierung und Epocheneinteilung

Eine Periodisierung oder Epocheneinteilung ergibt sich aus der Zeit selber nicht zwangsläufig; dennoch könnte man einwenden, daß bestimmte (z.B. biographische) Daten oder ein Regierungsantritt und Regierungsende doch in sich bereits eine Gliederung vornehmen. An den Beispielen wird aber auch schon deutlich, daß eine solche Gliederung der historischen Zeit das Ergebnis von Erforschen und Deuten des historischen Geschehensablaufes darstellt: Lebensdaten einer einzelnen Person werden erst dann öffentlich, d.h. allgemein relevant, wenn es sich um eine Person handelt, von der (entweder bloß behauptet oder auch argumentativ belegt) gesagt wird, sie habe eine solche Bedeutung gehabt, daß mit ihr eine Epoche beginnen oder enden kann. Das Gleiche gilt für die Ära einer Regierung. Ob man die Vorgängerin oder Nachfolgerin dazuzählt oder nicht, ist eine Sache der historischen Interpretation.

Dieses Verfahren wendet jeder Mensch auch im Rückblick auf sein eigenes Leben an, wenn er einzelne Ereignisse zu Phasen verknüpft, also seine Lebensgeschichte gliedert. Im Gegensatz dazu bedarf jedoch die Einteilung der Geschichte einer Institution oder Gruppierung, wie sie auch die Kirche darstellt, nicht subjektiv, sondern intersubjektiv überprüfbarer Kriterien. Wenn wir gesellschaftlich keine Übereinstimmung erreichen können, auf welches Ziel hin Geschichte sich entwickelt – und das ist heute gesellschaftlich sicher völlig unmöglich –, dann kann auch nicht der jeweils zunehmende Grad der Verwirklichung des Zieles als allgemein akzeptierte Gliederungsmöglichkeit angesehen werden. Selbst innerhalb des Christentums dürfte dieser Weg schwierig werden.

Kirchengeschichtlich wichtige Ereignisse können völlig unterschiedlich eingeschätzt werden.

Ein Beispiel:

Es gibt verschiedene Einschätzungen des Zweiten Vatikanischen Konzils:

(1) Das Konzil war unnötig und hat sich theologisch und pastoral zu weit vorgewagt; konsequenterweise muß man seine Beschlüsse ignorieren und auf alte Traditionen und Lehräußerungen zurückgreifen.

(2) Das Konzil war zwar notwendig, hat auch einige wichtige Impulse gegeben, seine Wirkungen waren aber in einigen Teilen negativ; konsequenterweise sind daher nur einige der Beschlüsse zu akzeptieren und umzusetzen, anderes gilt es differenzierter zu betrachten.

(3) Das Konzil war notwendig und hat entscheidende Impulse gegeben, seine Wirkungen auf die Theologie und das Leben der Kirche sind aber noch viel zu gering geblieben; konsequenterweise muß man daher immer wieder an die Impulse des Konzils erinnern und ihre Verwirklichung anmahnen.

(4) Das Konzil war bitter nötig, ist aber in vielen Beschlüssen noch viel zu wenig auf der Höhe der heutigen Zeit, wichtige Fragen wurden nicht angegangen; konsequenterweise müssen seine Impulse weitergetrieben werden, um die Zukunftsfähigkeit der Kirche zu sichern.

Auch ohne die Extremeinschätzungen bleiben bei dieser (selbstverständlich) groben Wirkungseinschätzung so große Differenzen, daß keine einheitliche Bewertung möglich ist, *wie* geschichtswirksam das Zweite Vatikanische Konzil war. Weitgehende Übereinstimmung herrscht dagegen, *daß* das Konzil geschichtswirksam war. Das dokumentiert sich in der allgemein akzeptierten Feststellung von Veränderungen gegenüber der vorkonziliaren Zeit.

Ergebnis:

Geschichte als eine lineare Bewegung zu verstehen, die von allen einheitlich beurteilt wird, bedeutet nicht nur, die historischen Fakten krampfhaft unter eine gemeinschaftlich akzeptierte Tendenz zu bringen, sondern widerspricht auch der eigenen Lebenserfahrung. Um es in einem Wortbild des Malers Friedensreich Hundertwasser auszudrücken: Das Leben vollzieht sich nicht in der Geraden – die ist seines Erachtens gott–los –, sondern in Kurven und Spiralen.

Es ist daher nicht möglich, eine einheitliche Bewertung der Geschichte zu postulieren, um aus ihr eine Periodisierung abzuleiten. Wenn wir allerdings deutend die Geschichte betrachten, können wir Strukturunterschiede feststellen und diese zur Epocheneinteilung heranziehen. Solche Versuche der Epochen- oder Periodeneinteilung hat es immer schon gegeben. Die bekannteste und bis heute am nachhaltigsten wirksame ist die Dreiteilung in Altertum, Mittelalter und Neuzeit.

5.1 Die Dreiteilung der historischen Zeit

Eine Dreiteilung der historischen Zeit mit den Begriffen Altertum, Mittelalter und Neuzeit kam erstmals im 17. Jahrhundert auf und wurde durch Christoph Cellarius aus Halle (1634–1707) populär: Er greift dabei zurück auf den dreiteiligen Gliederungsversuch literarischer Zeugnisse aus der Geschichte der Kirche, den der reformierte Theologe Gisbert Voetius aus Utrecht (1589–1676) vorgelegt hatte. Er unterscheidet die 'antiquitas ecclesiae', eine 'intermedia aetas' und eine 'nova aetas', für die er dann als Abgrenzungsjahr 1517 (Luthers Thesen – Beginn der Reformation) angibt. Der Historiker Georg Horn aus Leiden (1620–1670) übertrug das somit ursprünglich aus dem kirchengeschichtlichen Bereich stammende Gliederungsschema auf die allgemeine Geschichte, aber erst mit Christoph Cellarius setzte es sich durch: Sein Werk „Historia tripartita" hatte die Einteilung in: 'Historia antiqua', 'Historia medii aevi' und 'Historia nova'. Damit wird auch eine Antwort auf Fragen der damaligen Zeit gegeben: Der Humanismus des 16. Jahrhunderts zeigte schon eine starke Wendung gegen die Scholastik, die wichtigste geistige Richtung des europäischen (später dann so genannten) Mittelalters; unterstützt durch den Substanzverlust der Spätscholastik wurde der Humanismus zu einem Wegbereiter der Aufklärung, die auf der Grundlage des kritischen Verstandes die menschlichen Beziehungen neu gestalten wollte. Damit waren aber die z.T. irrationalen Vorstellungen von einem nahen Ende der Zeit und entsprechende Erwartungen, etwa einer baldigen Wiederkehr Christi, wie sie vorher entwickelt und verbreitet waren, nicht mehr vereinbar. So entstand eine neue Situation, die sich von der vorhergehenden gründlich unterschied.

Dazu kam, daß dieser Humanismus mit seinem Rückgriff auf klassische Kulturwerte der Renaissance Vorschub leistete, also einer Wiedergeburt vor allem der klassischen Antike. Diese sah man als eine Zeit vollkommener Kultur an, während die Zeit zwischen Antike und damaliger Gegenwart als 'dunkel' empfunden und verstanden wurde. Sie wurde abqualifiziert als Übergangszeit, als dazwischenliegendes, mittleres Zeitalter. Die Aufklärung machte das Bild vom 'finsteren' Mittelalter so perfekt, daß es sich bis heute gehalten hat, obwohl die moderne Geschichtsforschung dies längst als Fehleinschätzung erwiesen hat.

Heute ist diese Dreiteilung aber nicht nur wegen der Rede vom 'Mittelalter' problematisch; es stellt sich die Frage nach einer vierten Epoche, denn unsere Zeit ist nicht mehr selbstverständlich zur Neuzeit zu rechnen. So hat sich der katholische Religionsphilosoph Romano Guardini bereits 1927 in seinen „Briefen vom Comer See" mit der Frage eines neuen Epochenbruchs beschäftigt und 1950 mit dem Buchtitel „Das Ende der Neuzeit" ein Signal gesetzt für eine Diskussion, die unsere Gegenwart u.a. als postmodern oder auch nachchristlich bezeichnet. Gleichgültig, ob man dieses Ende der Neuzeit mit dem Ersten Weltkrieg oder später ansetzt, Zeit–Brüche werden allenthalben empfunden. Zunehmend wird der Blick auf weltweite Probleme gelenkt. Uns Europäern wird immer deutlicher, daß wir nicht mehr nur europäische Maßstäbe anlegen dürfen. Die gängige Dreiteilung der Zeitalter ist ein Beispiel eurozentristischen Denkens, das sich nicht auf außereuropäische und auf weltgeschichtliche Entwicklungen übertragen läßt.

In der jüngsten Zeit sind in der Geschichtswissenschaft aufgrund der Problematik der bisherigen Einteilungen konsequenterweise Versuche unternommen worden, neue Periodisierungsformen zu finden. Doch ebenso wie in der allgemeinen Geschichte ist in der Kirchengeschichte immer noch die klassische Dreiteilung vorherrschend.

5.2 Die Dreiteilung der Kirchengeschichte

Ich nenne vier Beispiele für die Periodisierung in sehr verbreiteten Kirchengeschichtsdarstellungen.

Ein erstes Beispiel:

Seine in vielen Auflagen erschienene „Kleine Kirchengeschichte" unterteilt August Franzen in drei Zeiträume:

(1) das christliche Altertum (von der Gründung bis Gregor den Großen)

(2) die Kirche des Mittelalters (von der ersten Begegnung des Germanentums mit der Kirche bis zur Auflösung der Völkergemeinschaft in der Renaissance)

(3) die Kirche der Neuzeit (von der Reformation bis zur Gegenwart).

Das Altertum ist somit bis zum Ende des 6. Jahrhunderts angesetzt, während die Taufe des Frankenkönigs Chlodwig (496) als epochemachend gilt, weil sie eine kulturelle Verwurzelung und religiöse Verschmelzung der Franken mit der einheimischen romanischen Bevölkerung ermöglichte; die Epochengrenze überschneidet sich hier also um rund 100 Jahre. Die Neuzeit beginnt in dieser Einteilung mit der Reformation, die einen Schlußstrich zog unter geistige und gesellschaftliche Entwicklungen, weil sie die größte Katastrophe in der Kirchengeschichte war und die neuzeitliche Entwicklung entscheidend prägte; ihre Vorgeschichte wird unter der Neuzeit behandelt.

Diese Einteilung wird der historischen Wirklichkeit deutlich eher gerecht als eine andere im katholischen Bereich vertretene.

Ein zweites Beispiel:

Das von Franz Xaver Funk 1886 erstmals herausgegebene, von Karl Bihlmeyer ab der 6. Auflage und von Hermann Tüchle ab der 12. Auflage betreute „Lehrbuch der Kirchengeschichte"(zuletzt 1969 in 18. Auflage erschienen) unterteilt:

(1) das christliche Altertum (1–692)

(2) Mittelalter (692–1517)

(3) Neuzeit (1517–1918).

Hier zeigen sich schnell Unterschiede zum ersten Einteilungsversuch: Die Epochen sind klar, ohne Überschneidungen abgegrenzt, der Übergang vom Altertum zum Mittelalter liegt später und die Kirchengeschichte bricht 1918 ab. Nun ist das Revolutionsjahr 1918 sicher ein Einschnitt in der neueren Geschichte gewesen und wegen der weiteren weltpolitischen Folgen über Europa hinaus wichtig, aber die Zeit danach als kirchliche Zeitgeschichte und damit nicht als Gegenstand der Kirchengeschichte zu betrachten, erscheint kaum einsichtig. Problematischer aber sind die beiden anderen Differenzen:

(1) Der gewählte Übergang vom Altertum zum Mittelalter ist deshalb wenig überzeugend, weil die erste Begegnung des Germanentums mit dem katholischen Christentum noch zum Altertum gezählt wird, d.h. zum einen wird die Bedeutung des Arianismus, der bei den Germanen eine Nachblüte erlebte, zurückgedrängt, denn nicht die (frühere) Begegnung mit dem arianischen, sondern erst die spätere mit dem katholischen Christentum war demnach 'epochal'; zum anderen gelten so die *neu*entstandene Situation im Westen, also der Aufbau der Kirche und die iro–schottische Mission noch als Teile der *Alten* Zeit.

(2) Die punktuellen Epochengrenzen sind problematisch, also die genauen Jahresangaben. Auf diese Weise ist nicht zu verdeutlichen, daß es selbstverständlich trotz aller Zeitbrüche auch eine Kontinuität der Zeit

gibt. Genaue Angaben für einen Epochenwechsel zu machen, erscheint schon deshalb unangemessen, weil bestimmte Entwicklungen nicht überall zur selben Zeit beginnen bzw. enden müssen.

Die Epochengrenzen zwischen Altertum und Mittelalter sind in *beiden* Periodisierungsversuchen gleich problematisch, wenn man nicht nur die weströmischen Teile der Kirche im Blick hat. Auf die ostkirchliche Entwicklung, die eine wesentlich größere und dichtere Kontinuität vom christlichen Altertum in die Zeit unseres sogenannten Mittelalters aufweist, treffen beide Periodisierungen nicht zu.

Damit ist bereits deutlich geworden, daß das entscheidende Problem der Dreiteilung die Abgrenzung der einzelnen Perioden voneinander ist; sie ist nur pauschal und grob möglich und daher nur bedingt hilfreich.

Ein drittes Beispiel:

Der evangelische Kirchenhistoriker Karl Heussi hat sein „Kompendium der Kirchengeschichte"zunächst bis zur 3. Auflage auch nach dem dreigliedrigen Schema unterteilt, dann aber in einem „Beitrag zum Problem der historischen Periodisierung" 1921 eine Kritik der Dreiteilung vorgelegt. Er hält sie für ungeeignet, weil sich die drei Zeitalter nicht fein säuberlich ohne Überschneidungen aneinanderschließen. Für ihn läßt sich die geschichtliche Wirklichkeit nicht exakt in einzelne Komplexe aufteilen. Das Bild vielfach sich schneidender Kreise treffe zu, nicht aber das Bild von Teilen eines auseinandergebrochenen Bretts, die man wieder aneinanderlegen könne. In der 4. Auflage seines Kompendiums erklärt er bereits den Verzicht auf die Dreiteilung für das Beste, in der 5. Auflage ersetzt er sie durch neun kürzere Perioden. Zwei davon lauten Vorreformation und Renaissance sowie Reformation und Gegenreformation. So entgeht er der Schwierigkeit, eine Zeitgrenze zwischen Mittelalter und Neuzeit anzugeben. Damit unterscheidet er sich von anderen evangelischen Kirchenhistorikern, für die die Neuzeit nahezu grundsätzlich mit der Reformation beginnt (punktuell verdichtet auf den angeblichen Thesenanschlag), während viele katholische Kirchenhistoriker den Beginn der Neuzeit später ansetzen und damit die Bedeutung der Reformation als weniger epochal bewerten. Gerade in dieser auch konfessionell geprägten Differenz kann ein anderer Einteilungsvorschlag weiterhelfen.

Ein viertes Beispiel:

Der Vorschlag stammt von Hubert Jedin und wurde dem von ihm herausgegebenen „Handbuch der Kirchengeschichte" zugrunde gelegt:

(1) Ausbreitung und Ausformung der Kirche im hellenistisch-römischen Raum,

(2) die Kirche als inneres Formprinzip (Entelechie) der christlich-abendländischen Völkergemeinschaft (ca. 700–1300),

(3) die Auflösung des christlich-abendländischen Kosmos, Reformen und Reformation, der Übergang zur Weltmission (14.–18. Jahrhundert),

(4) die Weltkirche im industriellen Zeitalter.

Der Vorteil dieser Einteilung liegt neben der Chance, unnötige konfessionelle Differenzen zu vermeiden, auch darin, daß sie sozialgeschichtlichen Daten gerechter wird, also mit strukturellen Veränderungen der Gesellschaft übereinstimmt; dabei ist aber zu beachten, daß die Reformation in ihrer Bedeutung nicht unterbewertet wird, wie evangelische Kirchenhistoriker befürchten.

Der Vorschlag Jedins wurde praktisch nicht rezipiert. Die Gründe dafür sind keine inhaltlichen, sondern eher terminologische. Die Epochen tragen keine griffigen Namen und die Rede von den drei Zeitaltern ist zu sehr verbreitet und selbstverständlich.

Als Ergebnis können wir festhalten, daß zwar die Dreiteilung Altertum – Mittelalter – Neuzeit einer genauen geschichts- und kirchengeschichtswissenschaftlichen Analyse nicht standhält, eine präzise zeitliche Abgrenzung problematisch, daß die Dreiteilung andererseits aber zur allgemeinen Verständigung mit der nötigen pragmatischen Großzügigkeit brauchbar ist.

Lesehinweis:

Reinhart Herzog/ Reinhart Koselleck (Hg.), Epochenschwelle und Epochenbewußtsein (=Poetik und Hermeneutik 12), München 1987

Hubert Jedin, Einleitung in die Kirchengeschichte, in: Ders. (Hg.), Handbuch der Kirchengeschichte. Bd. 1, Freiburg 1985, 1–55

ferner Art. „Altertum", „Mittelalter" und „Neuzeit" in einschlägigen

Wörterbüchern und Lexika (für erste Hinweise s.u. Abschnitt 7.4).

Von der, wie aufgezeigt, schwierigen zeitlichen Gliederung der Kirchengeschichte in Perioden und Epochen sind andere Einteilungsversuche deutlich zu unterscheiden. Dazu gehören in erster Linie die Formen der Systematisierung und Strukturierung des historischen Stoffes.

6 Gliederungen historischer Inhalte

Allein schon die ganz pragmatisch begründete Unmöglichkeit, ständig das Ganze der Kirchengeschichte zu bedenken, legt Gliederungen und Einteilungen des historischen Stoffes nahe; dazu kommt aber noch, daß es eine Fiktion wäre, von der Möglichkeit einer absoluten Chronologie auszugehen. Wie fast allen Wirklichkeitsbereichen können wir uns gerade auch der historischen Wirklichkeit nur ausschnitthaft annähern. Eine absolute Chronologie müßte alle denkbaren Ereignisse umfassen; geschichtslogisch ist nach Arthur C. Danto eine absolute Chronologie sogar unmöglich, denn nicht alle Ereignisse sind wirklich *denk*–bar. Versuche einer absoluten Chronologie sind nicht nur kaum leistbar, sie würden auch einen Teil der Geschichte gar nicht erschließen. Gerade Phänomene unterschiedlicher Zeitdauer lassen sich erst durch Urteil und Bewertung in einen Zusammenhang bringen, weil sie ja nicht auf einer Zeitebene liegen. Erst in dieser gesonderten Betrachtungsweise erscheinen sie uns als historische Kontinuität. Es ist daher nicht nur pragmatisch angebracht, sondern auch inhaltlich aufschlußreich, wenn wir den historischen Stoff systematisieren und strukturieren.

Die gebräuchlichsten und wichtigsten Formen sind die historischen Längs– und Querschnitte: Ein Querschnitt zeigt idealtypisch in einer Art Momentaufnahme das Beispiel eines bestimmten, uns fremden *Zustands.* Ein Längsschnitt dagegen zeichnet einen Themenkomplex periodenübergreifend nach und verdeutlicht so, welcher historische *Wandel* innerhalb dieses Themenbereiches erfolgte.

6.1 Längsschnitte

Allgemein ordnet man den Längsschnitten eine exemplarische Funktion zu, weil sie im Gegensatz zu einem oberflächlichen Überblickswissen in der Lage sind, einen wirklichen Einblick in einen längeren historischen Entstehungs– und Verlaufsprozeß zu vermitteln (z.B.: die Geschichte Frankreichs), und weil sie darüber hinaus wenigstens ansatzweise ermöglichen, exemplarisch erzielte Erkenntnisse auf andere Probleme und Sachverhalte anzuwenden. Sie sind daher in der Fachwissenschaft wie in der Fachdidaktik sowohl der Geschichte wie der Kirchengeschichte als Methode nie sehr umstritten gewesen. Ihren Wert kann man vermutlich am ehesten an einem für diesen Rahmen bewußt kurz gehaltenen Beispiel verdeutlichen: Sicher bedeutete es beim Lesen keine große Schwierigkeit, den St. Galler–Klosterplan als einen benediktinischen hinzunehmen und zu betrachten; ebenso wenig problematisch war beim zweiten Bauplan wohl der Hinweis auf die Zisterzienser als einen im 12. Jahrhundert aufkommenden Orden. Zwar deutet sich hier ein Zusammenhang an, dennoch wird kaum klar, worin er denn nun besteht. Erst ein historischer Längsschnitt durch die Kirchengeschichte, der die Geschichte der geistlichen Bewegungen bzw. der Orden thematisiert, würde ihn aufdecken. Ähnliches gilt für sicher gar nicht bemerkte bzw. vermutete Zusammenhänge; aber der in dem päpstlichen Brief über die Ereignisse in Canossa erwähnte Abt von Cluny ist hier ebenfalls einzubeziehen, ja gerade die Nennung in dieser Quelle ist ein wichtiger Beleg für die Entwicklung vom Benediktinerorden zu den Zisterziensern.

Wenn ich hier also in einem kurzen Aufriß einen Längsschnitt zur *Geschichte der Orden* ausführe, werden darin auch Informationen, die zuvor an einzelnen Quellen erhoben wurden, in einen größeren und damit verdeutlichenden Zusammenhang gestellt.

6.1.1 Zur Geschichte der Orden – ein Beispiel

In der heutigen gesellschaftlichen Situation ist das Bild, das man sich von Ordensfrauen und Ordensmännern macht, ebenso vielschichtig wie diffus. Niemand wundert sich allerdings, daß in Stellenanzeigen von Zeitungen oder in den entsprechenden Verzeichnissen der Arbeitsämter die Angabe 'Nonne' oder 'Mönch' als Beruf oder als Alternative zu als normal empfundenen Berufen nicht auftaucht. Andererseits gibt es dort die Angabe 'Aussteiger' aber selbstverständlich ebenfalls nicht. Nun kann man zwar Aussteiger und Mönche nicht unbedingt gleichsetzen, einige Ähnlichkeiten hat es aber im Laufe der Geschichte schon gegeben. Ein wichtigerer Grund, Ordensfrau oder Ordensmann nicht als einen Beruf anzusehen, liegt aber wohl auf einer anderen Ebene. In unserer Gesellschaft, die eine starke Fixierung auf Berufstätigkeit produziert, ist ein Leben in einer Gemeinschaft, das einer Berufsausübung vor– und übergeordnet ist, für viele nur schwer verständlich.

Ebenso stößt Askese, die als Stichwort von einigen vielleicht noch mit dem Mönchtum verbunden wird, auf großes Unverständnis und gilt als weltfremd; mit diesem Begriff kommt schon zum Ausdruck, daß ein solches Leben außerhalb der Welt, also außerhalb der Normalität einer Gesellschaft und ihrer (soziologischen, nicht rechtlichen) Gesetze anzusiedeln ist. Andererseits ist gerade in den letzten Jahren vor allem in bestimmten Bewegungen diese Tradition wiederentdeckt worden: So haben etwa Teile der Ökologie–Bewegung das Fasten aufgegriffen, wenn auch weitestgehend ohne einen religiösen Hintergrund; in der Friedensbewegung, um ein zweites Beispiel zu nennen, hat sich das Friedensfasten vielerorts durchgesetzt. Hier kommen vielleicht die ursprünglichen Motive eines Strebens nach Vollkommenheit angesichts einer Welt, der es gerade daran mangelt, wieder zum Vorschein.

Denn die *Asketen,* die sich durch vielfache Abstinenz um Fortschritt und Vollkommenheit im religiös–sittlichen Bereich bemühten, waren sozusagen die Vorläufer des späteren Mönchtums.

Die christliche Askese

Sowohl in der heidnisch–griechischen wie in der jüdischen Umwelt des frühen Christentums gab es den Typus des Asketen; das philosophische Leben war weithin ein asketisches, und Askese galt als besonderer Ausdruck religiöser Intensität. Die Einflüsse auf die Ausbildung des christlichen Asketentums sind daher nicht zu unterschätzen.

Das frühe Asketentum ist in den Gemeinden angesiedelt. Der Dienst an der Gemeinde und an den Menschen gehörte zu den Aufgaben eines nach Vollkommenheit strebenden Christen. Schon früh bildeten die Asketen zusammen mit den 'Jungfrauen' einen eigenen Stand zwischen dem Klerus und dem Kirchenvolk.

Das Ideal der Ehelosigkeit war *ein* Grund für Teile dieser Bewegung; für Frauen traf das besonders zu, denn die sozialen Bedingungen der Gemeinden förderten diese Entwicklung. Da der christliche Glaube zum einen verstärkt unter Frauen Anklang fand, gab es somit in den Gemeinden einen Frauenüberschuß, mit dem die Heiratschancen sanken. Zum anderen konnten Frauen durch ihr Leben in gottgeweihter Jungfräulichkeit ein höheres Maß an Selbständigkeit und gemeindlicher Anerkennung erreichen als in der untergeordneten Rolle, die das Hausfrauenideal ihnen bot.

Wurde also die frühe christliche Askese zunächst in den Gemeinden, sogar im normalen, familiären Lebensrahmen gelebt, verließen um die

Mitte des 2. Jahrhunderts einige Christen ganz bewußt ihre Familien und Bekannten, um in die Wüste zu gehen. In der ersten Zeit wohnten diese Eremiten noch in der Nähe menschlicher Gemeinschaften, im Laufe der Zeit zogen sie sich aber immer weiter in die Einsamkeit zurück. Daher kommt auch der Begriff 'Mönch' (griech. monachos = einsam).

Es gab eine Reihe von Gründen, sich derart zurückzuziehen, aus der Welt zu fliehen.

Einige wollten mit dem Luxus und der Sattheit in der Kultur des späten Römischen Reiches nichts mehr zu tun haben.

Die Wüste galt als Ort der Dämonen, bedeutete also eine besondere Herausforderung für jeden, der die Vollkommenheit suchte.

Im Laufe der Zeit erhielten die Gemeinden eine immer stärkere Organisationsstruktur, in der für die Asketen kein besonderer Platz war, sie hätten sich lediglich in dieses Ordnungsgefüge eingliedern können. Die Folge wäre allerdings der teilweise Verzicht auf eine fundamental-asketische Lebensweise gewesen. Die Asketen mußten sich also von der Gemeindeordnung distanzieren, um ihr Ideal leben zu können. Da dieses Ideal aber der individuellen Sorge um ihr Heil entsprang, ist diese Distanzierung kein Protestakt gegen die Gemeinden. Nur in der Absage an die Welt ist die ungestörte Kontemplation möglich.

Selbstverständlich gab es auch andere Motive, ein Leben in der Einsamkeit dem Leben in der Gemeinschaft der Gemeinde vorzuziehen.

Als eine ganz besondere Form des Asketentums ragt – nicht nur in der übertragenen Bedeutung des Wortes – mit den 'Styliten' eine Gruppe heraus. Ihr bekanntester Vertreter war Symeon (um 389/90 – 459), der bis ins 10. Jahrhundert hinein viele – auch weibliche – Nachfolger fand; in der syrischen Kirche findet er bis in unser Jahrhundert hinein Nachfolger. Er wollte sich seiner Eremitenkolonie entziehen. Der von ihm gewählte Weg dazu war äußerst originell; er setzte sich nämlich auf eine Säule, auf der er weltabgewandte Askese übte. Die Säule gab dieser Gruppe die Bezeichnung Styliten (griech. stylos = Säule); mitunter bezeichnet man sie auch als Säulenheilige.

Sie hatten drei asketische Prinzipien: Sie blieben an einem Ort, hatten keine Behausung und blieben bis zur äußersten Grenze körperlicher Beherrschung stehen. Die Säulen hatten verschiedene Höhen (angeblich bis zu 20 Metern Höhe) und trugen eine Platte, die gerade so groß war, daß sich der Asket ausstrecken konnte; vor dem Herunterfallen schützte ihn ein Geländer, einen Schutz gegen Sonne und Regen gab es nicht.

Die außergewöhnliche Lebensweise der Styliten zog viele Nachahmer, aber auch Pilger an. Nicht zuletzt aufgrund der Exzentrik war die Wirkung ihrer Predigten bei den Pilgern außerordentlich.

Letztlich waren es aber andere, die das spätere Mönchsideal vorprägten.

Frühformen des Mönchtums im Osten

Der Patriarch von Alexandrien, *Athanasius* (um 295–373) berichtet uns in einer nach dem Muster antiker Biographien verfaßten Darstellung über den wohl bekanntesten Eremiten Ägyptens: *Antonius* (251/52–356) lebte auch zunächst zurückgezogen in der Nähe einer menschlichen Siedlung und zog dann in eine Wüstenhöhle:

„Antonius aber wußte aus der Heiligen Schrift, daß die Schliche des bösen Feindes zahlreich sind (vgl. Eph 6,11) und widmete sich ohne Unterlaß der Askese... Mehr und mehr nun züchtigte und unterwarf er seinen Leib (vgl. 1 Kor 9,27), um nicht etwa in einer Hinsicht siegreich zu sein und in einer anderen zu unterliegen. Er beschloß also, sich an eine härtere Zucht zu gewöhnen. Viele bewunderten ihn, er selbst aber ertrug die Mühe leicht. Denn die Bereitwilligkeit der Seele, die über lange Zeit fortgedauert hatte, hatte auch eine gute Grundhaltung in ihm geschaffen; wenn er daher von anderen auch nur ein wenig angeregt wurde, zeigte er für das betreffende Anliegen großen Eifer. Er wachte so lange, daß er oft sogar die ganze Nacht hindurch nicht schlief, und dies tat er zur allgemeinen Bewunderung nicht nur einmal, sondern sehr häufig. Er aß einmal am Tag nach Sonnenuntergang; zeitweise nahm er nur alle zwei, oft sogar alle vier Tage etwas zu sich. Seine Nahrung bestand aus Brot und Salz, und sein einziges Getränk war Wasser. Von Fleisch und Wein auch nur zu reden ist überflüssig, da man ja so etwas nicht einmal bei den anderen strengen Christen fand. Zum Schlafen begnügte ihm eine Binsenmatte; meistens lag er sogar auf bloßer Erde. Sich mit Öl zu salben, lehnte er ab in der Meinung, daß es jungen Männern besser anstehe, sich mit Eifer der Askese zu widmen als nach Dingen zu verlangen, die den Körper verzärteln; sie sollten ihn eher an die Mühen gewöhnen, indem sie an das Wort des Apostels denken: 'Wenn ich schwach bin, dann bin ich stark' (2 Kor 12,10). Denn er meinte, die eifrige Bereitschaft der Seele zur Askese sei dann stark, wenn die Begierden des Körpers machtlos sind."

[Quellenangabe s.u. Abschnitt 9]

Schon zu seiner Zeit war Antonius so bekannt, daß seinem Beispiel viele andere folgten. Ferner übte auch die Darstellung des Athanasius einen bedeutsamen Einfluß auf die Entwicklung der christlichen Frömmigkeit aus.

Die Eremiten–Bewegung zeigte bald eine große Vielfalt von Typen, Charakteren und Lebensformen in der Wüste. Neben dieser Entwicklung eines ungeregelten und unterschiedlichen Lebens nebeneinander kam dann auch der Gedanke auf, in einer geregelten Form gemeinsam außerhalb der Welt zu leben. *Pachomius* (um 287–346) gründete um 320 im oberägyptischen Tabennisi als erster eine Form der Gemeinschaft, auf die unser Begriff 'Kloster' anzuwenden ist. Dieser deutsche Begriff geht auf das lateinische claustrum zurück, das vom Wortstamm her: schließen, abschließen und begrenzen beinhaltet. Die Mönche lebten auch in Abgrenzung zur Welt, abgeschlossen durch Mauern in ihrem Kloster. Sie trennten sich damit von der Welt, in der sich die christliche Gemeinde in dieser Zeit immer selbstverständlicher und selbstbewußter einrichtete.

Für das Zusammenleben in der Gemeinschaft verfaßte Pachomius eine Regel (lat. ordo). Wir bezeichnen daher bis heute das geregelte Zusammenleben von Mönchen mit dem sprachlich verwandten Begriff Orden. Insgesamt umfaßt die Pachomius–Regel 192 Einzelbestimmungen, deren wichtigsten Kern die Gemeinsamkeit im Gebet und bei der Arbeit darstellt. Diese beiden Bereiche waren für Pachomius nicht getrennt zu sehen; er faßte die Arbeit als Gottesdienst auf. Für den eigentlichen Gottesdienst und die Spendung der Sakramente sollten Priester in die Gemeinschaft kommen, Mitglieder der Gemeinschaft konnten aber nur Laien sein, von denen innerhalb des Ordens Gehorsam erwartet wurde.

Die Anfänge des Mönchtums im Westen

Im westlichen Teil des römischen Reiches gab es vereinzelte Anfänge des Mönchtums. Der bereits genannte Athanasius nahm als Diakon und Sekretär des Bischofs Alexander von Alexandrien am Konzil von Nizäa (325) teil; hier bezog er deutlich Stellung gegen die christologischen Positionen der Arianer. Als Nachfolger Alexanders weigerte er sich, Arius wieder in die Kirche aufzunehmen. Man erhob falsche Anklagen gegen ihn, setzte ihn auf der Synode von Tyrus (335) ab und verbannte ihn nach Trier (bis 337). Hier und bei seinen weiteren Aufenthalten im Westen (in Rom und Aquileia) hat er die Kenntnisse über das Mönchtum und die Verbreitung dieser Lebensweise wohl entscheidend gefördert.

Auch hier spielte die Askese eine bedeutende Rolle, vor allem der Familienasketismus vornehmer römischer Kreise, aber auch in der Hauptstadt Mailand.

Für die Frühphase ist besonders die Entwicklung des Mönchtums im 4. und 5. Jahrhundert in Gallien zu nennen. In der Nähe von Poitiers gründete 361 *Martin von Tours* (316/17–397) das Kloster Locogiacum (Ligugé) und zwischen 405 und 410 der Laie Honoratus ein Kloster auf der südfranzösischen Insel Lerinum (Lérins). Dieses Kloster hat einen großen Einfluß auf die weitere Entwicklung gehabt. *Patrick* (um 385–461), der vor seiner Erhebung zum Bischof wohl nach Gallien und Italien reiste und dabei auch das südgallische Mönchtum kennenlernte, brachte das Mönchsideal nach Irland. Dort hat dann besonders *Kolumban* der Jüngere (um 543–615) für die Weiterverbreitung auch in Britannien gesorgt. Später kam er sogar aufs europäische Festland und missionierte in Gallien und Italien.

Auch das nordafrikanische Mönchtum, dessen zentrale Figur *Augustinus* (354–430) war, ist hier zu nennen. Zwar gab es in voraugustinischer Zeit bereits ein Wandererasketentum, doch Augustinus gab dem Mönchsleben entscheidende Impulse. Für ihn war, ebenso wie für das Ordenswesen überhaupt, die Bibelstelle Apg 4, 32–35 von entscheidender Bedeutung: Diese Form der Gemeinschaft und der gemeinsame Besitz umschreiben das Bemühen des Mönchtums, die Bibel in radikaler Weise zu leben. Sie finden sich daher auch in jeder Ordensregel wieder, so auch in der Augustinerregel; in der Forschung herrscht allerdings kein Konsens darüber, welcher der vorliegenden Texte sicher als 'Regel Augustins' bezeichnet werden kann.

Auch auf der italischen Halbinsel gab es bereits seit dem ausgehenden 4. Jahrhundert eine Mönchsbewegung, die von Aristokratie und Episkopat gefördert wurde. In dieser Tradition stand auch *Benedikt von Nursia*. Zunächst war Benedikt einer unter zahlreichen italischen Mönchsvätern, und auch die von ihm verfaßte Regel war eine unter vielen. Beide machten später allerdings in besonderer Weise Geschichte.

Das benediktinische Mönchtum

Über Benedikt (um 480–um 560) und sein Leben wissen wir relativ wenig. Um 500 hat er wohl in Rom studiert. Rom war nach der Verlegung der kaiserlichen Residenz nach Byzanz (Konstantinopel) zur Provinz herabgesunken, und auch die kirchliche Lage war alles andere als erfreulich: Wegen heftiger Auseinandersetzungen darüber, wie die Beziehungen zwischen Rom und Byzanz aussehen sollten, kam es zu einer Spaltung der römischen Gemeinde und in deren Folge 498 bei der Papstwahl zu einer Doppelwahl; das geistige und das geistliche Leben waren sehr oberflächlich.

Benedikt ging daraufhin als Einsiedler in eine Höhle bei Subiaco in den Sabinerbergen. In der Nähe gab es andere Mönche, denen er sich aber nicht anschloß; als er jedoch entsprechend bedrängt wurde, übernahm er die Leitung einer Mönchsgemeinschaft. Da sie dann mit seinen strengen Vorschriften nicht zufrieden waren, ging er zurück nach Subiaco. Dort wurde er wiederum gebeten, geistlicher Vater zu sein; die Ordnung war an den Vorschriften des Pachomius orientiert, die Mönchsgemeinschaft wurde in zwölf kleinere Klöster eingeteilt. Intrigen gegen ihn und Auseinandersetzungen mit einem Vertreter des örtlichen Klerus veranlaßten ihn zum Weggang. Vermutlich 529 gründete er unter den kriegerischen Umständen der Zeit auf den Fundamenten einer heidnischen Kultstätte auf dem Monte Cassino in Mittelitalien ein Kloster. Statt in mehreren kleinen Gemeinschaften lebten jetzt alle Mönche in einer einzigen. Da sich immer mehr der Gemeinschaft anschlossen, verfaßte er etwa um 540 eine Regel. Diese „Regula Benedicti" wurde zum entscheidenden Buch für die Gestalt des christlichen Abendlandes. Wesentlich dazu beigetragen hat die Darstellung des Lebens von Benedikt in den Dialogen Gregors des Großen (um 540–604). Neuerdings halten einige Forscher die Dialoge zwar für sogenannte 'unechte' Schriften, für die Einschätzung Benedikts im Mittelalter ist es allerdings unerheblich, ob tatsächlich der größte Papst der ausgehenden Antike und der beste Autor seines Jahrhunderts selber oder der „Dialogist", wie Francis Clark ihn bezeichnet, der Autor der Dialoge war: Sie wurden viel beachtet; durch die besondere Betonung Benedikts erhielt dessen Werk ein hohes Ansehen und kam deshalb relativ schnell zum Durchbruch.

Die *Benediktinische Regel* entstand in einer langen Kriegsperiode (535–553); sie hat ihre Spuren in der Regel hinterlassen: So wurde etwa die eigenständige Bestellung der Ländereien des Klosters durch die Mönche zur Notwendigkeit. Die Aufforderung zur Arbeit (lat. labora = arbeite) trat daher konsequent neben den Mittelpunkt des Klosterlebens, die Aufforderung zum Gebet (lat. ora = bete). Dieses ora et labora, die Forderung der Ehelosigkeit, das Leben in Armut, die Tageseinteilung durch feste Gebetszeiten der Gemeinschaft und die Verpflichtung an einem Ort zu bleiben (stabilitas loci) sind wichtige Bestandteile der Benediktinischen Regel. Ihre eigentliche Bedeutung erhielt sie aber dadurch, daß durch sie römischer Familiengeist das Klosterleben bestimmte. Die Rolle des Familienvaters nahm der Abt (lat. abbas) ein, dem Gehorsam zu schulden war. Vermutlich waren es nicht zuletzt diese Anklänge an die römische Tradition, die es mit sich brachten, daß die Regel Benedikts als *römische* Klosterregel galt. Dieses Etikett verhalf ihr zu immer größerer Bedeutung im Abendland, vor allem dann bei den fränkischen Mönchen. So konnte sie unter Karl dem Großen auch zur allein gültigen Mönchsregel im Karolingerreich werden.

Einige Auszüge aus der Regula Benedicti:

„Ein Abt, der würdig ist, ein Kloster zu leiten, muß immer den Titel bedenken, mit dem er angeredet wird, und muß der Bezeichnung 'Oberer' durch seine Taten gerecht werden. Der Glaube sieht in ihm ja den Stellvertreter Christi im Kloster; redet man ihn doch mit seinem Namen an, wie es beim Apostel heißt: *Ihr habt den Geist empfangen, der euch zu Söhnen macht, den Geist, in dem wir rufen: Abba, Vater!...*

Niemand im Kloster soll dem Begehren des eigenen Herzens folgen, und niemand darf sich herausnehmen, mit seinem Abt frech oder außerhalb des Klosters zu streiten...

Keiner darf sich herausnehmen, ohne Erlaubnis des Abtes etwas zu verschenken oder anzunehmen oder etwas als Eigentum zu besitzen, durchaus nichts: kein Buch, keine Schreibtafel, keinen Griffel, überhaupt gar nichts... Alles Notwendige aber dürfen sie vom Vater des Klosters erwarten, und es ist ihnen nicht erlaubt, etwas zu besitzen, was der Abt nicht gegeben oder gestattet hat. *Allen sei* alles *gemeinsam,* wie es in der Schrift heißt, *so daß keiner etwas sein Eigentum nennt* oder es als solches beansprucht...

Die Brüder dienen sich gegenseitig, und keiner ist vom Dienst in der Küche entschuldigt, außer er ist krank oder durch eine besonders wichtige Aufgabe beansprucht...

Müßiggang ist der Feind der Seele. Deshalb sollen sich die Brüder zu bestimmten Zeiten mit Handarbeit, zu bestimmten Stunden dagegen mit heiliger Lesung beschäftigen...

Alle Gäste, die zum Kloster kommen, sollen wie Christus aufgenommen werden...

Bei der Einsetzung des Abtes gelte immer der Grundsatz, daß der bestellt wird, den sich die ganze Klostergemeinde einmütig, in der Furcht Gottes, oder ein auch noch so kleiner Teil der Klostergemeinde nach besserer Einsicht wählt. Man soll aber den wählen und einsetzen, der verdienstvolles Leben und Lehrweisheit verbindet, wenn er auch in der Rangordnung der Klostergemeinde der Letzte wäre...

Bei seinen Befehlen sei er umsichtig und überlegt; und mag der Auftrag, den er gibt, Göttliches oder Weltliches betreffen: Immer wisse er zu unterscheiden und Maß zu halten, eingedenk der weisen Mäßigung des heiligen Jakob, der sagte: *Wenn ich* meine *Herden auf dem Marsch überanstrenge, gehen sie alle an einem einzigen Tag zugrunde.* Er achte auf diese und andere Schriftworte von der weisen Mäßigung, der Mutter der Tugenden, und ordne alles so maßvoll an, daß die Starken angezogen und die Schwachen nicht abgeschreckt werden..."

[Quellenangabe s.u. Abschnitt 9]

An einem kleinen Beispiel kann man die Wirksamkeit der Benediktinischen Regel für unsere Kultur bis heute leicht ablesen: Der Tagesablauf war in Abschnitte von jeweils drei Stunden unterteilt. Wenn wir einen solchen Drei–Stunden–Block vierteln, ergeben sich die 45 Minuten, die noch heute die zeitliche Grundeinheit im Lehrbetrieb sind, in Schule und Universität. Das Kloster, gerade das benediktinische, hat auf unsere Bildung und Bildungsvermittlung einen sehr großen Einfluß ausgeübt. Auch die Klausuren, die Schüler und Studenten zu absolvieren haben, erinnern bis heute an die Vorläufer unserer Bildungseinrichtungen.

Noch an einer anderen Stelle können wir die Erfolge der Mönche schnell erkennen: Im Mittelalter wurde mit dem Schwert geherrscht. Das Schwert oder einen Dolch zu tragen, war das Zeichen des freien Mannes. Streitigkeiten wurden mit dem Schwert entschieden. Den Mönchen aber, als den Streitern Christi, war das Tragen eines Schwertes untersagt. Da sie lesen und schreiben konnten und dies andere lehrten, wurde es möglich, das Prinzip des Schwertes durch das Prinzip der Schriftlichkeit zu ersetzen. So war man in der Lage, Urkunden zu schreiben, Rechte und Pflichten zu verzeichnen und ähnliches. Das Ersetzen des Schwertes durch die Schrift war ein wichtiger Schritt zur Humanisierung von Konflikten und zur Sicherung von Recht und Gerechtigkeit. Die Mönche waren es also, die ein Programm ermöglichten und vertraten, das wir heute als gerecht und vernünftig bezeichnen.

Karl der Große verfügte 789, daß in allen Klöstern Schulen errichtet werden sollten. Damit wurde die Lehr– und Bildungstätigkeit der Mönche massiv gefördert. Karl setzte auch die Klöster, die im ganzen Land verstreut waren, geschickt in den Ausbau seines Reiches ein und machte sie zu Stützpunkten der Reichsorganisation. Das hatte zur Folge, daß sie ein wichtiger Träger der politischen Entwicklung wurden, sich aber desto mehr von ihrem ursprünglichen Ziel entfernten. Der St. Galler–Klosterplan, den wir im vierten Abschnitt bereits als Quelle betrachtet haben, ist ein guter Beleg dafür, wie sehr die Klöster eingebunden waren in die Suche nach einer immer perfekteren Ordnung im karolingischen Reich.

Da immer mehr Klöster entstanden, die dazu auch noch große Schenkungen erhielten, entfernte sich das Mönchtum immer mehr von der ursprünglichen Lebensform. Eine wichtige Entwicklung, die Reformen notwendig machte, war die Klerikalisierung, also der Vorgang, daß immer mehr Priester in den Klöstern lebten. Zwar war das Mönchtum ursprünglich reserviert gegenüber dem Priestertum, doch nirgendwo stand, es sei unvereinbar, Mönch und Priester zu sein. Darüber hinaus bedurften die Klöster ja der Priester allein schon wegen der Sakramentenspendung. Diese Notwendigkeit unterstützte den Prozeß ungeheuer, zumal gerade an Lokalheiligtümern und Wallfahrtsorten besonders häufig Klöster entstanden und die Pilger Möglichkeiten eines Sakramentenempfangs erwarteten.

Die durch diese Entwicklung ausgelösten Erneuerungsbestrebungen des benediktinischen Mönchtums sind eng verbunden mit dem burgundischen Kloster *Cluny*. Es wurde um 910 durch Herzog Wilhelm von Aquitanien gegründet; er verzichtete aber auf die daraus entstehenden Rechtsansprüche und sicherte dem Kloster die uneingeschränkte Freiheit in der Abtwahl zu. Das Kloster wurde direkt dem Papst unterstellt und damit sowohl der Adelsherrschaft als auch der bischöflichen Aufsicht entzogen, es war exemt. Die Verfassung des Klosters war also gekennzeichnet durch die freie Bestimmung über Klostergut und die Formen des Klosterlebens. Vornehmlich unter Abt Odilo von Cluny (994–1049) entwickelte sich die Abtei zur organisatorischen Spitze eines ökonomisch ausgerichteten Klosterverbandes, indem man die Klosterländereien zu einem großräumigen Priorat zusammenfaßte. In der Folge entstand unter Abt Hugo (1049–1109) mit den von Cluny abhängigen monastischen Niederlassungen der größte Klosterverband, der je existierte. Ein weiteres Kennzeichen der Verfassung war die Ernennung der Prioren durch den Großabt, dem auch die Äbte den Treueid leisten mußten. Die darin begründeten Möglichkeiten und Freiheiten Clunys führten zu einer großen Bedeutung dieses Reformzweiges, ließen jedoch auch die politische Bedeutung wachsen; ein Beispiel dafür haben wir bereits kennengelernt in der Urkunde über die Ereignisse in Canossa. Außerdem gerieten die Armutsforderung und die Bewertung der Handarbeit bei Benedikt wieder stärker aus dem Blickfeld.

In der Folgezeit kamen noch einige Entwicklungen hinzu, die eine erneute Reform bedingten. So wurde in vielen Klöstern die Begeisterung für die Einsamkeit wiederentdeckt und der Ruf nach einer Rückkehr zur Benediktinischen Regel laut. Einsamkeit, Gemeinschaftsleben und Beachtung der Benediktinischen Regel stellen dann auch die Elemente, die zur Gründung der *Zisterzienser* führten.

Den Anstoß zur Gründung gab der Benediktinerabt Robert von Molesme (um 1027–1111), der ein weltabgeschiedenes Mönchsleben auf der Grundlage der Benediktinischen Regel erreichen wollte und 1098 in Cîteaux bei Dijon ein Kloster gründete. Schon der Ortsname macht den Rückzug in die Einsamkeit deutlich, denn er ist wohl von einer Sumpfpflanze abgeleitet; dieses Röhricht (altfranz. cistels) prägte das Erscheinungsbild dieser Gegend. Die Gemeinschaft bildete sich sehr schnell und unerwartet aus. 1112 trat Bernhard von Clairvaux (1090–1153) in Cîteaux ein. Vor allem Dank seiner Arbeit entstanden immer mehr Tochtergründungen. Auch die Verfassung des Ordens zeigt neue Züge: Die Zisterzienser griffen nicht die Zentralverwaltung der Cluniazenser auf. Jede der Abteien war selbständig; allerdings wurde, um der Willkür entgegenzuwirken, eine Äbtekonferenz eingeführt. Da der Orden sich immer mehr ausbreitete, wurde die Äbtekonferenz zugunsten von Äbtekapiteln in den Primarabteien, den ersten fünf Klöstern der Zisterzienser (neben Cîteaux: La Ferté, Pontigny, Morimond und Clairvaux) eingerichtet.

Im Staatswesen hat diese Konstruktion später Auswirkungen gehabt, denn etwa im deutschen Königswahlrecht wurde sie nachgeahmt.

Den Idealplan eines Zisterzienserklosters und seine Bedeutung haben wir im vierten Abschnitt bereits betrachtet. In der Bauweise und in den Gewändern kam die Reformidee des bewußten Verzichts zum Ausdruck. Noch in einem anderen Punkt unterschieden sich die Zisterzienser von anderen Klöstern: Sie lehnten es ab, Kinder in ihre Klöster aufzunehmen. Für sie mußte die freie Zustimmung zum Klosterleben gegeben sein. Auf die Bildungsentwicklung hatte das insofern keinen Einfluß, als es mittlerweile auch Bildungsmöglichkeiten außerhalb der Klöster gab. Trotz der allgemeinen Klerikalisierung nahmen die Zisterzienser aber nicht nur Priester auf, sondern auch Laienbrüder, die am geistlichen Leben interessiert waren und ebenfalls nach der Regel lebten. Sie verrichteten die Handarbeiten in der Landwirtschaft und in den Handwerksstuben.

Die Handarbeit erhielt hier eine besondere Bedeutung, weil sie als Verwirklichung der mönchischen Askese verstanden wurde. Die Folge dieser Entwicklung war, daß die Klöster die wirtschaftlichsten Unternehmen darstellten. Da die Laienbrüder aber weniger Rechte als die Mönche besaßen, kam es zu permanenten Spannungen. Ferner stand die stürmische Ausbreitung und das starke politische Engagement einzelner, etwa das des *Bernhard von Clairvaux*, dem ursprünglichen Ideal, in die Einsamkeit zu gehen, entgegen.

Eine wichtige Unterscheidung

Neben den hier angeführten Orden hat es selbstverständlich noch weitere gegeben. Dabei ist zusätzlich zwischen monastischen und Klerikerorden zu unterscheiden. Mit *Benedikt von Aniane* können wir die wesentlichen Differenzen darin sehen, daß im ordo monasticus Mönche in einer Abtei (einem Kloster) lebten, der ein Abt vorstand, während im ordo canonicus Kanoniker (Chorherren) in einem Stift (einer Kanonie) lebten, dem ein Praepositus vorstand. Mönchen war persönliches Eigentum verboten, den Kanonikern dagegen erlaubt. Überhaupt unterscheidet sich das Zusammenleben der *Kanoniker* von dem im Kloster durch ein geringeres Maß an Gemeinsamkeiten; sichtbar wird das bereits bei der Bautradition (regelrechte Privathäuser um die Stiftskirche) und hat Folgen auch für das geistige Leben: Im Gegensatz zu den Bibliotheken in Klöstern war einerseits der Buchbestand in den Stiften mehr als gering; andererseits förderte diese Ausrichtung die Entdeckung des Ich und der Innerlichkeit.

Kanonikerorden

Zwei bekannte Kanoniker des Mittelalters bestätigen das in ihrer Person:

Ivo von Chartres (um 1040–1116) war besonders als Kirchenrechtler eine höchst angesehene und vielgefragte Autorität; mit nahezu allen Fragen der Kirchenpolitik und Kirchenreform seiner Zeit war er befaßt. Gerade in wichtigen Rechtsfragen ist es ja entscheidend, daß die Rechte des einzelnen und die notwendigen Rechte einer Institution in ein (für das Kirchenrecht auch: theologisch) zu rechtfertigendes Verhältnis gesetzt werden.

Thomas von Kempen (1379/80–1471) war einer der bedeutendsten theologischen Schriftsteller des Spätmittelalters, der viele spirituelle Erbauungsschriften mit großem Sprach- und Rhythmusgefühl verfaßt hat. Der Grundzug seines Denkens wird deutlich umrissen in seiner Zuordnung zu den sogenannten 'Introversionsmystikern'. Die Entdeckung des Ich kommt darin klar zum Ausdruck.

Einer der wichtigsten Kanonikerorden geht zurück auf die Gründung des *Norbert von Xanten* (1082–1134). Nachdem ihm 1115 eine Wanderpredigertätigkeit verboten wurde, gründete er 1120 in Prémontré bei Laon einen Konvent, für den er auf Verlangen des Bischofs die Augustinerregel einführte. An den Orten, an denen Norbert gewesen ist, finden sich viele Frauen in den Unterstützungslisten. So ist es kaum verwunderlich, daß es auch zur Ausbildung von Doppelkonventen kam. Die Frauengemeinschaften wurden dann allerdings 1140 ausgegliedert. In Deutschland wurde die Verbreitung der *Prämonstratenser* dadurch entscheidend gefördert, daß 1121 die Brüder Gottfried und Otto, die Grafen von Cappenberg, ihren gesamten Familienbesitz dem neuen Orden übertrugen. Cappenberg wurde 1122 das erste Prämonstratenserstift in Deutschland und ebenfalls auf dem ehemaligen Familienbesitz entstanden das oberhessische Stift Ilbenstadt und das westfälische Varlar.

Neben den beiden genannten Zweigen des Ordenswesens, den monastischen Orden und den Kanonikern, muß noch ein dritter erwähnt werden, denn obwohl es im frühen Mönchtum des Westens offensichtlich eine Reihe von Vorbehalten gegen das Eremitenwesen gab, finden wir doch einige Beispiele verwirklichten Eremitentums. So kommt es dann im 11. Jahrhundert durch Romuald von Ravenna (950–1027) zur Gründung der Einsiedelei Camaldoli in der Nähe von Arezzo in Italien; Petrus Damiani (1006–1072) setzte das Werk Romualds fort und gab der Gemeinschaft Statuten. Romuald und Petrus Damiani kamen beide aus dem cluniazensischen Mönchtum; sie wurden damit zu den Begründern eines benediktinischen Einsiedlerordens, der *Kamaldulenser.* Ein zweites Beispiel für die Verbindung der eremitorischen Tradition mit der Mönchstradition des gemeinsamen Lebens, in der insbesondere die Benediktiner und Cluniazenser standen, ist die Gründung der Eremitensiedlung La Grande Chartreuse in der Nähe von Grenoble in Frankreich. Bruno von Köln (1030/35–1101) gründete diese Gemeinschaft, die zum Orden der *Kartäuser* führte.

Diese Form der Verbindung von verschiedenen Ordenstraditionen in einem zentralgelenkten und straff organisierten Verband, war etwas neues in der Ordensgeschichte. Bis zum 13. Jahrhundert enstanden besonders in Italien sehr viele Eremitengemeinschaften. Die römische Kurie schloß sie auf der Grundlage der Augustinusregel zum Verband der *Augustiner–Eremiten* zusammen. In Lebensweise, Verfassung und Aufgaben wurden sie ganz den sogenannten Bettelorden angepaßt, deren Entstehung noch darzustellen ist.

Laienbewegungen

Eine der vielen Gemeinschaften Italiens soll zuvor aber noch genannt werden und für die wenig beachteten und in Vergessenheit geratenen stehen: Vornehmlich in Nord–Italien, der Lombardei, bildeten sich Gemeinschaften der *Humiliaten*. Den Namen erhielten sie vermutlich von ihrem Gewand aus ungefärbter Wolle (humile, non tinctum); da sie ihre ihre Arbeit als bewußte Selbstdemütigung verstanden, kann mit ihrem Namen aber auch die Lebensweise (lat. humilis = niedrig, demütig) angesprochen sein. Sie waren Laien, Männer und Frauen, die glaubten, man könne das asketische Ideal eines christlich vollkommenen Lebens auch in der Welt, in der Ehe erreichen. Ihre Wanderpredigertätigkeit wurde verboten; weil sie sich nicht an dieses Verbot hielten, wurden sie exkommuniziert. Papst Innozenz III. hat den größten Teil der Gruppe zur Kirche zurückgeholt, aber die Annahme einer Regel verlangt. Damit ist diese Gemeinschaft auch ein Beispiel für die Versuche der Kurie, Aufbruchsbewegungen ganz in ihrem Sinne kirchlich zu kanalisieren. Immer gelang ihr das allerdings nicht – häufig zum Wohl der Kirche.

Die Bettelorden

Nahezu zeitgleich und teilweise auch in Verbindung damit entstand ein neuer Zweig der Ordensbewegung, die *Bettelorden*. Sie kamen auf, als sich durch Handel und frühe Industrie besonders in südfranzösischen und oberitalienischen Städten immer mehr Reichtum ansammelte, in den ländlichen Regionen aber die Armut größer wurde. Die Landflucht in die Städte vergrößerte schnell die Zahl der Armen in den Städten. In dieser Entwicklung, die für viele eine erzwungene Armut zur Folge hatte, entstand eine geistliche Bewegung, deren Mitglieder auf gemeinsamen Besitz verzichteten und nur vom Lohn für ihre Arbeit, aber auch vom Betteln lebten. Diese als apostolisch verstandene Armut sowie eine Art spontaner Evangelismus waren Kennzeichen der Bettelorden.

Die beiden größten und bedeutendsten Zweige dieser Bewegung entstanden nahezu zeitgleich: Der Orden der Minderbrüder, nach seinem

Gründer *Franziskus* von Assisi (1180/81–1226) zumeist *Franziskaner* genannt, entstand in Oberitalien, während der Orden der Predigerbrüder, ebenfalls nach seinem Gründer *Dominikus* von Caleruega (um 1170–1221) zumeist *Dominikaner* genannt, in Südfrankreich entstand. Gerade in diesen beiden Regionen war der neu entstandene scharfe Gegensatz von Reichtum und Armut besonders deutlich aufgebrochen.

Der konkrete Anlaß für die Gründung des Domingo Guzmán, dessen latinisierte Namensform Dominikus unter Hinzufügung seines Geburtsortes Caleruega allgemein geläufiger ist, war aber das erfolgreiche Wirken von häretischen Gruppen in Südfrankreich. In seinem Orden sollte ein Leben geführt werden, das von der Armut und der Predigt des Evangeliums vor Häretikern und Ungläubigen geprägt war. Ihm schlossen sich viele Priester an, die aber für ihre ausschließliche Tätigkeit als Prediger zunächst eine gründliche theologische Ausbildung erhalten sollten. Diese Studien wurden nach dem Vorbild der Universitätsstudien geordnet; schon sehr bald erreichten dann auch Dominikaner entsprechende Positionen und großen Einfluß an den Universitäten – dafür stehen als Beispiele die bekanntesten Dominikanertheologen *Albertus Magnus* (um 1200–1280) und *Thomas von Aquin* (1225–1274).

Trotz einiger Parallelen zwischen Dominikanern und Franziskanern darf man ihre besonderen, anfänglichen Unterschiede nicht übersehen. Für die Gründung des Giovanni (genannt Francesco, latinisiert: Franziskus) Bernardone gab es keinen kirchenpolitischen, sondern nur einen biographischen, persönlichen Anlaß, ja selbst in der Frühphase überhaupt schon von einer Gründung zu sprechen erscheint problematisch. Ich komme darauf im nächsten Abschnitt zurück. Später waren die Franziskaner ebenso wie die Dominikaner mit bekannten Theologen, etwa *Alexander von Hales* (um 1185–1245) und vor allem ihrem Generalminister *Bonaventura* (1217–1274), auch an Universitäten vertreten. Beide Orden haben sich nicht in die ländliche Einsamkeit begeben, sondern in die immer schneller wachsenden Städte. Hier führten sie die Tradition der alten Mönchsorden fort: Sie waren Empfänger von Stiftungen; anstelle der Grundbesitzer waren es nun die Bürger, die stifteten, und für die die neuen Orden beteten.

Beide Orden waren in der Pastoral für die armen Schichten und in der Krankenpflege tätig. Das kann man vielerorts bis heute an der Lage alter Niederlassungen der Bettelorden sehen; in größeren Städten liegen sie zumeist nicht weit auseinander, denn dort traten sie beide nebeneinander in Erscheinung.

Frauengemeinschaften

Dringend nachzutragen bleibt, daß die Geschichte der Orden keine reine 'Männergeschichte' ist. Für Prämonstratenser und Humiliaten hat sich das bereits aus der Darstellung ergeben, aber auch die 'klassischen' Orden haben *Frauenkonvente:* Seit dem 7. Jahrhundert gibt es Benediktinerinnen, die nach einer für Frauen bearbeiteten Benediktinerregel leben; die Klöster der Zisterzienserinnen fanden im Mittelalter ein sehr starkes Echo, so gab es zu Beginn des 16. Jahrhunderts 500 Abteien. In den Bettelorden entstanden die Frauengemeinschaften im Grunde zeitlich parallel zu den Männergemeinschaften, allerdings mit einem deutlichen Unterschied: Chiara (Klara) schloß sich der neuen Bewegung des Franziskus an und begründete vor den Mauern der Stadt Assisi um die kleine Kirche San Damiano einen Frauenkonvent, aus dem dann der zweite franziskanische Orden hervorgegangen ist. Die Dominikaner dagegen hatten in der Frühphase ihres Ordens die Pastoral an bekehrten Frauen übernommen und damit bereits Einfluß auf eine entstehende religiöse Frauenbewegung des 13. Jahrhunderts genommen. Die Gründung eines zweiten Ordens für Frauen durch Dominikus selbst unterstützte diesen Einfluß und lenkte die Bewegung zusätzlich in kirchliche Bahnen. So ist es auch bezeichnend, daß die von den Prämonstratensern ausgegliederten Frauenkonvente nach wenig geglückten Anschlüssen an Zisterzienser und später an Franziskaner aufgrund einer päpstlichen Verfügung an die Dominikaner angeschlossen wurden. Auch die Tatsache, daß gerade in Dominikanerinnenklöstern die Hochmystik besonders ausgeprägt war, ist eine verständliche Folge dieses Prozesses. Der zweite Orden der Dominikaner wurde für viele Frauengemeinschaften der Folgezeit zum Vorbild.

Lange Zeit waren die traditionellen Orden bestimmend und es kam praktisch zu keiner Neugründung. Im 16. Jahrhundert, also im Zeitalter der Reformation, entstand dann allerdings einer der wichtigsten Orden.

Die Jesuiten

Iñigo (latinisiert: Ignatius) Lópes de Loyola (1491–1556) haben wir in einem Ausschnitt aus seinem Lebensbericht und in einer evangelischen Darstellung seines Lebens und Wirkens ja bereits im vierten Abschnitt kennengelernt. Es mag hier daher genügen, an die fast zufällig anmutende Lebenswende des Ritters zu erinnern, nach der er das bisherige militärisch–amouröse Ideal in ein religiöses wendet. Er trat in den Dienst von Evangelium und Kirche und bildete bereits während seiner philosophischen und theologischen Studien in Paris eine kleine Gemeinschaft um sich; aus dieser wuchs später die Gesellschaft Jesu (Compañia de Jesús, heute offiziell: Societas Jesu). Die *Jesuiten* sind ein reiner Männerorden; die Gründung eines Ordenszweiges für Frauen hat Ignatius immer entschieden abgelehnt. Die päpstliche Bestätigungsbulle „Regimini militantis ecclesiae" Papst Pauls III. vom 27.9.1540 nennt die konkreten Apostolatsziele des Jesuitenordens:

„Als Genossen haben sie, nach Ablehnung der Lockungen dieser Welt, ihr Leben dem beständigen Dienst Unseres Herrn Jesu Christi und dem Unserigen und anderer römischen Päpste, Unserer Nachfolger, gewidmet und schon mehrere Jahre löblich in dem Weinberg des Herrn sich geübt, indem sie das Wort Gottes nach vorgängiger genügender Erlaubnis öffentlich predigten, die Gläubigen privatim zu einem guten und seligen Leben ermahnten und zu frommen Betrachtungen anregten, den Hospitälern dienten, Knaben und unwissende Personen das lehrten, was zur christlichen Unterweisung eines christlichen Menschen nötig ist, und endlich alle Dienste christlicher Liebe und die, welche zur Tröstung der Seelen beitragen, in allen Landen, wohin sie gepilgert sind, übernahmen."

[Quellenangabe s.u. Abschnitt 9]

Neben Werken der Caritas und Seelsorge waren besonders die geistlichen Übungen, die ignatianischen Exerzitien sowie die Predigt- und Unterrichtstätigkeit der Grundstock für das beachtete und erfolgreiche Wirken der Jesuiten. Dazu kam, daß sie sich von anderen Orden nicht nur durch den Verzicht auf Ordensgewand und gemeinsames Breviergebet unterschieden, sondern auch durch die Forderung strengen Gehorsams gegenüber der kirchlichen Autorität und durch eine straffe, zentralisierte Organisation.

Ein Auszug aus den Regeln über die kirchliche Gesinnung, die den „Geistlichen Übungen" des Ignatius angefügt sind, läßt die (theologischen) Zeitumstände erkennen:

„UM DAS ECHTE GESPÜR ZU ERLANGEN,
DAS WIR IN DER DIENENDEN KIRCHE HABEN SOLLEN,
sind folgende Regeln zu beachten

Die erste Regel: Jegliches Urteilen zurücksetzend, müssen wir den Geist bereit und willig halten, um in allem der wahren Braut Christi unseres Herrn zu gehorchen, die da ist unsere heilige Mutter, die hierarchische Kirche...

Die fünfte: Loben wir die religiösen Gelübde des Gehorsams, der Armut, der Keuschheit und andere Vollkommenheiten der Übergebühr. Und es ist zu bemerken: da das Gelübde Dinge betrifft, die sich mit der evangelischen Vollkommenheit vereinigen, darf man sich nicht durch ein Gelübde zu solchen Dingen verpflichten, die sich von ihr entfernen, wie zum Kaufmann, zur Ehe usw...

Die achte: Loben wir die Ausschmückung und den Bau von Kirchen; ebenso die Bilder, und verehren wir sie entsprechend dem, was sie darstellen.

Die neunte: Loben wir endlich alle Vorschriften der Kirche, stets geistig bereit, Gründe zu ihrer Verteidigung zu finden, keineswegs aber zu ihrer Bekämpfung.

Die zehnte: Wir müssen jeweils mehr bereit sein, sowohl die Anordnungen und Weisungen wie auch die Gewohnheiten unserer Vorgesetzten zu billigen und zu loben; denn wenn auch einige nicht lobenswert sind oder waren, so würde doch, spräche man dagegen, sei es in öffentlichen Predigten oder in Äußerungen vor dem gewöhnlichen Volk, dies eher Murren und Ärgernis als Nutzen bewirken. Und so würde das Volk nur gegen seine Vorgesetzten, weltliche oder geistliche, unwillig werden...

Die elfte: Loben wir die positive wie die scholastische Lehre (doctrina); denn wie es den positiven Lehrern wie dem heiligen Hieronymus, dem heiligen Augustinus, dem heiligen Gregor usw. mehr eigen ist, die Affekte anzuregen, um in allem Gott unseren Herrn zu lieben und Ihm zu dienen; so ist es den Scholastikern, wie dem hl. Thomas, dem hl. Bonaventura, dem Sentenzenmeister usw., mehr eigentümlich, die zum ewigen Heil notwendigen Dinge für unsere Zeiten zu definieren und zu erklären sowie alle Irrtümer und Trugschlüsse mehr zu bekämpfen und aufzudecken. Denn da die scholastischen Lehrer der neueren Zeit angehören, so ziehen sie einerseits Nutzen aus dem richtigen Verständis der Heiligen Schrift und den positiven heiligen Lehrern, und finden anderseits, durch göttliche Kraft erleuchtet und aufgeklärt, Hilfe in den Konzilien, den Kanones und Konstitutionen unserer heiligen Mutter, der Kirche...

Die dreizehnte: Wir müssen, um in allem sicher zu gehen, immer festhalten: was meinen Augen weiß erscheint, halte ich für schwarz, wenn die hierarchische Kirche so bestimmt, weil wir glauben, daß in Christus unserem Herrn, dem Bräutigam, und in der Kirche, Seiner Braut, derselbe Geist wohnt, der uns zum Heil unserer Seele leitet und lenkt; denn durch den gleichen Geist und Unseren Herrn, der die zehn Gebote gab, wird auch unsere heilige Mutter die Kirche gelenkt und geleitet."

[Quellenangabe s.u. Abschnitt 9]

Einige Positionen der Reformatoren sind der deutliche Hintergrund dieser Regeln: Die Auseinandersetzung um die Heiligenverehrung, über die Stellung und Bedeutung theologischer Lehrmeinungen (Scholastik) und die reformatorische Position des 'sola scriptura', also der Alleinverbindlichkeit der Schrift für die Theologie; die zunächst erstaunlich strikten Formulierungen sind auch nur von hier aus verständlich.

So konnte der Jesuitenorden, obwohl er zunächst völlig unabhängig von den Ereignissen der Reformation entstand, zu einer Art institutioneller katholischer Antwort werden. Auf der Grundlage des Gehorsams waren die Jesuiten in Eifer und Niveau der Unterrichtstätigkeit schnell die wichtigsten Verteidiger und Verbreiter des katholischen Glaubens in der Nachreformationszeit. Der hervorragende Ruf der jesuitischen Schulen, Kollegien bzw. Hochschulen trug noch deutlich dazu bei. Auch im politischen Bereich wuchs der Einfluß der Jesuiten, aber auch eine Ablehnung der Jesuiten und eine inner– wie außerkirchliche Gegnerschaft kam auf. Aufklärung und staatlicher Absolutismus stellten die Spitze der Gegnerschaft. In der zweiten Hälfte des 18. Jahrhunderts und vor allem im 19. Jahrhundert mußten die Jesuiten sich dann aus fast allen Ländern Europas zurückziehen. In Deutschland kam es im Zuge der Auseinandersetzungen des Kulturkampfes, in die auch die bereits bekannte Bismarck–Quelle gehört, 1872 sogar zur Verabschiedung eines Jesuitengesetzes, das ein Niederlassungsverbot für Jesuiten vorsah und eine Ausweisung ermöglichte. Das Gesetz blieb bis 1917 in Kraft, 1904 ließ man allerdings die Ausweisungsmöglichkeit fallen; es war ein politisches Entgegenkommen, um damit die Zustimmung des Zentrums für eine Vergrößerung des Unteroffizierskorps zu erreichen.

In der Darstellung sind wir damit schon in der jüngsten Kirchengeschichte, es hat aber auch bis zum 19. Jahrhundert wiederum keine nennenswerten Gründungen gegeben.

Gründungen des 19. Jahrhunderts

Dann allerdings enstand eine *Vielzahl von Ordensgemeinschaften,* die aber nahezu alle eine 'Spezialisierung' in einem von drei großen Tätigkeitsfeldern aufweisen: *Schule, Mission und caritative Dienste.* Hier mag die Angabe einiger Gemeinschaften genügen. Mit dem Aufgabenbereich der Unterrichtstätigkeit etwa wurden die *Maristen–Schulbrüder* und die *Armen Schulschwestern Unserer Lieben Frau* gegründet, mit dem Aufgabenbereich einer volks– und heidenmissionarischen Tätigkeit die *Pallotiner, Salesianer Don Boscos* und die *Gesellschaft des Göttlichen Wortes,* meist *Steyler Missionare* genannt, mit dem Aufgabenbereich einer caritativen Tätigkeit in Krankenhäusern und Heimen etwa die *Schwestern Unserer Lieben Frau von der Tröstung* und die *Brüder von Unserer Lieben Frau der Barmherzigkeit.* Selbst bei dieser sehr kurzen Aufzählung fällt auf, daß hier weniger bekannte Namen auftauchen, auch weniger bekannt vielleicht als einige der älteren Orden, die ich in der Darstellung übergangen habe. Das liegt auch daran, daß im 19. Jahrhundert zwar sehr viele Gemeinschaften entstanden, aber kaum eine von ihnen zu einer sehr großen Gemeinschaft heranwuchs. Zum anderen ist sicher die Benennung auffällig, vornehmlich die relativ vielen Mariengemeinschaften. Dies ist wie auch die große Zahl der Gründungen nur aus der Geschichte heraus erklärbar. Das 19. Jahrhundert war zunächst die Zeit eines kräftigen Gegenwindes für die Kirche, es war die Zeit einer starken weltanschaulich–religiösen Unruhe.

Die Säkularisation, der Einzug aller Kirchengüter und der Entzug weltlicher Macht sowie territorialer Besitzungen, war ein wichtiges Datum; so wurden in Deutschland mit dem sogenannten 'Reichsdeputationshauptschluß' vom 25.2.1803 die Kirchengüter dem Staat übereignet, um die deutschen Reichsfürsten für die Annexion der linksrheinischen Gebiete durch Frankreich zu entschädigen. Für die katholische Kirche war dies der schwerste Schlag seit der Reformation.

Neben dieser äußeren Bedrohung ihrer Existenz hatte sich die Kirche einer eher ideellen Bedrohung zu stellen, denn das 19. Jahrhundert war auch die Zeit, in der Atheismus, Materialismus, Liberalismus und Kommunismus eine deutliche Herausforderung darstellten.

Bei all' dem reagierte die Kirche mit Stillstandsverordnungen. Die Auseinandersetzungen um den Modernismus und im Kulturkampf, die ich zur Beurteilung der Bismarck–Quelle bereits benannt habe, spiegeln das überdeutlich. Auch die Enzyklika Leos XIII. (1878–1903) „Aeterni Patris" vom 4.8.1879, die die Theologie des Thomas von Aquin zum entscheidenden Richtmaß kirchlicher Philosophie und Theologie erklärte. Damit wurde für die Theologie ein Denken im geschlossenen System verbindlich, wie es in dieser Zeit auch andere Denksysteme, etwa der aufkommende Marxismus, ebenfalls vorlegten.

Die daraus entstehende Situation in der Seelsorge war sehr bedrükkend, aber hier an der pastoralen Basis bedingte dann eine ungebrochene Treue zur Kirche und eine tiefe Glaubenskraft des einfachen Volkes neue seelsorgerische Anstrengungen, die eben auch Ausdruck fanden in Ordensgründungen mit starker Prägung auf seelsorgerische Aufgabengebiete. Die Volksfrömmigkeit findet sich so in vielen Herz–Jesu– oder Mariengemeinschaften wieder. Andere Gemeinschaftsgründungen spiegeln auch ganz bestimmte Geschichtstraditionen, so etwa die der caritativen *Elisabetherinnen*, die auch Ausdruck der Geschichtserzählungen über das Leben der Elisabeth von Thüringen sind.

Die jüngste Vergangenheit

Heute gibt es eine kaum zu überblickende Vielzahl von Orden und Gemeinschaften innerhalb der Kirche. Bis 1965 stieg auch die Zahl der Ordensleute ständig an. Seitdem allerdings geht die Zahl zurück. Das Problem der Orden heute ist aber nicht nur ein Problem des mangelnden Nachwuchses. Wie für so viele Einrichtungen und Gruppierungen ergibt sich für die Orden die Schwierigkeit, wie sie ihre eigene Überlieferung und ihre Aussageabsicht in unserer modernen Welt verständlich machen können. Vielleicht ist es kein Zufall, daß sich gerade die Gemeinschaften, die noch recht jung sind, in dieser Situation am leichtesten tun. Das gilt etwa für die *kleinen Brüder* und *kleinen Schwestern Jesu*, die seit 1933 als Ordensgemeinschaft bestehen. Sie berufen sich auf *Charles de Foucauld*, einen ehemaligen Leutnant, der 1881 wegen eines Skandals die Armee verlassen mußte und in die Einsamkeit der Wüste ging. In der Sahara, in der er später (1916) von einem Banditen erschossen wurde, fand er sich selbst wieder und entwickelte das Programm einer religiösen Gemeinschaft. Zeit seines Lebens blieb er zwar das einzige Mitglied dieser Gemeinschaft, doch heute leben die kleinen Schwestern und Brüder nach wie vor am Rande der Wüste, aber auch in Slums und sozialen Brennpunkten, also an den Stellen, wo auch innerhalb unserer hochtechnisierten Gesellschaft Wüste erfahrbar wird.

Eine ganz andere, heute sehr wichtige und interessante Gemeinschaft ist die von *Taizé* in Burgund. Hier, ganz in der Nähe des im Mittelalter so bedeutenden Ortes Cluny, ließ sich 1940 Roger Schutz nieder und nahm

Kriegsflüchtlinge auf; 1942 schlossen sich ihm die ersten Brüder an. Diese Gemeinschaft ist vor allem deshalb so interessant, weil sie innerhalb der evangelischen Kirche einen interessanten Neuaufbruch darstellt. Luthers biographisch bedingte tiefe Absage an das Mönchtum hatte in den protestantischen Kirchen lange Zeit Auswirkungen. Die Gemeinschaft von Taizé ist deshalb und wegen ihrer ökumenischen Ausrichtung – auch katholische Brüder gehören ihr mit Genehmigung des Erzbischofs von Paris an – ein besonderes Zeichen der Hoffnung in der ökumenischen Bewegung. Darüber hinaus ist dieser burgundische Ort seit den 70er Jahren ein wichtiger ökumenischer und interkontinentaler Treffpunkt sehr vieler Jugendlicher.

In der Präambel der Regel von Taizé heißt es:

„Bruder, wenn du dich einer gemeinsamen Regel unterwirfst, so kannst du das allein um Christi und des Evangeliums willen…

Weil dein Heil in der alleinigen Gnade des Herrn Jesus Christus liegt, legst du dir keine Askese um ihrer selbst willen auf. Dein Streben nach Selbstbeherrschung hat nichts anderes zum Ziel als eine größere Verfügbarkeit. Keine unnötigen Verzichtleistungen! Halte dich an das, was Gott von dir fordert. Die Last der anderen tragen, die kleinen Kränkungen des Alltags hinnehmen, um konkret an den Leiden Christi teilzuhaben – das ist unsere allererste Askese…

Liebe deinen Nächsten, wo auch sein religiöser oder ideologischer Standort sein mag. Finde dich niemals ab mit dem Skandal der Spaltung unter den Christen, die alle so leicht die Nächstenliebe bekennen und doch getrennt bleiben. Habe die Leidenschaft für die Einheit des Leibes Christi!"

[Quellenangabe s.u. Abschnitt 9]

Die Funktion der Orden für Kirche und Gesellschaft heute sieht Johann Baptist Metz in zwei Aspekten, die sich gegenseitig bedingen:

„Einmal haben Orden so etwas wie eine *innovatorische* Funktion für die Kirche; sie haben die Funktion *'produktiver Vorbilder'* für das Sicheinüben, das Sicheinleben der Großkirche in neue sozio–ökonomische und geistig–kulturelle Situationen. Nicht selten entstanden sie als Bewegungen 'von der Rändern her', von dort, wo sich gesellschaftlicher Wandel zuerst bemerkbar machte und durchzusetzen begann.

Zum anderen sind Orden, um das mindeste zu sagen, *'Korrektive'*; sie sind, um das Gemeinte sofort zu verdeutlichen, eine Art *Schocktherapie des Heiligen Geistes für die Großkirche:* Gegen gefährliche Arrangements und fragwürdige Kompromisse, zu denen die Großinstitution Kirche immer wieder neigen mag, klagen sie die Kompromißlosigkeit des Evangeliums und der Nachfolge ein. Sie sind in diesem Sinne die institutionalisierte Form einer gefährlichen Erinnerung inmitten der Kirche. Schließlich sind sie ja zumeist nicht etwa in Blütezeiten, sondern in Zeiten tiefer Desorientierung und Unsicherheit der Kirche enstanden."[1]

Diese Funktionsbeschreibung deutet für das Beispiel der Ordensgeschichte, die hier nur in einem Überblicksgang nachgezeichnet werden konnte, auch die Funktion von Längsschnitten überhaupt an.

6.1.2 Die Funktion von Längsschnitten

Der Wert von Längsschnitten liegt nicht im Aufzeigen einer historischen Veränderung als bloßem Faktum, sondern im Versuch, die historischen Bedingungen dieses Prozesses aufzuzeigen. Das Entscheidende der Ordensgeschichte war, den Gedanken einer vita apostolica et evangelica in der Kirche wachzuhalten und praktisch umzusetzen; das mußte notwendigerweise im jeweiligen geschichtlichen Kontext unterschiedlich ausfallen. Ohne die Beachtung derartiger Problemkonstanten kann auch in der Kirchengeschichte ein Längsschnitt auf den zweifelhaften Wert eines technikgeschichtlichen Längsschnittes 'vom Kienspan zur Halogenbirne' heruntergeschraubt werden. Demgegenüber sollte ein Längsschnitt zeigen, daß es eine Kontinuität von Problemen gibt, die unter den jeweiligen historischen Bedingungen gelöst wurden und deren Lösungen eben wegen der unterschiedlichen Bedingungen auch unterschiedlich ausfallen mußten. So kommt die Dynamik der Geschichte nicht zu kurz. Längsschnitte eröffnen dann die Tiefendimension der Geschichte und verstärken den Gegenwarts- und Existenzbezug. Das wollte ich in dem kurzen Längsschnitt ebenfalls verdeutlichen.

Lesehinweis:

Arnold Angenendt, Das Gesetz des Ausgleichs. Ein Beispiel für den Zusammenhang von Kirchengeschichte und Sozialgeschichte, in: Gisbert Kaufmann (Hg.), Tendenzen der katholischen Theologie nach dem Zweiten Vatikanischen Konzil, München 1979, 140–157

Karl Suso Frank, Grundzüge der Geschichte des christlichen Mönchtums (=Grundzüge 25), Darmstadt 4. Aufl. 1983.

Wenn wir Längsschnitte genau betrachten, sehen wir, daß wir den *Wandel* des zum Thema erhobenen Gegenstandes (Orden, Mission, Häresie etc.) nur erkennen können, wenn wir den *Zustand* dieses Gegenstandes zu verschiedenen Zeiten vergleichen. Konkret bedeutet das, daß wir in einem Längsschnitt nahezu zwangsläufig mindestens Elemente eines Querschnittes aufzeigen.

6.2 Querschnitte

Die Problematik einer bestimmten historischen Situation läßt sich am ehesten aufzeigen bzw. verstehen, wenn man die Beziehungsgeflechte dieser Zeitlage betrachtet, denn Handlungen und Ereignisse sind mit ihren Bedingungen ebenso wie erregende Gleichzeitigkeiten nur beim näheren Hinsehen auf den jeweiligen Zustand des thematisierten Gegenstandes zu einem konkreten Zeitpunkt sichtbar und begreifbar.

Zur Verdeutlichung greife ich ein historisches Moment der Ordensgeschichte auf; auch in diesem Fall kann es hier nicht um Vollständigkeit gehen, sondern um das Aufzeigen von Funktion und Erkenntniswert der Strukturierungsform historischer Inhalte.

6.2.1 Armut als Herausforderung – ein Beispiel

Wie wir in der Darstellung der Ordensbewegung gesehen haben, war es das erste Ziel der Bewegung, die Bibel radikal zu leben; zu dieser vita apostolica et evangelica zählte immer das Ideal der apostolischen Armut (Mt 10,9f.).

Armut als religiöse Berufung

Schon in der christlichen Antike verstand man Armut, die als freiwilliger Verzicht auf Besitz und Genuß materieller Güter gesehen wurde, als eine religiöse Berufung. Dieser Beurteilung lag eine Sichtweise zugrunde, die die neutestamentliche Verheißung des Reiches Gottes für die Armen (Mt 5,3) verbindet mit der schon im Hellenismus verwurzelten Suche nach einer asketischen Lebensweise, die einer zur Menschenverachtung neigenden Ausbeutung und einem zu Dekadenz neigenden Reichtum entgegengestellt wurde. Die monastische Bewegung stellte mit der gemeinschaftlichen Sicherung des Lebensunterhaltes für das einzelne Mitglied der Gemeinschaft die Eigentumslosigkeit ebenso sicher wie die Voraussetzungen für die Loslösung bzw. Einschränkung von materiellen Bedürfnissen. Besonders die Ausprägung des Armutsideals bei Zisterziensern und Prämonstratensern führte dazu, daß der Zusammenhang von dieser idealisierten Armut mit der realen Bedürftigkeit verloren ging; durch die massive Umstrukturierung der mittelalterlichen Gesellschaft kam es auch darin zu einer neuen Entwicklung.

Besitz und Macht

Aus dem germanischen Lehnswesen, das ja schon für die Beurteilung der Schenkungsurkunden eine wichtige Rolle gespielt hat, entwickelte sich ein feudales System. Der Feudalismus (lat. feudum = Lehen) ist gekennzeichnet durch die Verankerung der Herrschaft in Grundbesitz und ein Geburtsvorrecht für den Adel, d.h. nur dem Adeligen kam das Recht auf Grundbesitz und die daraus resultierende soziale Stellung zu.

Die Kirche bildete für diesen Prozeß zu einer Gesellschaft mit einer rechtlich fixierten Privilegienordnung einen starken Antrieb. Ihr Modell der Hierarchie und des Klerus als eines privilegierten Standes gab einerseits ein Vorbild ab, andererseits wurde die Kirche auch Feudalkirche, weil ihre Institutionen auf Grundbesitz errichtet waren; so wurden die Ränge der Hierarchie immer mehr eine Domäne des Adels, einige Positionen (Bischöfe, Äbte) waren praktisch oder sogar rechtlich fixiert dem Adel vorbehalten, etwa durch die Bindung des Bischofsamtes an die städtische Aristokratie in der Spätantike. Diese Entwicklung der 'Feudalisierung' gipfelte darin, daß Bischöfe zu 'Kirchenfürsten' wurden. Sie hatten Heere und Steuereintreiber sowie Banken, die das Vermögen verwalteten; es waren auch die Päpste, die die Wertpapiere einführten, die noch dazu – wie wir heute wirtschaftsterminologisch sagen – frei konvertierbar waren in die verschiedenen Währungen.

Durch den Aufschwung des Handels entstand eine neue Situation. In den Städten konzentrierte sich ein neuer Reichtum bei Kaufleuten und Handwerkern. Ihre Tätigkeit und der finanzielle Ertrag waren nicht an

Grund, weder eigenen noch geliehenen, gebunden. So waren sie nicht integrierbar in die feudale Ordnung und weigerten sich, Abgaben an Feudalherren zu zahlen. Während das Feudalsystem nicht auf die Erzeugung von Überschüssen und auf eine Kommerzialisierung ausgerichtet war, orientierten sich die städtischen Kaufleute am Bedarf des Marktes und nicht an dem des einzelnen. Sie schlossen sich in Gilden und Zünften zusammen, um das freie Marktrecht zu erkämpfen, soziale Sicherung durch Kranken- und Sterbekassen zu leisten, dann aber auch um ihre Städte, in denen sie eine immer größere Bedeutung erhielten, selbst zu verwalten. Daraus entwickelte sich eine neue innere Einstellung, es trat ein Bewußtseinswandel ein; man wurde sich der individuellen Freiheit bewußt. Dabei entwickelten sich die Kirchenfürsten zu den erbittertsten Verteidigern der feudalen Ordnung, weil sie ihre persönlichen Interessen und in dieser Ordnung begründete Einrichtungen gefährdet sahen. Handel und Manufaktur, vornehmlich die Tuchindustrie, ließen in besonderem Maß in Südfrankreich und Oberitalien den neuen Reichtum der Städte entstehen.

Franziskus

Einer dieser wohlhabenden Kaufleute war der Tuchhändler Pietro Bernardone. Er kam in geschäftlichen Angelegenheiten weit herum, sicher auch bis nach Frankreich. Im Winter 1180/81 wurde sein Sohn Giovanni geboren, der den 'Rufnamen' *Francesco* (kleiner Franzose) erhielt. Nach einer zu Oberflächlichkeit und Ausgelassenheit neigenden Jugend geriet er infolge einer kriegerischen Auseinandersetzung zwischen den Städten Assisi und Perugia in Gefangenschaft. Es war eher ein spontaner Entschluß, sich von dem bürgerlichen Vaterhaus loszusagen. Sein Status in der Gesellschaft war damit nicht mehr der 'Weltstand', sondern der eines Büßers. Der Büßerstand war kirchlich anerkannt; so war er auch abgesichert gegen alle Nachstellungen des Vaters, ihn umzustimmen. Diese Zeit war aber noch eine Zeit des Suchens. Gewißheit über seinen Weg in die Nachfolge Christi erhielt er 1209 beim Hören einer Predigt über die bereits genannte Bibelstelle Mt 10,7–20. Von da an prägten asketische Übungen und Gebet in Zurückgezogenheit, aber auch apostolische Wanderpredigt seinen Lebensstil. Er knüpft damit an die alte eremitorische Tradition der asketischen Heimatlosigkeit an. Die Trennung vom Vater und das Lösen aus den alten gesellschaftlichen Bindungen unterstreicht das.

Recht schnell schlossen sich ihm Gefährten an, die ebenfalls der Bürgerschicht oder dem Adel entstammten; sie lebten unmittelbar unter den Armen und verteilten ihr Vermögen unter ihnen. Später (1221) kam es sogar noch zur Gründung eines sogenannten Dritten franziskanischen Ordens, in dem sich auch Verheiratete zusammenschlossen, um arm und fromm zu leben, soweit das aufgrund anderer Lebensumstände möglich war. *Dante* gehörte ihm an, auch *Giotto, Raffael, Michelangelo, Petrarca* und *Boccacio*, sogar *Hugo von Hoffmansthal*.

Armut im franziskanischen Verständnis

Sein Ideal einer apostolischen Wanderpredigt und eines Lebens in evangelischer Armut wollte Franziskus keinesfalls außerhalb der Kirche führen; Wanderpredigt setzte aber eine kirchliche Erlaubnis voraus. Außerdem galt die Praxis der franziskanischen Armut als häretisch, denn das Mittelalter beurteilte im Gegensatz zu unserem Verständnis auch die Gefährdung der kirchlichen Sozial–Praxis als häretisch; erst seit dem Konzil von Trient gelten als Häresien die Lehrmeinungen, die die Identität der christlichen Glaubenslehre zerstören. Die franziskanische Praxis konnte so häresieverdächtig werden, denn sie gefährdete die soziale Einheit der Kirche. Daraus ergab sich ein massiver Druck durch die Institution. Als sich ihm Gefährten anschlossen, sah er sich nahezu gezwungen, eine erste, sehr einfache Regel, die uns allerdings nicht mehr vorliegt, zu verfassen. Die erste franziskanische Gemeinschaft nannte sich 'Bußbrüder'; recht früh setzte sich dann aber 'Minderbrüder' durch. Franziskus wollte zunächst ganz bewußt nicht dem Vorbild der alten Orden folgen und verzichtete auf eine Ordensregel mit einer Festschreibung der patriarchalischen Ordnung, weil ihm die Gefahr einer Festfügung und vor allem die Gefahr, dann nicht mehr mit und unter den Armen leben, sondern nur noch für sie tätig sein zu können, bewußt war. Die neuentstandene Situation bedingte dann aber auch, daß Franziskus eine Ordensregel zur Grundlage des gemeinsamen Lebens abfaßte.

Einige Auszüge:

„Regel und Leben dieser Brüder ist dieses, nämlich zu leben in Gehorsam, in Keuschheit und ohne Eigentum und unseres Herrn Jesu Christi Lehre und Fußspuren zu folgen...

Im Namen des Herrn! Alle Brüder, die als Minister und Diener der anderen Brüder eingesetzt werden, sollen die Brüder auf die Provinzen und Niederlassungen verteilen, in denen sie sein sollen. Und sie sollen die Brüder oft aufsuchen und geistlich ermahnen und bestärken... Und die Minister und Diener sollen eingedenk sein, daß der Herr sagt: 'Ich bin nicht gekommen, bedient zu werden, sondern zu dienen' (Mt 20,28), und daß ihnen die Sorge für die Seelen der Brüder anvertraut ist...

Und keiner soll 'Prior' genannt werden, sondern alle sollen schlechthin 'Mindere Brüder' heißen. Und einer wasche des andern Füße (vgl. Joh 13,14)...

Und die Brüder, die arbeiten können, sollen arbeiten und das Handwerk ausüben, das sie verstehen... Und für die Arbeit können sie alles Notwendige annehmen außer Geld. Und wenn es notwendig würde, mögen sie um Almosen gehen wie andere Arme."

[Quellenangabe s.u. Abschnitt 9]

Die bereits genannten gesellschaftlichen Hintergründe zeigen die Zielrichtung dieser Vorschriften: Durch die feudale Ordnung wurde eine Konzentration auf die sich gegenseitig bedingenden Größen von Macht und Besitz ausgelöst. Dieser gesellschaftlichen Entwicklung, der sich die Kirche angepaßt hatte, stellte Franziskus sich entgegen in einer Besinnung auf das Fundament der Kirche, das Evangelium. Er lehnte aber nicht nur den Besitz ab, sondern auch die daraus abgeleiteten Herrschafts- und Machtansprüche. Deshalb betonte er den Dienst-Charakter der Ämter in der Gemeinschaft, in der Brüder mit Leitungsfunktionen nicht Obere, sondern Minister, also Gehilfen, Diener genannt werden sollten. Die feudalen Momente der Amtsstruktur in der Kirche seiner Zeit erhielten durch Franziskus eine deutliche Kontrastierung. Nachdrücklich kommt das zum Ausdruck in seiner Ablehnung, Obere zu benennen, aber auch im Hinweis auf die Fußwaschung, also auf die deutlichste Geste des Herrschaftsverzichts Jesu, als theologisches Motiv dafür.

In der Verfassungsfrage der Gemeinschaft wird also am ehesten sichtbar, welche Position innerhalb der Kirchenstruktur eingenommen wurde. Allerdings zeigt diese zweite Regel auch schon Zugeständnisse, so wurde ein Ordensgewand eingeführt, der Austritt aus der Gemeinschaft verboten und das freie Umherziehen ohne Erlaubnis der Ordensleitung untersagt; damit ist die Annäherung an die traditionellen Orden, auch an die von den Benediktinern her bekannte stabilitas loci, kaum zu übersehen. Dennoch wurde diese Regel kirchlich nicht anerkannt – wir sprechen daher von der „regula *non* bullata" – und Franziskus verfaßte unter Mitwirkung des Kardinals *Hugolin von Ostia* noch eine dritte Regel, die sogenannte „regula bullata". Darin wurde die Ordensorganisation den anderen Orden noch mehr angepaßt und die Wanderpredigt aufgegeben. Die Ablehnung der feudalen Ordnung ist immer noch vorhanden:

„Die Brüder sollen sich nichts aneignen, weder Haus noch Ort noch irgendeine Sache. Und gleichwie Pilger und Fremdlinge (vgl. 1 Petr 2,11) in dieser Welt, die dem Herrn in Armut und Demut dienen, mögen sie voll Vertrauen um Almosen gehen; und sie dürfen sich nicht schämen, weil der Herr sich für uns in dieser Welt arm gemacht hat (vgl. 2 Kor 8,9)."

[Quellenangabe s.u. Abschnitt 9]

In der Gemeinschaft des Franziskus sollten keine Einkünfte aus Besitzungen oder Stiftungen erzielt werden. Der gesellschaftlichen Selbstverständlichkeit wird hier wiederum das Gegenteil entgegengesetzt. Auch in der Festschreibung des Bettelordenswesens kommt das klar zum Ausdruck.

Die Entwicklung der franziskanischen Gemeinschaft erfolgte so schnell und heftig, daß es zu massiven Spannungen bereits zu Lebzeiten des Franziskus kam. Unter dem Eindruck einer drohenden Spaltung des sich an ihn anschließenden Ordens verfaßte er ein Testament, das auch ein Protest gegen die Anpassung des Ordens an die kirchlichen Verhältnisse ist. Er bekräftigt sein ursprüngliches Ideal und beharrt darauf, die Brüder sollten keine Privilegierung durch die kirchliche Hierarchie erbitten; Privilegien kämen nur einer Relativierung der Forderung nach radikaler Armut gleich.

Sicht und Wertung der Arbeit

Im Testament betont Franziskus noch einmal einen Punkt, der eng mit der ganzen Bewegung verbunden ist und kulturgeschichtlich Folgen hatte:

„Und ich arbeitete mit meinen Händen und will arbeiten; und es ist mein fester Wille, daß alle anderen Brüder eine Handarbeit verrichten, die ehrbar ist. Die es nicht können, sollen es lernen, nicht aus Sucht, den Arbeitslohn zu empfangen, sondern des Beispiels wegen und um den Müßiggang zu vertreiben. Und wenn uns einmal der Arbeitslohn nicht gegeben würde, so wollen wir zum Tisch des Herrn Zuflucht nehmen und Almosen erbitten von Tür zu Tür."

[Quellenangabe s.u. Abschnitt 9]

Die hier zum Ausdruck kommende Sicht und Wertung der Arbeit hat ihren Ursprung in dem städtischen Prinzip, das dem feudalen entgegenstand, denn die Schicht der Handwerker und Kaufleute in den Städten und damit die Städte des Mittelalters überhaupt stützten ja das Prinzip der durch Arbeit erbrachten Leistung. Der Unterschied liegt allerdings in der Zielrichtung, denn in den Städten sollte Geld kummuliert werden, Franziskus dagegen ging es um eine direkte Entlohnung, Geld sollten die Brüder nicht nehmen, auch keine anderweitigen materiellen Reichtümer anhäufen. Eine andere Auffassung und Wertung der Arbeit entstammte eher dem feudalen Denken – in gewisser Weise finden wir dieses Denken im Hochmittelalter noch bei dem Dominikaner Thomas von Aquin, für den jeder arm war, der von seiner Arbeit Lohn leben müsse. Dieser eher der adelsorientierten Ständeordnung entlehnten Sicht gegenüber setzte sich das franziskanische Denken durch. Es wurde damit auch ein Wegbereiter des Prozesses, die ökonomisch und damit sozial Schwachen aus ihrer Marginalisierung an den Rand der Gesellschaft zu befreien. Ein zweites Moment, das zu diesem Prozeß hinzukommen mußte, war die Aufgabe der Sicht von Arbeit als Fluch und Buße. Gerade dadurch, daß das Arbeitsethos durch franziskanisches Gedankengut verändert wurde, konnte auch eine Veränderung der Sicht von Armut erfolgen, denn sie wurde immer stärker auch als gesellschaftliches Phänomen gesehen. Armut galt damit nicht mehr nur als individuelles Schicksal, sondern auch als soziales Problem. Daraus aber wuchs dann die Einsicht, daß Not und Verelendung eine für das Sozialwesen gefährliche Entwicklung sein können. Es entstand so eine Notwendigkeit, Hilfe und Vorsorge zu sichern. Diese unter dem Druck der Verhältnisse entstandene Einsicht stützte dann die Tätigkeit derer, die längst aus einer unmittelbaren Motivation des evangelischen Dienstes am Mitmenschen in dieser Weise tätig waren, etwa gerade die Bettelorden.

Lesehinweis:

Art. Armut, Armutsbewegung in einschlägigen Handbüchern und Lexika

Isnard Wilhelm Frank, Franz von Assisi. Frage auf eine Antwort, Düsseldorf 1982

Den kurzen Querschnitt können wir hier abbrechen, zumal wir schon wieder in eine Längsdimension der Geschichte eingedrungen sind.

6.2.2 Die Funktion von Querschnitten

Querschnitte haben nicht nur didaktisch ihren besten Ort innerhalb eines Längsschnittes, denn in ihm wird die historische Tiefendimension eröffnet. So verkommt ein Querschnitt auch nicht zu einer isolierten historischen Darstellung, trennt Geschichte nicht von der Gegenwart ab und friert den geschichtlichen Prozeß nicht in statische Bilder ein.

Gerade die Vorteile des Querschnittes, die gesellschaftlichen Bedingungen einer Situation der Kirchengeschichte zu bedenken, können in einer kombinierten Verfahrensweise der Strukturierung genutzt werden. Dies gilt in besonderem Maße, wenn es Vergleichspunkte gibt, die mehrere Querschnitte innerhalb eines Längsschnittes verbinden: Die Verfassung der Benediktiner und der Franziskaner zeigen im Vergleich sehr deutlich die zeitgeschichtlichen Umstände.

Der Wert von Längs- und Querschnitten ist hier stark didaktisch ausgerichtet, dennoch gelten diese Aussagen nicht nur für eine religionspädagogische Praxis, sondern auch für die eigene kirchengeschichtliche Information und Arbeit. Auch für jeden einzelnen ist es entsprechend nützlich, Längs- durch Querschnittinformationen und umgekehrt zu ergänzen und abzusichern. Gelingen kann das aber nur, wenn man sich einen Überblick über die Fachliteratur verschafft. Dazu soll der nächste Abschnitt Hilfen stellen.

Anmerkung:

(1) Johann Baptist Metz, Zeit der Orden? Zur Mystik und Politik der Nachfolge, Freiburg 5. Aufl. 1982, 10.

7 Hinweise auf wichtige Literatur

[Zeichnung: Ivan Steiger]

Die Darstellungen historischer Ereignisse und Vorgänge, die ich als Beispiele zur Verdeutlichung des kirchengeschichtlichen Arbeitens herausgegriffen habe, wollte ich im Text bewußt von Literaturangaben freihalten. Selbstverständlich gibt es zu jeder der angesprochenen Fragen Spezialliteratur. Da sie für unseren Zusammenhang aber nicht unbedingt angegeben werden mußte, habe ich darauf verzichtet; ein zweiter Grund kommt hinzu: Weiterführende Literatur findet der Interessierte ohnehin am ehesten durch ein entsprechendes Suchen, bei dem man immer noch, gerade auch der 'Einsteiger' in ein Wissenschaftsgebiet, am meisten lernt. Dazu ist lediglich ein Ausgangspunkt des Suchens wichtig. Diese Überlegung war auch das Hauptkriterium für die Zusammenstellung der folgenden Literaturhinweise.

7.1 Gesamtdarstellungen der Kirchengeschichte

Das wichtigste und umfangreichste Werk, das uns heute in deutscher Sprache vorliegt, ist zweifellos das von Hubert Jedin herausgegebene, in den Jahren 1962 bis 1979 erschienene „Handbuch der Kirchengeschichte". Eine Sonderausgabe mit zahlreichen bibliographischen Ergänzungen erschien 1985:

Hubert Jedin (Hg.), Handbuch der Kirchengeschichte. Bd. I–VII, Freiburg 1985 (= Sonderausgabe; erstmals erschienen 1962–1979)

Bd. I: Von der Urgemeinde zur frühchristlichen Großkirche (30–325)

Bd. II/1: Die Reichskirche nach Konstantin dem Großen: Von Nikaia bis Chalkedon (325–451)

Bd. II/2: Die Reichskirche nach Konstantin dem Großen: Von Chalkedon bis zum Frühmittelalter (451–700)

Bd. III/1: Die mittelalterliche Kirche: Vom Frühmittelalter bis zur gregorianischen Reform (700–1124)

Bd. III/2: Vom Hochmittelalter bis zum Vorabend der Reformation (1124–1517)

Bd. IV: Reformation – Katholische Reform und Gegenreformation (1517–1655)

Bd. V: Die Kirche im Zeitalter des Absolutismus und der Aufklärung (1655–1774)

Bd. VI/1: Die Kirche in der Gegenwart: Zwischen Revolution und Restauration (1774–1878)

Bd. VI/2: Die Kirche in der Gegenwart: Zwischen Anpassung und Widerstand (1878–1914)

Bd. VII: Die Weltkirche im 20. Jahrhundert

Eine zweite Gesamtdarstellung, die hier unbedingt zu nennen ist, geht auf den Plan eines evangelischen und eines katholischen Verlegers zurück. Nach einer langen Zeit interkonfessioneller Auseinandersetzungen, in denen die Kirchengeschichtswissenschaftler eifrig sekundierten bzw. selber als Hauptkämpfer auftraten, sollte mit diesem Werk der Versuch gemacht werden, gemeinsam die Geschichte des Christentums zu beleuchten, ohne einen ökumenischen Illusionismus zu fördern.

Für zehn der zwölf Abschnitte des gesamten Werkes zeichnen jeweils evangelische und katholische Kirchenhistoriker gemeinsam verantwortlich, für einen ein orthodoxer Theologe und für den letzten Abschnitt je ein Vertreter der drei Konfessionen. Allein als Phänomen auf dem Büchermarkt ist diese Darstellung bereits historisch interessant:

Raymund Kottje/ Bernd Moeller (Hg.), Ökumenische Kirchengeschichte. Bd. I–III: Mainz/München 1970–1974

Bd. I: Alte Kirche und Ostkirche, 4. Aufl. 1983

Bd. II: Mittelalter und Reformation, 4. Aufl. 1988

Bd. III: Neuzeit, 4. Aufl. 1989

Der zweite Band ist auch ein Zeugnis der jüngeren Kirchengeschichte; das Werk sei, schreiben die Herausgeber im Vorwort der Neuauflage, durch die Diskussionen über die Reformationsgeschichte, die im Zusammenhang mit dem Besuch des Papstes in der Bundesrepublik 1980 entstanden, beeinflußt worden. Einige Texte des Buches seien dadurch in ein anderes Licht gerückt worden, so daß sich der evangelische Mitherausgeber auch veranlaßt sah, abweichende Positionen in zusätzlichen Anmerkungen zu vermerken.

Autor der entsprechenden Passagen ist Remigius Bäumer, also der Kirchenhistoriker, der mit seinen Ausführungen 1980 die Diskussionen ausgelöst hat (vgl. oben 2.2.1); so erklärt sich vermutlich auch der relativ deutliche Ton in den Anmerkungen von Bernd Moeller.

Während an den beiden vorher genannten Ausgaben vorwiegend deutschsprachige Wissenschaftler gearbeitet haben, ist die dritte Gesamtdarstellung der Kirchengeschichte, die ich anführen möchte, das Ergebnis einer internationalen Zusammenarbeit:

Ludovicus J. Rogier/ Roger Aubert/ Michael D. Knowles (Hg.), Geschichte der Kirche. Bd. I–V, Einsiedeln 1963–1977 (= Übersetzung; die Original-Ausgaben erschienen in Hilversum, London und Paris)

Bd. I: Von der Gründung der Kirche bis zu Gregor dem Großen

Bd. II: Früh- und Hochmittelalter

Bd. III: Reformation und Gegenreformation

Bd. IV: Die Kirche im Zeitalter der Aufklärung. Revolution und Restauration

Bd. V/1: Vom Kirchenstaat zur Weltkirche. 1848 bis zum Zweiten Vatikanum

Bd. V/2: Vom Kirchenstaat zur Weltkirche. Die Angelsächsische Welt. Lateinamerika. Die Missionen. Die katholischen Kirchen des orientalischen Ritus.

7.2 Teildarstellungen der Kirchengeschichte

Neben Gesamtdarstellungen gibt es selbstverständlich eine Fülle von Teildarstellungen der Kirchengeschichte; darunter verstehe ich in erster Linie Übersichtsdarstellungen über eine Epoche, also etwa:

Karl Suso Frank, Grundzüge der Geschichte der Alten Kirche, Darmstadt 1984 (=Grundzüge 55).

In einigen Verlagen, mitunter auch in derselben Buchreihe, sind einzelne Darstellungen von kirchengeschichtlichen Epochen erschienen, die zusammen wiederum eine Gesamtdarstellung ergeben können, etwa:

Norbert Brox, Kirchengeschichte des Altertums, Düsseldorf 2. Aufl. 1986 (=Leitfaden Theologie 8)

Isnard Wilhelm Frank, Kirchengeschichte des Mittelalters, Düsseldorf 1984 (=Leitfaden Theologie 14)

Klaus Schatz, Kirchengeschichte der Neuzeit II, Düsseldorf 1989 (=Leitfaden Theologie 20)

Eine Darstellung der Zeit von der Reformation bis 1789 wird vermutlich bald erscheinen.

Mit derartigen Veröffentlichungen kann der 'Einsteiger' in die Kirchengeschichte einen ersten kostengünstigen und verlässlichen Überblick gewinnen; allerdings erreichen diese Publikationen selbstverständlich nicht den Nachschlage- und Informationswert der genannten Gesamtdarstellungen.

Teildarstellungen der Kirchengeschichte sind nicht nur Überblicksdarstellungen; ich verstehe darunter auch die Veröffentlichungen, die in die Details des kirchengeschichtlichen Prozesses gehen, gegebenenfalls nur ein einziges Detail darstellen.

Ich greife für einige Beispiele die Geschichte der Reformation heraus:

Zunächst muß man hier das bedeutende Werk von Joseph Lortz nennen, das uns immer noch einen guten Überblick verschafft und auch für die Geschichte der katholischen Kirchengeschichtsschreibung wichtig ist, da hier erstmals ein katholisches Lutherbild ohne jegliche Konfessionspolemik gezeichnet wurde:

Joseph Lortz, Die Reformation in Deutschland. Mit einem Nachwort von Peter Manns, Freiburg 1982 (=Nachdruck der ehemals zweibändigen Ausgabe Freiburg 1939/40).

Aus der Fülle weiterer Beispiele greife ich zwei heraus:

Erwin Iserloh, Geschichte und Theologie der Reformation im Grundriss, Paderborn 3. Aufl. 1985

Rainer Wohlfeil, Einführung in die Geschichte der deutschen Reformation, München 1982 (=Beck'sche Elementarbücher)

Als Beispiel für die Grenzüberschreitungen von allgemeiner Geschichtsschreibung und Kirchengeschichtsschreibung, die ich schon im dritten Abschnitt angesprochen habe, verweise ich auf den vierten Band der allgemein–geschichtlichen Taschenbuch–Reihe „Deutsche Geschichte", den ein evangelischer Kirchenhistoriker geschrieben hat:

Bernd Moeller, Deutschland im Zeitalter der Reformation, Göttingen 2. Aufl. 1981 (=Deutsche Geschichte 4; Kleine Vandenhoeck–Reihe 1432).

Schränken wir thematisch weiter ein, bedeutet das keineswegs eine Einschränkung der Literaturfülle. Als Beispiel nenne ich biographisch orientierte Darstellungen:

Peter Manns, Martin Luther. Der unbekannte Reformator. Ein Lebensbild (=Herderbücherei 1188), Freiburg 1982

Weiterhin verweise ich auf die Darstellung

– eines evangelischen Theologen:

Kurt Aland, Die Reformatoren. Luther, Melanchthon, Zwingli, Calvin. Mit einem Nachwort zur Reformationsgeschichte (=Gütersloher Taschenbücher 204), Gütersloh 4. Aufl. 1986

– eines katholischen Theologen:

Otto Hermann Pesch, Hinführung zu Luther, Mainz 2. Aufl. 1983

– eines Psychoanalytikers:

Erik H. Erikson, Der junge Mann Luther. Eine psychoanalytische und historische Studie(=suhrkamp taschenbuch wissenschaft 117), Frankfurt 1975.

Die Reihe ließe sich sehr leicht fortsetzen; das gilt dann selbstverständlich auch für Literatur zur Frage des Thesenanschlags, zur Leipziger Disputation oder zum Reichstag in Worms oder Augsburg, um nur einige Beispiele zu nennen. Sie mögen als Vorgeschmack auf eigenes Suchen und Finden genügen.

7.3 Quelleneditionen

Es gibt eine Reihe wichtiger Editionen von Quellen im sprachlichen Original, wie die bereits erwähnte Reihe *„Monumenta Germaniae Historica"*. Weitere Reihen sind u.a.:

Corpus scriptorum ecclesiasticorum Latinorum, Wien 1, 1866ff.

Corpus Christianorum, Turnholt 1, 1953ff.

Corpus catholicorum, Münster 1, 1919ff.

Veröffentlichungen der Kommission für Zeitgeschichte bei der katholischen Akademie in Bayern. Reihe A: Quellen, Mainz 1, 1965ff. Als zweisprachige Ausgabe christlicher Quellentexte aus Altertum und Mittelalter erscheint die Reihe

Fontes Christiani, Freiburg 1, 1990ff.

Eine bekannte Reihe von Quellen–Übersetzungen ist die

Bibliothek der Kirchenväter, Kempten 1, 1869ff.

Als einbändige Sammlung von Quellen in deutscher Übersetzung, die speziell für Schule und Studium zusammengestellt wurde, liegt vor:

Alfred Läpple (Hg.), Kirchengeschichte in Dokumenten. Sammlung kirchengeschichtlicher Quellen für Schule und Studium, Düsseldorf 3. Aufl. 1969

Für ein intensiveres Studium der Kirchengeschichte ist diese erstmals 1959 erschienene Sammlung allerdings unzureichend. Sie ist wie alle auswählenden Textsammlungen nicht ganz frei vom Problem einer mangelnden Durchschaubarkeit der Kriterien für die Auswahl. Auch sind die Übersetzungen, auf die zurückgegriffen wird, nicht immer die überzeugendsten. Ihre jüngsten Texte stammen aus dem Jahr 1965; für die neueste Zeit sind wir daher auf andere Fundorte verwiesen. Hier können Zeitschriften wichtige Dienste leisten. In erster Linie ist zu verweisen auf die *„Herderkorrespondenz"*, in der wichtige Texte immer wieder dokumentiert werden.

Als Alternative für eine kleine Studiensammlung ist eine Reihe zu nennen, von der zumindest die ersten drei Bände auch den Ansprüchen eines Studierenden der katholischen Theologie gerecht werden können:

Heiko A. Oberman / Adolf Martin Ritter / Hans–Walter Krumwiede (Hg.), Kirchen– und Theologiegeschichte in Quellen. Ein Arbeitsbuch

Bd. I: Alte Kirche. Ausgewählt, übersetzt und kommentiert von Adolf Martin Ritter, Neukirchen 4. Aufl. 1987

Bd. II: Mittelalter. Ausgewählt und kommentiert von Reinhold Mokrosch und Herbert Walz, Neukirchen 2. Aufl. 1986

Bd. III: Die Kirche im Zeitalter der Reformation. Ausgewählt und kommentiert von Heiko A. Oberman, Neukirchen 2. Aufl. 1985

Bd. IV/1: Neuzeit. 1. Teil: 17. Jahrhundert bis 1870. Ausgewählt, übersetzt und kommentiert von Hans–Walter Krumwiede, Martin Greschat, Manfred Jacobs und Andreas Lindt, Neukirchen 2. Aufl. 1985

Bd. IV/2: Neuzeit. 2. Teil: 1870–1975. Ausgewählt, übersetzt und kommentiert von Hans–Walter Krumwiede, Martin Greschat, Manfred Jacobs und Andreas Lindt, Neukirchen 2. Aufl. 1986

7.4 Wichtige Nachschlagewerke und Hilfsmittel

Wie für alle theologischen Disziplinen ist auch für die Kirchengeschichte auf die entsprechenden theologischen Standardwerke zu verweisen, d.h. auf das (katholische) *„Lexikon für Theologie und Kirche"* und auf das (evangelische) *„Religion in Geschichte und Gegenwart"*, ferner auf die (an vielen Stellen ökumenisch ausgerichtete) *„Theologische Realenzyklopädie"*, die allerdings noch nicht vollständig erschienen ist. Neben den jeweils neuesten Ausgaben kann für den kirchengeschichtlichen Zusammenhang auch ein Blick in ältere Auflagen interessant sein. Das gilt auch für ältere Lexika, wie etwa *„Wetzer und Welte's Kirchenlexikon* oder Encyklopädie der katholischen Theologie und ihrer Hülfswissenschaften".

Daneben ist zu verweisen auf das *„Reallexikon für Antike und Christentum"* sowie auf das *„Lexikon des Mittelalters"*, die beide allerdings noch nicht vollständig erschienen sind. Zur schnellen, aber insgesamt durchaus verläßlichen Information kann man auch zu einem Nachschlagewerk greifen, das wichtige Stichworte zur Kirchengeschichte anbietet:

Carl Andresen/ Georg Denzler, dtv–Wörterbuch der Kirchengeschichte. 2 Bde. (=dtv 3245), München 2. Aufl. 1984

Die beiden Autoren, ein evangelischer und ein katholischer Kirchenhistoriker, wollen einem weiteren Personenkreis interessierter Leser einen Zugang zur Fachsprache der Kirchengeschichte ebnen.

Ein Verzeichnis der integrierten Stichwörter erhöht den Gebrauchswert dieses Wörterbuches ebenso wie die Kurzbibliographien zu jedem Begriff. Ein weiteres wichtiges Nachschlagewerk ist ein historischer Atlas. Für den Bereich der Kirchengeschichte gibt es einige wenige Ausgaben, unter denen mir das 1970 von Hubert Jedin, dem evangelischen Missionshistoriker Kenneth Scott Latourette und Jochen Martin herausgegebene Werk hervorzuragen scheint. Es bietet 257 mehrfarbige Karten und schematische Darstellungen und stellt in den Kommentaren zu den Karten den geschichtlichen Zusammenhang her. Das ausführliche Register erhöht den Gebrauchswert zusätzlich erheblich; 1987 hat der Verlag eine von Jochen Martin neu bearbeitete Sonderausgabe herausgebracht, die nach entsprechenden Korrekturen, Ergänzungen und Aktualisierungen der Karten, Graphiken und Tabellen sowie des Kommentarteils und der Literaturangaben den aktuellen Stand von Gegenwartssituation und Forschung präsentiert.

Hubert Jedin/ Kenneth Scott Latourette/ Jochen Martin (Hg.), Atlas zur Kirchengeschichte. Die christlichen Kirchen in Geschichte und Gegenwart, Freiburg 1987 (=Sonderausgabe, bearbeitet von Jochen Martin; erstmals erschienen 1970)

Weniger wissenschaftlichen Ansprüchen genügt ein anderer Atlas, der aber den Vorzug großer Übersichtlichkeit und Anschaulichkeit besitzt:

Franklin H. Littell, Atlas zur Geschichte des Christentums. Deutsche Bearbeitung v. Erich Geldbach, Wuppertal 1989 (=Sonderausgabe, in Deutschland erstmals erschienen 1980)

Die biographische Dimension der Kirchengeschichte erschließt gut ein recht umfangreiches Werk, das neben allgemeinen Einführungen und einigen wenigen Sammelbiographien Einzelbiographien von insgesamt 252 Personen bietet.

Martin Greschat (Hg.), Gestalten der Kirchengeschichte. Bd. 1–12, Stuttgart 1981–1986

Im ersten und zweiten Band werden Biographien aus der alten Kirche vorgestellt, im dritten und vierten aus dem Mittelalter, im fünften und sechsten aus der Reformationszeit, im siebten Vertreter aus (protestantischer) Orthodoxie und Pietismus, im achten Biographien der Aufklärung, im neunten und zehnten (unterteilt in jeweils zwei Teilbände) aus der neuesten Zeit, im elften und zwölften Band wird in Sammeldarstellungen und insgesamt 17 Einzelbiographien die Geschichte des Papsttums behandelt. In einem Punkt kann aber auch dieses Werk nicht überzeugen. Das Versäumnis der Vergangenheit, auch die Geschichte der Frauen in der Kirche zu beachten, korrigiert diese Reihe mit den Biographien von 247 Männern und 4 (!) Frauen in keiner Weise. Angesichts der Anlage des Gesamtwerkes ist dann auch die Auswahl der vier Frauen erstaunlich: Hildegard von Bingen, Elisabeth von Thüringen, Amalie Sieveking und Mutter Teresa, neben Papst Johannes Paul II. die einzige noch lebende portraitierte Gestalt.

7.5 Literatur zur Theorie und Didaktik der Kirchengeschichte

Die Diskussionen besonders der 60er Jahre über die Relevanz und Theorie der Geschichte haben nur mit Verzögerung und wenig Elan in der Kirchengeschichte Resonanz gefunden. Für den Aspekt der wissenschaftstheoretischen Begründung von Kirchengeschichte ist in erster Linie ein Buch zu nennen, das den bisherigen Diskussionsstand zusammenfaßt und einen neuen Vorschlag zur Lösung der wissenschaftstheoretischen Problematik macht.

Hans Reinhard Seeliger, Kirchengeschichte – Geschichtstheologie – Geschichtswissenschaft. Analysen zur Wissenschaftstheorie und Theologie der katholischen Kirchengeschichtsschreibung, Düsseldorf 1981

Auch die Diskussionen über die Geschichtsdidaktik sind in der Kirchengeschichte lange ungehört verhallt. Daher habe ich selbst vor einigen Jahren diesen Bereich zusammenfassend dargestellt und einen Beitrag zur religionsdidaktischen Begründung und Bedeutung der Kirchengeschichte vorgelegt:

Godehard Ruppert, Geschichte ist Gegenwart. Ein Beitrag zu einer fachdidaktischen Theorie der Kirchengeschichte, Hildesheim 1984

Beide Bücher weisen umfangreiche Literaturverzeichnisse auf, aus denen der Leser eine Fülle von weiterer Literatur zu Fragen der Theorie und Didaktik der Kirchengeschichte entnehmen kann.

7.6 Wichtige Zeitschriften

Wie in fast allen Disziplinen der Wissenschaft finden heute häufig in den Zeitschriften die wichtigsten Diskussionen statt. Ich verweise daher auf die in meiner Sicht wichtigsten kirchengeschichtlichen Zeitschriften; angegeben ist jeweils das erste Erscheinungsjahr und der letzte Jahrgang vor Drucklegung dieser Einführung. Zwei Zeitschriften greife ich besonders heraus: Die erste bietet die umfassendste periodische Bibliographie zur gesamten Kirchengeschichte:

Revue d'histoire ecclesiastique – erstmals erschienen 1900, 85 (1990)

Sie bringt neben Aufsätzen auch Rezensionen, skizziert neuere Entwicklungen und berichtet von Organisationen, Hochschulen etc. nach Ländern geordnet; besonders wichtig ist die umfangreiche Bibliographie.

Die wichtigste deutschsprachige Zeitschrift ist zugleich die Zeitschrift der Sektion für Kirchengeschichte im Verband der Historiker Deutschlands:

Zeitschrift für Kirchengeschichte – erstmals erschienen 1877, 101 (1990)

Sie ist meistens unterteilt in Untersuchungen, kritische Miscellen (also kürzere Beiträge verschiedenen Inhalts) sowie literarische Berichte und Anzeigen, deren Rubriken (selbstverständlich kommen nicht alle in einem Heft vor) sind: Allgemeines, Alte Kirche, Mittelalter, Reformation, Neuzeit und mitunter Zeitschriftenschau. Gelegentlich werden in der Zeitschrift für Kirchengeschichte auch Quellen publiziert.

Eine Auswahl wichtiger deutschsprachiger kirchengeschichtlicher Zeitschriften zeigt auch die Spezialgebiete einiger dieser Periodika, so daß eine gezielte Suche für eine bestimmte Fragestellung gerade von hier aus möglich und sinnvoll ist.

Angegeben sind immer die heutigen Titel von Zeitschriften, die noch laufend erscheinen. Daneben können inzwischen eingestellte selbstverständlich auch interessant sein.

Archiv für mittelrheinische Kirchengeschichte – erstmals erschienen 1949, 42 (1990)

Archiv für schlesiche Kirchengeschichte – erstmals erschienen 1936, 48 (1990)

Beiträge zur Geschichte des Bistums Regensburg – erstmals erschienen 1967, 24 (1990)

Deutsches Archiv für Erforschung des Mittelalters – erstmals erschienen 1937, 46 (1990); (zunächst unter dem Titel: Deutsches Archiv für Geschichte des Mittelalters; es gibt noch weitere Vorläufertitel)

Die Diözese Hildesheim in Vergangenheit und Gegenwart – erstmals erschienen 1927, 58 (1990); (zunächst unter dem Titel: Jahrbuch des Vereins für Heimatkunde im Bistum Hildesheim)

Freiburger Diözesan–Archiv – erstmals erschienen 1865, 110 (1990)

Historisches Jahrbuch – erstmals erschienen 1880, 110 (1990)

Jahrbuch der Gesellschaft für niedersächsische Kirchengeschichte – erstmals erschienen 1896, 88 (1990); (zunächst unter dem Titel: Zeitschrift der Gesellschaft für niedersächsische Kirchengeschichte)

Jahrbuch der hessischen kirchengeschichtlichen Vereinigung – erstmals erschienen 1949, 41 (1990)

Jahrbuch für Antike und Christentum – erstmals erschienen 1958, 33 (1990); (erstmals 1929 erschien ein Vorläufer unter dem Titel: Antike und Christentum)

Kirchliche Zeitgeschichte – erstmals erschienen 1988, 3 (1990)

Römische Quartalschrift für christliche Altertumskunde – erstmals erschienen 1887, 85 (1990)

Rottenburger Jahrbuch für Kirchengeschichte – erstmals erschienen 1982, 9 (1990)

Würzburger Diözesangeschichtsblätter – erstmals erschienen 1933, 32 (1990)

Zeitschrift für bayerische Kirchengeschichte – erstmals erschienen 1926, 59 (1990); (vorher: Blätter bzw. Beiträge zur bayerischen Kirchengeschiche, erstmals erschienen 1887)

Zeitschrift für schweizerische Kirchengeschichte – erstmals erschienen 1907, 84 (1990)

Besonders für die Geschichte der Orden können auch die Zeitschriften interessant sein, die von den einzelnen Orden herausgegeben werden. Ich führe drei Zeitschriften – eine jesuitische, eine benediktinische und eine franziskanische – als Beispiele an:

Archivum historicum Societatis Jesu – erstmals erschienen 1932, 59 (1990)

Studien und Mitteilungen zur Geschichte des Benediktiner–Ordens und seiner Zweige – erstmals erschienen 1880, 101 (1990); (zunächst unter dem Titel: Studien und Mittheilungen aus dem Benedictiner und Cistercienserorden)

Franziskanische Studien – erstmals erschienen 1914, 72 (1990)

Neben diesen Zeitschriften, die ausschließlich Themen der Kirchengeschichte publizieren, bringen mitunter auch allgemein theologische Zeitschriften, wie die von den jeweiligen Fakultäten herausgegebenen Zeitschriften *„Theologische Quartalschrift"*

(Tübingen), *„Theologie und Glaube"* (Paderborn) oder *„Münchener Theologische Zeitschrift"* (München), kirchengeschichtliche Aufsätze und Miszellen. Den besten Überblick über die gesamte Palette theologischer Zeitschriftenveröffentlichungen ermöglicht der seit 1975 von der Tübinger Universitätsbibliothek herausgegebene *„Zeitschrifteninhaltsdienst Theologie. Indices theologici"*.

8 Schluß

„Über einige Davongekommene"

Zur möglichen Motivation, sich mit der Kirchengeschichte zu beschäftigen, habe ich schon in der Einleitung einige Anmerkungen gemacht. Kurz und – gegenüber den Ausführungen in den vorhergehenden Abschnitten sicher auch – verkürzend greife ich an dieser Stelle noch einmal die Frage nach dem *"Was bringt's?"* auf und nenne sieben Ziele, die eine Beschäftigung mit der Kirchengeschichte meines Erachtens haben könnte:

(1) Erklärung

Gegenwärtige Zustände, Probleme oder auch Schwierigkeiten und Konflikte können wir nur erklären, wenn wir ihren geschichtlichen Ursachen nachgehen. Unterlassen wir es, bleibt uns ein Teil unserer Gegenwart immer unerschlossen. Dazu müssen wir nicht immer das gesamte Feld der Geschichte ausbreiten; es gilt auch für kleine, begrenzte und leicht überschaubare Problembereiche. Bei den Schwierigkeiten mit gegenwärtigen Zuständen in der Kirche und den Fragen aufgrund dieser Zustände könnte eine solche historische Erklärung häufig hilfreich sein.

(2) Ermutigung

Geschichte hat eine ordnende Funktion. Mitunter nutzen wir das sogar im eigenen Alltag: Wenn wir etwa das Gefühl haben, vor lauter Bäumen den Wald nicht mehr zu sehen, denken wir nach und überlegen, wie wir aus ähnlichen Situationen herausgekommen sind oder wir fragen jemanden, von dem wir wissen oder annehmen, daß er einmal in einer ähnlichen Lage war und daher seine Erfahrungen hat, wie man aus dieser Situation herauskommen kann. Wir nutzen also auch im Alltag die Erfahrung aus der Vergangenheit.

Die Kirchengeschichte als weiterreichendes Gedächtnis kann uns eine Fülle von Möglichkeiten vorstellen, die Menschen in ihren Situationen hatten. Dieses zu nutzen bzw. nutzen zu können, macht Mut in Situationen, die verfahren zu sein scheinen. Die schlimme Situation der Ausweglosigkeit wird damit verhindert. Eng zusammen hängt damit aber auch das Gegenteil:

(3) Ernüchterung

Mut darf die Grenzen des Realistischen und Realisierbaren nicht einfach verwischen, deshalb gehört die Ernüchterung unbedingt als Pendant dazu. Gerade geschichtliche Informationen können hier einiges leisten, da wir es in der Geschichte immer wieder mit Situationen zu tun haben, die wir darauf befragen müssen, was wer warum unter welchen Bedingungen getan hat. Wir können darin erkennen, welche anderen Entscheidungen und Handlungsweisen möglich gewesen wären oder auch nicht. So werden ermutigend und ernüchternd immer wieder Möglichkeiten der ordnenden Funktion der Geschichte für unsere eigenen Entscheidungen und Handlungen zur Verfügung gestellt. Damit liegt in der Beschäftigung mit der Vergangenheit eine Vorbereitung für die Zukunft als je neue Gegenwart.

(4) Aufklärung

Das Ziel der (Kirchen–) Geschichte ist nicht nur, zu erklären, wie etwas, dem wir begegnen, entstanden ist, sondern daß wir in dieser Situation der Gegenwart relativieren, Handlungen oder Forderungen unter Umständen auch begründet ablehnen können. Wenn wir etwas aufgrund seines geschichtlichen Entstehens ablehnen, erfordert das eine tatsächliche historische Aufklärung. Ist sie aber gegeben, muß dann auch das Ablehnen einer Weisung keinesfalls die Folge haben, sich außerhalb der Kirche gestellt zu sehen. Denn wer über geschichtliche Hintergründe aufgeklärt ist, sieht nicht nur einiges kritischer; es ist geradezu eine Folge geschichtlicher Aufklärung, die Gegenwart der Kritik zu unterziehen.

(5) Identifikation

Auf dieser Ebene meine ich die Haltungen, die sich auch in der alltäglichen Sprache spiegeln, wenn wir sagen: "Der hat das genau richtig gemacht" – "So hätte ich das auch gemacht" oder: "Das müßte man auch so machen, diesen Mut haben" usw. In der Geschichte der Kirche hat es viele gegeben, die kennenzulernen sich wirklich lohnt: Ihnen lohnt es nachzuleben, sie bieten ein Modell geglückten Lebens in der Nachfolge Jesu, sie sind in diesem Sinne Vorbilder. Selbstverständlich darf man keine Person aus ihrem historischen Kontext reißen, darf sie nicht isolieren, sonst erscheint sie nur als 'Träger' oder 'Macher' von Geschichte, und nicht als darin verstrickter Mensch.

(6) Bildung

Wenn wir Bildung ganz allgemein als den Prozeß ansehen, in dem der Einzelne sich die Welt und ihr Verständnis aneignet, dann ist bereits deutlich, daß Geschichte einen notwendigen Teil dazu beisteuert; nur so kann auch der geschichtliche Hintergrund heutiger Zustände erfaßt werden, ohne den jedes einzelne Phänomen nur unvollständig verstanden werden könnte. Wenn darüber hinaus Bildung auch sichern soll, daß die Aufgaben der Zukunft gelöst werden können, wäre es fatal und kurzsichtig auf Geschichte als ein Element zur Zukunftsbewältigung zu verzichten.

(7) Anregung

Neben allen hochgesteckten Zielen kann man der Geschichte auch ein schlichteres Motiv abgewinnen, das ich nicht unterbewerten möchte. Die Beschäftigung mit der Vergangenheit kann sehr anregend sein. Zu überlegen, wie was wohl gekommen oder zu verstehen ist, kann und sollte auch Freude machen.

So manchem, der dies alles gelesen hat, wird sich die Frage stellen, ob ich wohl den alten Anspruch der Geschichte wieder beleben will: Historia Magistra Vitae – die Geschichte als Lehrmeisterin des Lebens. Keinesfalls möchte ich das mit einem Exklusivitätsanspruch; es gibt auch andere Lehrer. Vor allem aber sehe ich, daß es immer wieder Grund gibt, daran zu zweifeln, daß die Geschichte als Lehrerin akzeptiert wird:

Über einige Davongekommene

Als der Mensch
unter den Trümmern
seines bombardierten Hauses
hervorgezogen wurde,
schüttelte er sich und sagte:
Nie wieder.
Jedenfalls nicht gleich.

(Günter Kunert)

9 Quellenangabe

Die hier angegebenen Quellen sind nicht nur ein Nachweis des Fundortes für Bilder und Texte; diese Angaben wollen auch zum Weiterarbeiten einladen: Ein Lesen im Kontext und ein Vergleich mit anderen Textausgaben oder Übersetzungen bzw. mit den aufgeführten Quellenbänden (s.o. Abschnitt 7.3) kann ein erster Einstieg sein.

Seite 139

Otto von Bismarck: Rede im Reichstag

ed.: Horst Kohl (Hg.), Die Reden des Ministerpräsidenten und Reichskanzlers Fürsten von Bismarck im Preußischen Landtage und im Deutschen Reichstage 1871–1873 (=Die politischen Reden des Fürsten Bismarck. Historisch–kritische Gesammtausgabe 5), Stuttgart 1893, 337f.;

vgl. auch: A. Läpple, aaO., 403.

Seite 140–141

Brief der deutschen Fürsten an Papst Gregor VII.

ed.: Monumenta Germaniae Historica. Epistolae selectae in usum scholarum ex Monumentis Germaniae Historicis separatim editae. Tomus II, fasciculus I: Gregorii VII registrum liber II, hg. v. Erich Caspar, Berlin 3. Aufl. 1967, 312–314;

Übersetzung: Die Briefe Kaiser Heinrichs IV. Mit den Quellen zu Canossa. Übers. und erläutert v. Karl Langosch (= Die Geschichtsschreiber der deutschen Vorzeit 98), Münster 1954, 113f.

vgl. auch: A. Läpple, aaO., 112f.; Kirchen- und Theologiegeschichte, aaO., Bd. II, 64f.

Seite 144–145

Klosterplan von St. Gallen (etwa 111,8 – 112,3x77,5 cm)

ed.: Konrad Hecht, Der St. Galler Klosterplan, Sigmaringen 1983, 15; 60f.

Seite 149

Idealplan eines Zisterzienserklosters

Rekonstruktion und Überarbeitung der Pläne von Marcel Aubert (1943) und M.–Anselme Dimier (1962): Wolfgang Braunfels, Abendländische Klosterbaukunst, Köln 4. Aufl. 1980, 124.

Seite 151

Lucas Cranach d.Ä., Predella des Wittenberger Flügelaltars (96x242 cm), Stadt- und Pfarrkirche St. Marien, Wittenberg.

Abgedruckt u.a. in: Dietrich Steinwede, Reformation – Martin Luther. Ein Sachbilderbuch zur Kirchengeschichte, Lahr/Freiburg 2. Aufl. 1983, 33.

Seite 153

Sebald Beham, Allegorie auf das Mönchtum. Holzschnitt (95x164 mm); befindet sich heute in der Staatlichen Graphischen Sammlung München (Inv.Nr. 819 400). Ursprünglich war vermutlich eine Veröffentlichung als Flugblatt geplant.

Abgedruckt u.a. in: Georg Piltz (Hg.), Ein Sack voll Ablaß. Bildsatiren der Reformationszeit, Berlin(DDR) 1983, 36.

Seite 155

Zeichner unbekannt, erschien als Illustration in:

Tien Wen–tchüin, Wee mee di guo dschu i fu u di fan–di–gang, Peking 1951.

Abgedruckt in: Johannes Schütte, Die katholische Chinamission im Spiegel der rotchinesischen Presse. Versuch einer missionarischen Deutung (=Missionswissenschaftliche Abhandlungen und Texte 21), Münster 1957, 83.

Seite 156

Zeichnung: Roger Sanchez.

Ich habe diese Zeichnung rein zufällig gefunden in einem nicht–kirchengeschichtlichen Zusammenhang: Karikaturen–Kalender 1986 des Verlages Elefanten Press, Berlin.

Seite 159

Annales S. Amandi, continuatio altera, a. 782

ed.: Monumenta Germaniae Historica. Scriptores (MGSS). Tomus I, hg. v. Georg Heinrich Pertz, Hannover 1827, 12;

Übersetzung: Verf.

Seite 159

Annales Petaviani, pars secunda, a. 782

ed.: MGSS I, 17;

Übersetzung: Verf.

Seite 160

Annales Mosellani, a. 782

ed.: MGSS XVI, hg. v. Georg Heinrich Pertz, Hannover 1859, 497;

Übersetzung: Verf.

Mit dem zitierten Wortlaut der Annales Mosellani sind die Fassungen der mit ihnen verwandten Annales Laureshamenses (MGSS I, 32) und des Chronicon Moissiacense (MGSS I, 297) identisch.

Seite 160

Annales regni Francorum, a. 782

ed.: MGSS rerum Germanicarum in usum scholarum ex Monumentis Germaniae historicis separatim editi VI, hg. v. Friedrich Kurze, Hannover 1895, 62;

Übersetzung: Quellen zur karolingischen Reichsgeschichte. Erster Teil. Neu bearbeitet von Reinhold Rau (=Ausgewählte Quellen zur deutschen Geschichte des Mittelalters. Freiherr vom Stein-Gedächtnisausgabe 5), Darmstadt 2. Aufl. 1977, 45;

vgl. auch: A. Läpple, aaO., 89.

Seite 160

Annales qui dicuntur Einhardi, a. 782

ed.: MGSS rer.Germ. VI, 63, 65;

Übersetzung: Verf.;

vgl. auch: A. Läpple, aaO., 89.

Seite 163–164

Philipp Melanchthon, Praefatio, in: Martini Lutheri opera omnia. Tomus II, Wittenberg 1546;

Übersetzung: Kurt Aland (Hg.), Die 95 Thesen Martin Luthers und die Anfänge der Reformation (= Gütersloher Tb. 1406), Gütersloh 1983, 55.

Seite 164–165

Martin Luther: Brief vom 31.10.1517,

ed.: Ders., Werke. Kritische Gesamtausgabe. Briefwechsel, Bd. 1, Weimar 1930, 110–112;

Übersetzung: K. Aland, aaO., 71 –73;

vgl. auch: A. Läpple, aaO., 214–217.

Seite 166–168

Acta patris Ignatii, cap. I, II, V, VII, IX

ed.: Monumenta Ignatiana. Series IV: Scripta de S. Ignatio. Tomus I: Fontes narrativi de Sancto Ignatio de Loyola et societatis Iesu initiis. Vol. I: Narrationes scriptae ante annum 1557 (=Monumenta Historica Societatis Jesu 66), Rom 1943, 364–375;

Übersetzung: Ignatius von Loyola. Der Bericht des Pilgers, übers. und erläutert v. Burkhart Schneider, Freiburg 5. Aufl. 1986, 41–46;

vgl. auch: A. Läpple, aaO., 228–230.

Seite 171–172

Geschichte der christlichen Kirche für christliche Leser aus allen Ständen. Bd. 2, Frankfurt 1782, 146–148.

Seite 181–182

Liber Pontificalis XCIV, Vita Stephani II., 26f., 29, 46f.

ed.: Le Liber Pontificalis. Texte, Introduction et Commentaire par Louis Duchesne. Tome premier, Paris 1955, 447f., 453f.;

Übersetzung: Paulus Diakonus und die übrigen Geschichtsschreiber der Langobarden. Übers. v. Otto Abel, bearb. v. Reinhard Jacobi (=Die Geschichtsschreiber der deutschen Vorzeit. Achtes Jahrhundert. Bd. IV), Leipzig 2. Aufl. 1878, 166f., 170;

vgl. auch: A. Läpple, aaO., 83–85; Kirchen- und Theologiegeschichte, aaO., Bd. II, 27f.

Seite 189–190

Constitutum Constantini, 11f., 14, 16–18

ed.: Monumenta Germaniae Historica. Fontes iuris Germanici antiqui ion usum scholarum ex Monumentis Germaniae Historicis separatim editi X: Das Constitutum Constantini (Konstantinische Schenkung). Text, hg. v. Horst Fuhrmann, Hannover 1968, 81–83, 86–88, 92–95 bzw. (in der Zählung der Zeilen) 165–180, 214–227, 256–276;

Übersetzung: Gottfried Guggenbühl/Otto Weiss (Hg.), Quellen zur Allgemeinen Geschichte des Mittelalters, Zürich 2. Aufl. 1946, 40f.; die in dieser Übersetzung als Fußnoten hinzugefügten Erklärungen habe ich nicht übernommen; die Auslassungszeichen wurden von mir eingefügt;

vgl. auch: A. Läpple, aaO., 38–40; Kirchen– und Theologiegeschichte, aaO., Bd. II, 29–31.

Seite 217

Vita Antonii, 7

ed.: Patrologia Graeca, hg. v. J.–P. Migne, Bd. 26, 852f. (griech.–lat. 851–854);

Übersetzung: Athanasius, Vita Antonii, hg. und mit einer Einleitung versehen v. Adolf Gottfried, übers. v. Heinrich Przybyla, Graz 1987, 32f.;

vgl. auch: A. Läpple, aaO., 32f.; Kirchen– und Theologiegeschichte, aaO., Bd. I, 128–130.

Seite 221–222

Regula Benedicti, cap. II, 1–3; III, 8–10; XXXIII, 2f. 5f.; XXXV, 1; XLVIII, 1; LIII, 1; LXIV, 1f. 17–19

ed.: Rudolf Hanslik (Hg.), Regula Benedicti (=Corpus Scriptorum ecclesiasticorum Latinorum 75), Wien 2. Aufl. 1976, 19f., 28, 90f., 92f., 114, 123, 148, 151;

Übersetzung: Basilius Steidle (Hg.), Die Benediktus–Regel. Lateinisch–deutsch, Beuron 3. Aufl. 1978, 63, 69/71, 123, 125, 145, 151, 173, 175; in dieser Ausgabe sind biblische Zitate kursiv gesetzt, hier sind es Zitate von Röm 8, 15; Apg 4, 32; Gen 33, 13;

vgl. auch: A. Läpple, aaO., 68–71; Kirchen– und Theologiegeschichte, aaO., Bd. II, 6–8.

Seite 230

Paulus P. III.: Bulla „Regimini militantis ecclesiae“

ed.: Monumenta Ignatiana. Series III: Sancti Ignatii de Loyola Constitutiones Societatis Jesu. Tomus I: Monumenta constitutionum praevia (=Monumenta Historica Societatis Jesu 63), Rom 1934, 24–32;

Übersetzung: Alfred Miller (Hg.), Die Jesuiten. Ordensleben und Schicksale (=Voigtländers Quellenbücher 77), Leipzig o.J. (=1914), 16;

vgl. auch: A. Läpple, aaO., 239; Kirchen– und Theologiegeschichte, aaO., Bd. III, 196–198.

Seite 230–232

Exercitia spiritualia, Nr. 352f., 357, 360–362;

ed.: Monumenta Ignatiana. Series II: Exercitia Spiritualia Sancti Ignatii de Loyola et eorum directoria (=Monumenta Historica Societatis Jesu 100), Rom 1969, 404–410;

als Faksimiledruck der Erstausgabe Rom 1548 liegt vor: Ignatius von Loyola, Exercitia spiritualia. Mit einem Nachwort hg. v. Burkhart Schneider (=Milliaria 21), Osnabrück 1971, O(Vii^r)–P(iii^v);

Übersetzung: Ignatius von Loyola. Geistliche Übungen. Übers., Erkl. v. Adolf Haas, Freiburg 1975, 114–117;

vgl. auch: A. Läpple, aaO., 234–236.

Seite 235

Die Regel von Taizé, Prämbel;

ed.: Roger Schutz, Die Regel von Taizé, Gütersloh 1963, 11–15.

Seite 240–241

Regula non bullata, 1, 4, 6f.;

ed.: Kajetan Eßer, Die Opuskula des hl. Franziskus von Assisi. Neue textkritische Edition (=Spicilegium Bonaventurianum 13), Grottaferrata 1976, 377f., 380f., 382f.;

Übersetzung: Die Schriften des heiligen Franziskus von Assisi. Einf., Übers., Erl. v. Lothar Hardick und Engelbert Grau (=Franziskanische Quellenschriften 1), Werl 1984, 178, 181, 184f.;

vgl. auch: A. Läpple, aaO., 133–135.

Seite 242

Regulata bullata, 6

ed.: K. Eßer, aaO., 368f.;

Übersetzung: Die Schriften des heiligen Franziskus, aaO., 169;

vgl. auch: Kirchen– und Theologiegeschichte, aaO., Bd. II, 126f.

Seite 243

Testamentum

ed.: K. Eßer, aaO., 440;

Übersetzung: Die Schriften des heiligen Franziskus, aaO., 218;

vgl. auch: Kirchen- und Theologiegeschichte, aaO., Bd. II, 127–129.

ANHANG

Die Grundriß- und Ansichtsdarstellungen einer frühchristlichen Basilika und der Kirchen aus der Zeit der Romanik, Gotik, Renaissance und des Barock sind entnommen: Heinz Braun, Formen der Kunst. Eine Einführung in die Kunstgeschichte, München 12. Aufl. 1972.

ANHANG

Kirchengeschichte im Überblick

ALTERTUM

63 vor	Palästina kommt unter römische Herrschaft	
um 7 vor	Geburt Jesu	
um 30	Kreuzestod Jesu	
64	Brand Roms unter Nero	
250/251	reichseinheitliche Christenverfolgung unter Decius	
303	Beginn der Christenverfolgungen unter Diokletian	*Antonius*
313	„Toleranzedikt“	

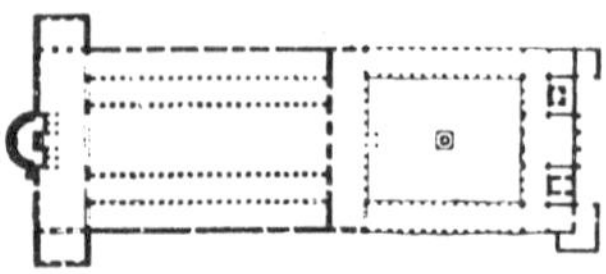

325	Konzil von Nizäa	*Pachomius*
326	Byzanz zur neuen Reichshauptstadt erhoben	*Martin von Tours*
395	endgültige Reichsteilung	*Augustinus*
402	Ravenna wird Regierungssitz	*Symeon*
410	*Gründung eines Klosters auf Lerinum*	*Patrick*
451	Konzil von Chalcedon	
476	Untergang des west-römischen Reiches	

FRÜHMITTELALTER

496	Taufe des Frankenkönigs Chlodwig	
529	*Gründung des Klosters Monte Cassino*	*Benedikt von Nursia*
um 540	*Regula Benedicti*	*Kolumban d.J.*
590-604	Papst Gregor I., der Große	
751	Wahl Pippins zum König der Franken	
754	Papst Stephan II. salbt Pippin zum König	
782	„Tag von Verden“	
768-814	Karl der Große	
800	Kaiserkrönung Karls	
816/817	Synoden von Aachen	Benedikt von Aniane
	St. Galler Klosterplan	
	Einhardsannalen	
910	*Gründung des Klosters Cluny*	
		Romuald von Ravenna
		Odilo von Cluny
		Hugo von Cluny
		Petrus Daminani

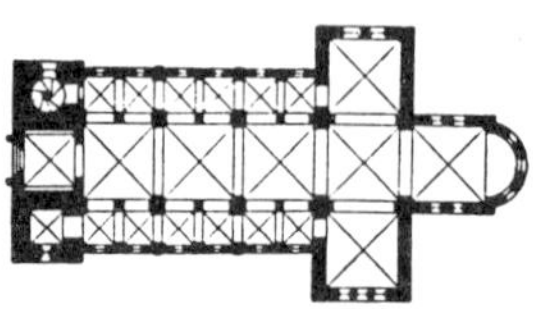

Romanik

MITTELALTER

1073-85 Papst Gregor VII. (gregorianische Reform)
1075 Verbot der Laieninvestitur — *Ivo von Chartres*
1077 „Gang nach Canossa"
1098 *Gründung der Zisterzienser* — *Robert von Molesme*
Bernhard von Clairvaux
Hildegard von Bingen
1120 *Gründung der Prämonstratenser* — *Norbert von Xanten*
1210 *Erste franziskanische Gemeinschaft* — *Franziskus von Assisi*
1216 *Gründung der Dominikaner* — *Dominikus von Caleruega*
Alexander von Hales
Albertus Magnus
Thomas von Aquin
Bonaventura

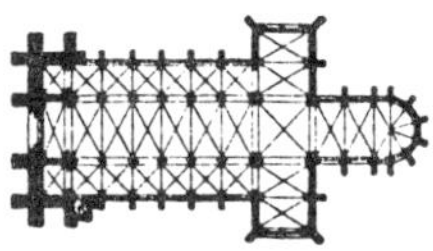

Gotik

Katharina von Siena
1377 Rückverlegung der päpstlichen Residenz von Avignon nach Rom
1414-18 Konzil von Konstanz; beendet das „große abendländische Schisma"
um 1450 Erfindung der Buchdruckerkunst — *Thomas von Kempen*
1498 Girolamo Savonarola verurteilt und verbrannt
Erasmus von Rotterdam
1517 Veröffentlichung der Thesen durch Martin Luther
1519-56 Kaiser Karl V.
1521 Luther vor dem Reichstag in Worms
1524/25 Bauernkrieg
1530 Reichstag in Augsburg - Confessio Augustana
1534 *Gründung des Jesuitenordens* — *Ignatius von Loyola*
1535 Hinrichtung des Lordkanzlers Thomas Morus
1540 *Bestätigung des Jesuitenordens: „Regimini militantis ecclesiae"*
1545/63 Konzil von Trient
1555 Augsburger Religionsfrieden

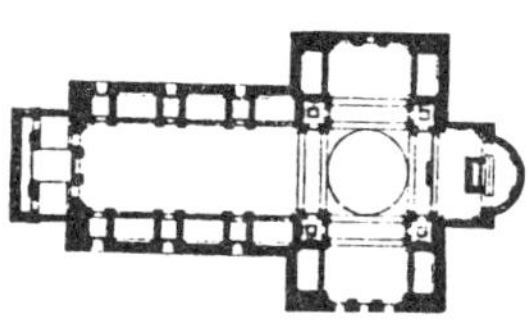

Renaissance

N E U Z E I T

1618-48 Dreißigjähriger Krieg

1633 Verurteilung Galileis

Barock

1789 Französische Revolution

1803 Reichsdeputationshauptschluß - Einzug der Kirchengüter

1814/15 Neuordnung Europas durch Wiener Kongreß

1854 Dogma von der Unbefleckten Empfängnis Mariens

1869/70 Erstes Vatikanisches Konzil

1870 Dogma von der Unfehlbarkeit des Papstes

1870 Annexion des Kirchenstaates

1871 Beginn des Kulturkampfes in Deutschland

1871-90 Otto von Bismarck deutscher Reichskanzler (Canossa-Rede)

1879 Veröffentlichung der Enzyklika „Aeterni Patris"

Charles de Foucaul

1907 Veröffentlichung der Enzyklika „Pascendi dominici gregis" gege den Modernismus

1914-18 Erster Weltkrieg

1917 Russische Oktoverrevolution

1929 Lateranverträge zwischen dem Hl.Stuhl und dem italienischen Staa

1933 Reichskonkordat

1933 *Gründung der „kleinen Brüder" und „kleinen Schwestern Jesu*

1938 sogenannte Reichkristallnacht (9.November)

1939-45 Zweiter Weltkrieg

1942 *Gründung der Gemeinschaft von Taizé* *Roger Schut*

1948 Konstituierung des Ökumenischen Rates der Kirchen

1962-65 Zweites Vatikanisches Konzil

1983 Veröffentlichung des neuen Kirchlichen Rechtsbuches CIC

Hinweise:

Zur Auswahl der aufgeführten Daten vgl. oben Abschnitt 1.

Daten aus der *Ordensgeschichte* (vgl. Abschnitt 6) sind *kursiv* gesetzt.

Quellen, die in den Abschnitten 4 und 6 abgedruckt sind, sind unterstrichen.